2020年度教育部人文社会科学研究一般项目（项目编号：20YJA710004）

中学政治学科教学案例研究

陈美兰 ◎主　编

北京大学出版社
PEKING UNIVERSITY PRESS

内容简介

本书立足于中学政治学科教学实践和教师专业发展需要，通过对中学思政课名特优教师所撰写的教学案例进行研究，发挥教育故事的化育功能，旨在实现思想政治教育专业师范生和一线思政课教师对相关教育教学理论的深刻理解和创新运用，从理论与实践两个维度展现一幅幅专业发展研究蓝图，为读者提供对专业发展有一定借鉴价值的经验。

图书在版编目(CIP)数据

中学政治学科教学案例研究 / 陈美兰主编. —北京：北京大学出版社，2022.11
ISBN 978-7-301-33544-4

Ⅰ. ①中…　Ⅱ. ①陈…　Ⅲ. ①政治课 – 教案(教育) – 研究 – 中学　Ⅳ. ①G633.202

中国版本图书馆CIP数据核字(2022)第202058号

书　　名	中学政治学科教学案例研究 ZHONGXUE ZHENGZHI XUEKE JIAOXUE ANLI YANJIU
著作责任者	陈美兰　主编
责任编辑	桂　春　李　晨
标准书号	ISBN 978-7-301-33544-4
出版发行	北京大学出版社
地　　址	北京市海淀区成府路205号　100871
网　　址	http://www.pup.cn　新浪微博：@北京大学出版社
电子信箱	zyjy@pup.cn
电　　话	邮购部 010-62752015　发行部 010-62750672　编辑部 010-62704142
印 刷 者	三河市北燕印装有限公司
经 销 者	新华书店
	787毫米×1092毫米　16开本　13印张　285千字
	2022年11月第1版　2022年11月第1次印刷
定　　价	45.00元

起而行之的德育教研示范（代序）

李晓东

案例教学法是课程与教学论专业经常使用的教育教学方法，其核心要义是通过对案例的深入研究，实现对于相关教育教学理论的深刻理解和创新运用。案例教学法从案例出发，既避免了纯理论探讨的抽象，又不局限于案例本身的“就事论事”，因而在教学实践中运用得非常广泛。但就中学政治学科的教学来说，由于课程与教材正处于变动时期，加之中学政治学科教学本身的特殊性，以案例方式呈现教育教学的问题与策略的著作并不多。也正是由于这个原因，呈现在各位读者面前的这部著作也就更加难能可贵。

本书的第一个特色，是作者队伍的强大。非常佩服陈美兰教授能把天南地北的中学政治学科教育精英的研究成果用“众筹智慧”的方式汇集在这样一部沉甸甸的著作中。这批作者队伍应当是当前初中道德与法治学科和普通高中思想政治学科教学与教研的“精锐”人物的“大集结”。本书的作者队伍中，有的作者是中小学正高级教师、特级教师、教研员，有的作者是统编教材的编写者。这些光环的背后，是他们对于新时代背景下中学政治学科教学的长期投入和深刻理解。有了这样的作者队伍做“底牌”，本书的质量也就有了最可靠的保证。

本书的另一个特色，就是编写角度的选取。本书采取了理论与实践相结合的方式，既有理论上的深入分析，又有基于案例的系统解读。每一篇案例，都代表了作者及其研究团队最新的研究成果。这样的呈现方式，对于一线思政课教师和师范生来说非常有价值。应该说，就中学政治学科教学而言，本书在理论分析与实践策略之间做到了很好的平衡，既有基于案例的探索与策略，也有超越案例的深化与升华，这就为中学政治学科的教学改进提供了更具参考性和可操作性的“样本”。这样的角度，也一定能给读者带来更多的启发，这是非常值得肯定的。

自从事中学政治学科教学研究以来，笔者也曾经不止一次地想做一些类似的工作，根据一线思政课教师和教研员的实际需要，对中学政治学科教学提出一些思考和建议，但始终未能付诸行动。究其原因，课程与教材的变动是一个方面，自己的怠惰也是不可忽视的一个方面。从这个意义上说，特别佩服陈美兰教授和本书的各位作者，因为他们用这样的方式让我们看到了思政人积极探索、努力发现和深入持久的研究状态，看到了他们将习近平总书记在学校思想政治理论课教师座谈会上提出的坚持“八个相统一”落实到实际行动中。有了这样的努力，才能让更多的思政课教师看到前进的方向。思政课教师的眼里有了光，他们才能成为传播温暖的师者，为学生照亮前行的路，引导学生在正确的道路上积极探索。

本书的许多作者，都是笔者认识多年的老朋友。为这样一批优秀的“前行者”的作品作序，我实在是没有资格。但我很愿意通过文字为他们点赞，也激励自己加快脚步，和这些优秀的人以及天南地北的思政人一起，用坚定的行走，抵达中学政治学科教学“众行致远”的未来。

2022 年 10 月 18 日

李晓东，北京师范大学马克思主义学院副教授，大中小学德育一体化国家教材建设重点研究基地核心成员，统编版《道德与法治》（八年级上册）主编，普通高中思想政治课程标准修订组成员，义务教育道德与法治课程标准修订组成员。

前　　言

编者从事中学政治学科教学与研究工作30余年，切身体验了一线思政课教师的日常与困惑。作为一名曾经的一线思政课教师，编者一直以来很想写一本能体现思政课教师情怀与温度的书，真实记录和反映一线思政课教师如何备课、上课、评课、议课，积极探索课堂教学改革，并以此为契机改进教学行为，实现个人的专业成长。本书以叙事的方式呈现教学研究过程，旨在为思想政治教育专业的师范生、一线思政课教师提供借鉴与思考，可作为高等师范院校政治课程与教学论、政治课程标准与教材研究、名师名课案例分析等思想政治教育专业课程的辅助教材。

本书以《普通高中思想政治课程标准（2017年版2020年修订）》《义务教育道德与法治课程标准（2022年版）》和中学政治学科新教材为依据，采用课堂观察和课例研究的方法，从理论和实践两个维度进行探讨。其中，理论探索篇探讨了中学政治学科教学案例的概念、特点、类型、功能等；实践创新篇以案例的形式呈现了中学政治学科课堂教学组织形式、教材知识分析处理等课堂教学问题的研究过程，以问题为研究导向，揭示教学活动特点和内在规律。本书是2020年度教育部人文社会科学研究一般项目“大思政课格局下大中小学政治学科协同育人机制研究”（项目编号：20YJA710004）的研究成果以及江苏师范大学的立项教材。

本书具有如下几个特点：

1. 突出真实性。所有教学案例均来自中学政治学科教学一线，是一线思政课教师探索核心素养背景下中学政治学科教学有效性，不断探索中学政治学科教学规律，优化教学目标、改进教学行为的真实写照。

2. 体现故事性。故事具有化育功能。本书以教学活动为对象，用客观、形象的叙事方式来呈现教学研究过程，为读者提供最直观、最生动、最精彩的教学研究蓝图，使读者有一种强烈的代入感。

3. 呈现交互性。案例具有情境性，能让读者快速进入具有故事情境的教学研究现场，参与思考并探讨问题的解决办法，进行教学案例研究也是世界教师教育研究的潮流。

4. 注重指导性。尽管本书所选案例不是读者亲历的，但中学政治学科的教学目标、教学内容、教学活动等是具有相似性的，尤其是案例中思政课教师们分析和解决问题的思路和方法，对读者具有一定的启发性。

本书由陈美兰主编，参编者分工如下：陈美兰、陈哲编写第一章、第二章、第三章，曾夏凤编写第四章案例 1，郝淑霞编写第四章案例 2，骆小成、方婷婷编写第四章案例 3，戴慧编写第四章案例 4，黄桂红编写第四章案例 5，窦月玲编写第五章案例 6，陈汉清、顾娟娟编写第五章案例 7，张建庆、丁毅斌编写第五章案例 8，封军伟编写第五章案例 9，丁立均、张志红编写第五章案例 10，陈美兰、潘海东编写第五章案例 11，赵昆、侍青编写第五章案例 12，刘茹编写第五章案例 13，沈雪春编写第五章案例 14，李伟、彭敏编写第五章案例 15。全书由陈美兰统一审定。在编写过程中，编者参考了大量文献资料，吸收了许多专家学者的研究成果，并且有幸得到了北京师范大学马克思主义学院李晓东老师的大力支持，在此一并表示诚挚的谢意。

由于编者水平有限，同时《普通高中思想政治课程标准（2017 年版 2020 年修订）》《义务教育道德与法治课程标准（2022 年版）》和新教材实施不久，书中肯定有诸多不足之处，敬请广大读者批评指正。

陈美兰

2022 年 10 月

目 录

理论探索篇

实践创新篇

理论探索篇

第一章　中学政治学科教学案例的概念界定与特点

“案例”一词的含义丰富，可以解释为实例、特定情景。“案例”一词在不同的学科中也有不同的称呼，例如在心理学中可以被称为个案，在医学上被称为病例，而在法学上则被称为案件等。如今，案例分析法在心理学、管理学、法学、教育学等学科中已然成为一种行之有效的研究工具。本书重点探讨思想政治教育专业师范生和中学政治学科教师（以下简称思政课教师）用来进行教学研究的教学案例。

一、中学政治学科教学案例的概念界定

在日常教学研究中，一线思政课教师往往不能清楚地界定教学案例、教学课例、教研论文、教育叙事，有时会将它们混为一谈。尽管教学课例、教研论文与教学案例同属于教学研究的范畴，都试图“以问题为中心”解决教学中存在的问题，是思政课教师研究的主要方式和研究成果，是帮助思政课教师认识或解决某个问题的抓手，[1]但三者之间是有区别的，厘清三者之间的关系有助于更好地理解和把握中学政治学科教学案例这一概念及其应用。

（一）教学课例与教学案例的关系

教学课例和教学案例是很容易混淆的概念。一般来说，教学课例以教材中某节具体的课为研究对象，重在对课本身的改进、优化和提高，主要目的是揭示“做什么”（教学目标和教学设计）、“怎么做”（教学策略）以及“做得如何”（教学评价与反思）。一个完整的教学课例的表达形式一般为“教学设计+教学实录+教学反思”。教学案例则是以课为载体，它不仅是研究如何上好这一节课，而且是围绕着一个含有教学问题的典型事件（包含现象和问题），以叙述的形式展现包含了思政课教师和学生的典型行为、思想、情感的故事。通过对故事的叙述，我们可以清楚地认识到某些教法为什么取得了成功，某些教法为什么效果不够理想。教学案例中对问题的反思、提炼及案例中所体现的有效教学行为和教学理论依据，能够有效地指导思政课教师解决今后教学实践中可能出现的问题。同时，教学案例中的故事情节能够引发思想政治教育专业师范生和思政课教师的进一步思考，并引导他们将获

[1] 荆希堃 . 中小学教育科研 100 问 [M]. 贵州：贵州教育出版社，2014：329.

得的教学经验推广到自己的教学实践中。教学案例的表达形式一般为“背景+问题+问题解决+反思讨论”[1]。

（二）教研论文与教学案例的关系

教研论文是指讨论或研究某种教学问题的文章。教研论文的外延是文章，内涵是讨论和研究教学问题，因此，它是一种说理性文章。教研论文与一般的学术论文有所不同，学术论文可以是纯理论、纯学术、纯学理的研究；而教研论文除了具有一定的学术性、理论性之外，还应突出实践性，因为教学本身是一个实践活动。教研论文的本质就是讨论和研究教学问题。教研论文和教学案例都是教学科研成果的一种表达方式，两者各有所长，对思政课教师的专业发展和一线教学都具有指导作用。不过，教研论文和教学案例也有较大的区别。首先，从写作文体和表述方式上来看，教研论文以说理为目的、以议论为主，而教学案例则以记叙为主，兼有议论和说明，通过叙事引发读者的反思。其次，从写作的思路和思维方式上来看，两者也有很大的区别。教研论文的写作一般采用演绎思维，思维的方式是从抽象到具体，而教学案例的写作体现了一种归纳思维，思维的方式是从具体到抽象。总之，教研论文侧重于通过说理论证来阐述观点，而教学案例则侧重于通过讲述并分析教学研究的故事来说明道理，两者既有联系又有区别。

（三）教育叙事与教学案例的关系

教育叙事更强调叙述，教学案例除了叙事还强调分析。教育叙事一般只需要把自己在教学实践中发生的有意义、有价值的故事记录下来就可以了。对于故事的反思可以在文中直接表达，用简单的几句话概括即可。这种反思可在文末单独成段阐述，或夹杂在行间，一般都不需要长篇大论。教育叙事通常强调对事件进行形象生动的记录和描述，需要场景描写、心理描写、语言描写等，强调情节的生动、矛盾的冲突、人物形象的刻画和情感的渲染。同时，教育叙事的反思往往更感性一些，甚至更抒情化一些。而教学案例可以对事件进行生动的记录和描述，也可以采用白描的手法，甚至可以用说明的方式对案例中的教学片段进行分析，采用教学实录的形式也未尝不可。教学案例需要在叙事的基础上进行理性反思，它不仅需要对事件本身进行直接评点，还需要归纳出一些具有普遍意义的规律。可见，教学案例的反思比教育叙事更加全面深刻，更强调理性。

（四）中学政治学科教学案例的内涵

综上所述，中学政治学科教学案例不同于教学课例、教研论文和教育叙事。中学政治

[1] 杨忠．在课例欣赏中成长 [M]. 成都：电子科技大学出版社，2014：1.

学科教学案例是思政课教师为了解决教学问题，围绕教学中的某一中心问题，撷取发生在日常教学活动中的真实的、典型的、富有教学意义的故事。中学政治学科教学案例通常采用叙事的手法来撰写，一般由背景分析、正文、问题探讨和反思等部分构成。简而言之，中学政治学科教学案例是对中学政治学科教学活动中具有典型意义的，能够反映教学内在规律或教学思想、原理的具体教学事件的描述、总结和分析，通常是对课堂内的真实故事和教学实践中遇到的困惑的真实记录。其主要目的在于促进思政课教师把先进的教学理念落实到具体的课堂教学行为之中，提高思政课教师的实践反思能力，推动思政课教师的专业成长。

二、中学政治学科教学案例的特点

中学政治学科教学案例分析是改进教学、提高教师教学水平的一个重要手段，思政课教师可以对其进行分析研究，寻找规律或问题产生的根源，进而寻求解决问题或改进工作的方法，从而形成新的研究课题。教学案例具有真实性、典型性、时代性等特征，具体表现在以下三个方面：

（一）呈现思政课教师个体经验的教育叙事

与教育理论相比，教学案例所展现的往往是教学中的某一局部或片段，缺乏系统的抽象和概括，很难解答教学中出现的普遍问题。它所体现的是思政课教师本人在教学过程中曾经遇到过的难题以及为此而采取的策略和行动。教学案例中没有概念的诠释，也没有理论的推导，不需要承受学习、理解、领会等任何认知方面的负担。案例交流的过程既是教学经验分享的过程，也是相互启发、出谋划策的过程，任何人都可以根据自己的情况从中获取自己所需要的实践智慧，并将其用于教学改革的实践中。因此，新的教学经验的产生和积累就是从交流教学案例开始的，教学案例在教学经验从理论变为实践、从理念变为现实的道路上起着非常重要的桥梁和纽带作用。

（二）教学案例开发的过程就是教学反思的过程

在教学案例的开发过程中，思政课教师不仅要对自己所亲历的教学过程进行认真的回顾，而且还要用新的教育理念来重新审视自己的教学策略和教学行为，并作出客观的评价。教学过程中的是非曲直将由模糊变得清晰，思政课教师对教学问题的认识和处理能力也将日趋成熟起来。因此，对于思政课教师来说，想要进行卓有成效的教学反思，撰写教学案例不失为一种最易驾驭且便捷、高效的方式。总的来说，如果教学反思被认为是思政课教师专业成长的核心要素，那么教学案例便是思政课教师专业成长的阶梯。

（三）教学案例的内容是含有问题情境的事件

不同的思政课教师在职业生涯中往往会有相似的教学经历，教学案例中的问题情境往往令思政课教师产生共情，甚至将自己置身其中，设想可能遇到的挑战以及处理问题的种种方法。通过研究探讨教学案例，思政课教师会发现教学案例有以下两个特点：一是教学案例中的参与者是平等的伙伴关系，甚至可以说是学习和研究的共同体；二是教学研究的研究目标是一致的，无论教学案例中的参与者在认识上是否有分歧，也不管他们的对策何其多样，他们都将问题的解决作为研究目标。一般来说，思政课教师的劳动具有明显的个体特征，如何加工教学内容、选择何种教学方法等，都是思政课教师个人的意志和行为。教育往往被认为是一项“孤独”的事业，而教学案例的交流研讨却能使思政课教师体验到交流对话的价值，不仅能培养思政课教师合作分享的意识和能力，还为构建思政课教师学习共同体创造了条件。[1]

---

[1] 杜复予 . 新课程课堂教学案例开发策略 [M]. 郑州：大象出版社，2017：4—5.

第二章　中学政治学科教学案例的类型与功能

教学案例是真实、典型，且包含了一定问题的事件。美国学者舒尔曼教授认为，案例一般可分为三种：原型、范例和寓言。原型是指以事实、事件、现象来阐明理论主张的案例，范例着重于提供可在类似的情境中加以遵循的行动指南和模式的案例，寓言是指用于传递道德观和价值观的案例。这种区分是以案例的作用为标准的，但某一具体的案例可能无法被绝对地划归到其中的某一类。一个案例可能具有多种功能或作用，所以它既可能是原型，同时也可能是范例或寓言。[1]

一般来说，根据教学案例的使用范围，我们可以将它划分为教育、教学、教育科研和教育管理；根据教学案例的内容，我们又可以将它划分为德育类、实践类、课堂教学类、教育反思类、创新类；根据教学案例的特点，我们可以将它划分为探求、思索、质疑、经验等；根据教学案例的写作方式，我们可以将它划分为事件、现象、活动、个人描述与研究。本书中的教学案例主要属于课堂教学事件的探索研究类教学案例。

一、中学政治学科教学案例的类型

中学政治学科教学案例可划分为不同的类型，用不同的标准和方法进行划分，可以得到不同的分类结果。

（一）基于教学内容的划分

根据教学内容的不同，可将中学政治学科教学案例划分为经济与社会、政治与法治、哲学与文化等。如案例 9《环扣式活动教学在高中思政课中的应用探究》和案例 15《情境式哲学复习课的建构之路》分别体现的是经济与生活、哲学与文化这两部分的教学内容。案例 9 从环扣式活动教学的视角探讨现代化经济体系的构建，案例 15 从哲学复习的视角探讨如何上一节高效的中学思政课，这种基于学科教学内容的划分方法是比较常见的。

（二）基于教学研究对象的划分

根据教学研究对象的不同，可将中学政治学科教学案例划分为对教学细节、教学局部

[1] 王少非 . 教师教育中的案例法与教学案例的开发 [J]. 高等师范教育研究，2000（2）：35.

进行研究的教学案例（教学小镜头），对某一框题的完整教学过程进行研究的教学案例，和对某个有待解决的实际教学问题进行研究的教学案例。例如案例5《复习课落实学科核心素养的活动型教学探索》、案例13《如何上出一节有“冲击力”的思政课？》，这两个案例是结合具体的框题，研究学科核心素养落地以及教学有效性问题的教学案例。案例7《高中政治议题式教学法的“唤思”之路》是对实际教学问题的探究，主要探讨高中政治学科议题式教学中思政课教师运用何种方法才能更好地促进学生进行思考，让学生可以真正做到有效学习。

（三）基于教学要素的划分

根据教学要素的不同，可以将中学政治学科教学案例划分为教学理念提炼型、教学方法创新型、教学情境创设型、教学问题研究型和学习任务评价型。案例 1《初中道德教育“本真学堂”的探索之路》和案例 6《“四活”教学主张在高中思政课中的应用》属于教学理念提炼型教学案例，这两个教学案例体现了两位名师对“本真学堂”和“四活”教学主张的提炼过程。教学方法创新型教学案例包括小组合作学习、探究性学习、讨论学习、议题式教学、混合式教学、项目化学习、角色扮演等。教学情境创设型和教学问题研究型教学案例包括有效学习情境的创设、有效教学问题研究、学习活动设计、教材知识的处理，以及课程资源的开发利用等。学习任务评价型教学案例包括学习活动评价、作业设计与开发、试题设计、教学评价等。例如案例 2《初中思政课“三引一导”教学模式的凝练与实施》、案例 4《中学政治学科项目化学习的实践探索》、案例 14《高中思想政治复习课之“议”管用吗？》，这些教学案例分别从教法创新、情境创设与教学知识处理等方面进行了探讨。

（四）基于记录方式、表述方式、载体形式的划分

依据思政课教师（教学案例中的当事人）对其教学实践的记录方式的不同，中学政治学科教学案例可以划分为：纪实-反思式教学案例、夹叙夹议式教学案例、讨论式教学案例。根据表述方式的不同，中学政治学科教学案例可划分为：叙述式教学案例、评述式教学案例、介绍-分析总结式教学案例。根据载体形式的不同，中学政治学科教学案例可分为：文字教学案例、口述教学案例和视频教学案例。本书的案例 3《法治教育的故事化育之路》就综合了以上不同的记录方式和表述方式。本书中的教学案例综合了纪实-反思式教学案例、介绍-分析总结式教学案例和文字教学案例的特点。

上述的中学政治学科教学案例，尽管分类标准、分类方法不同，带来的分类结果也不同，有时会出现不同程度的交叉现象，但这并不影响它们为一线思政课教师和思想政治教育专业师范生提供宝贵的教学实践经验。

二、中学政治学科教学案例的功能

其实每一位思政课教师在自己的教学生涯中，都会遇到一些这样或那样的教学事件，会在教学活动中遇到一些教学难题或教学困惑。实际上，这些是可以经过一定的思维加工，并以教学案例的形式体现出来，成为大家共同探讨的对象的。可以说，从思政课教师踏入教室到离开教室，每天都会有一些值得回味的教学事件，这些教学事件完全可以教学案例的形式表现出来。把教学事件转变为教学案例的过程就是一个重新认识这个教学事件、整理自己的教学思路的过程。具体来说，中学政治学科教学案例具有以下四个方面的功能。

（一）为思政课教师提供记录教学经历的机会

思政课教师将自己在日常教学中遇到的一些教学事件通过案例写作的形式呈现出来，实际上是对自己职业生涯中的一些困惑、喜悦、问题的记录和摹写。他们所撰写的教学案例在一定程度上也可被视为展示自己生命价值的主要载体。从某种意义上来说，教学案例记录了思政课教师的生命之光。在中学政治学科教学案例中，有思政课教师的困惑与探索、思考与情感，同时也蕴涵着思政课教师无穷的生命力和创造力。记录和记载本身也承载着深深的历史感，每一个时期、每一个阶段的教学案例在很大程度上可以折射出教学历程的演变，它既可以反映思政课教师个人专业发展的过程，也可以呈现社会大背景下教学的动态发展趋势。

（二）帮助思政课教师把握教学工作的重点和难点

教学案例中记录的事实材料往往是思政课教师工作中难以化解的难题或困惑。当思政课教师对自己的教学经历进行梳理时，印象最为深刻的常常是那些让自己感到困惑不解的教学难题。这样的梳理过程会强化思政课教师对自己教学能力的认识，促使思政课教师将注意力集中到一些根本性的问题上，同时也帮助思政课教师认识到自己在处理这些问题上还有哪些不足。如果思政课教师形成撰写教学案例的习惯，那么随着事实材料的增多，思政课教师就会逐渐发现自身工作的难点到底在哪里，今后自己努力的方向应该是什么。

（三）促进思政课教师加强教学反思

许多思政课教师只有在期末或年终学校评价自己的教学工作时才会比较系统地反思自己的教育教学行为，极少会有意识地对自己教学工作中的“是什么”“为什么”“如何做”“如何做得更好”等问题进行检视。而教学案例的撰写，在很大程度上可以扭转这种现象，思政课教师可以通过反思自己工作中的某些方面来发现问题，从而梳理问题并解决问题。这实际上可以促使思政课教师专业化水平的不断提高。思政课教师如果能够将教学案例的撰写贯穿于教学过程的始终，而不只是一时冲动或只在期末或年终才有所行动，那么这一定会极大地促进思政课教师的专业成长。

（四）促进思政课教师的沟通和经验分享

思政课教师的工作主要表现为一种个体化的劳动，思政课教师平时与同事之间的学术交流相对较少，而教学案例的撰写能够以书面形式反映思政课教师的教学经历，它可以使其他的思政课教师较为详细地了解同事的思想和行为，使个人经验为大家所共享。通过教学案例，思政课教师可以了解自己的同事在思考什么、做了些什么、面临的问题是什么、提出了哪些相应的对策。在这种情况下，思政课教师也会思考“假如我面临同样的或类似的问题该如何处理”“在我的教学经历中是否有同样或类似的经历，能否进一步形成案例”等问题。这种做法可以形成一种思政课教师的教师文化，大家可以通过个人分析、小组讨论，认识到自己所从事的工作的复杂性，以及教学问题的多样性和特殊性，并且可以把自己原有的缄默性知识提取出来，通过讨论和批判性分析，将自己那些只可意会不可言传的知识、价值、态度等提升到意识阈中。[1]

总之，中学政治学科教学案例根据教学内容、教学研究对象、教学要素、记录方式、表述方式、载体形式的不同可划分为不同的类型。同时，中学政治学科教学案例还具有为思政课教师提供记录教学经历的机会、帮助思政课教师把握教学工作的重难点、促进思政课教师加强教学反思和促进思政课教师沟通和分享经验等诸多功能。了解这些分类和功能将有助于思政课教师开发出更多适合中学政治学科教学和研究的优秀案例。

[1] 郑金洲 . 案例教学指南 [M]. 上海：华东师范大学出版社，2000（6）：183—186.

第三章　中学政治学科教学案例的开发与应用

中学政治学科教学案例的开发与应用有助于更新思政课教师的教学理念，促进思政课教师在课程观、学生观、教师观方面的转变。中学政治学科教学案例的开发与应用能丰富和提升思政课教师的课堂教学技能，具体表现为教学设计与评价能力、启发与引导能力、组织教学能力、教学反思能力的提升。中学政治学科教学案例的开发与应用使思政课教师的教学目标更加明确，教学活力大大增强。同时，中学政治学科教学案例的开发与应用揭示了教学案例对推动新课程教学改革所特有的潜在价值，开辟了一条理论与实践相结合的道路，搭建了一座理论与实践相连接的桥梁。

一、中学政治学科教学案例的开发

目前国内对教学案例的开发有两种观点：一种观点认为，教学案例开发就是使用教学案例这一特殊材料，将学习者引入教学实践情境中，教学案例开发与传统的案例教学很相似。另一种观点认为，教学案例开发就是指教学案例编制的相关标准以及教学案例所体现的知识、技能和写作策略等。本书中的教学案例开发综合了上述两种观点。本书旨在通过教学案例的开发，为思想政治学科核心素养目标的达成提供新的教学经验，充分释放教学案例本身所蕴含的能量，实现教学案例开发的价值追求。

（一）中学政治学科教学案例的开发定向

教学案例的开发具有学术定向、实践定向、技术定向和个人定向等多种定向，中学政治学科教学案例的开发更多体现的是实践定向、技术定向和个人定向。

1. 学术定向

学术定向主要关注知识的传递和理解力的发展，强调思政课教师作为认知的引导者和学科内容专家的角色。舒尔曼教授强调，开发教学案例时必须在叙事之后至少附加两个评论，且其中一个必须是专家的评价。

2. 实践定向

实践定向强调教学情境的独特性、不确定性和模糊性，注重思政课教师教学的艺术性、适切性和创造性。这种定向认为经验既是教学知识的首要来源，也是学习的重要手段。

3. 技术定向

技术定向同样着眼于教学的知识和技能，但不同于实践定向的是，这种知识和技能不是基于经验，而是基于对思政课教学的科学研究。技术定向将能力视为行为表现，特别强调向学习者提供体现实践理性的决策模式和具有应用性的科学原理。

4. 个人定向

个人定向关注思政课教师个人的专业发展和个性发展，强调将思政课教师置于教学的学习过程的中心。学习教学就是学习理解，就是有效地发挥自己的作用，教师教育的中心目标就是教师的个人发展。在个人的成长和发展中，经验以及对经验的反思极为重要。[1]

美国心理学家波斯纳提出了一个教师成长公式：成长=经验+反思。本书通过启发思政课教师参与教学案例的开发来审视和反思自己的教学活动，从而促进自身的专业发展。

（二）中学政治学科教学案例的开发环节

中学政治学科教学案例的开发是一个复杂的过程，包括教学实践、对教学实践的反思、合作协商、评论等多个环节，教学案例真实地记录了教学案例开发的各个阶段。

1. 教学实践

思政课教师参与教学实践活动，参与一个事件或一系列有意义的事件时，通常是直接置身于其中，并扮演着重要的角色。严格地说，这种教学实践并不包括在教学案例的开发过程中，但它是教学案例开发的必要前提。

2. 对教学实践的反思

在这一环节，思政课教学研究者开始介入教学案例的开发，或者说真正开始进入教学案例的开发过程。思政课教学研究者不仅要选择思政课教师作为教学案例的作者，还要提供案例写作指南，召集作者参加会议，通过头脑风暴法产生写作主题。此环节的中心任务是根据写作主题选择教学实践经历，以书面形式反思并探讨个人的教学实践经历。

3. 合作协商

在作者完成初稿以后，思政课教学研究者可以采用书面或直接面对面的方式与作者进行交流，让作者对需要澄清的问题作出明确的反馈。同时，还要收集其他作者和外界专家对其初稿的评价。通过多方合作，使作者逐渐明确“这是关于什么的案例”，进而确定教学案

[1] 王少非．教师教育中的案例法与教学案例的开发 [J]. 高等师范教育研究，2000（2）：37.

例中的关键细节。

4. 评论

美国学者舒尔曼认为，每个教学案例应在叙事之后至少附加两个评论，通常一个来自其他教育实践者，一个来自专家。这种评论是教学案例的有机组成部分。[1]对教学案例的评论提供了审视教学案例的不同视角，能够扩展读者的思路。

（三）中学政治学科教学案例开发、选题与编写的要求

整个 20 世纪，关于教师职前和职后教育的教学案例集不断出版，其中不乏由研究者开发的教学案例。但近年来，由于对"倾听教师自己的声音"重要性的认识逐渐加深，要求将"实践者自己的声音"引入教学材料的呼声也越来越高，而且实践者们更喜欢阅读其他实践者所写的教学案例，因此，研究者与教师作者合作，由教师作者来撰写教学案例，成为各国教学案例开发的主要途径。另外，教学案例的撰写能够使教师产生在传统教师教育情境中可能难以产生的理解、洞察和移情，加强对自己的教学实践经验的反思，从而尽可能成为真正的反思性实践者。[2] 总的来看，中学政治学科教学案例的开发、选题与编写需要遵循一定的规范和要求。

1. 中学政治学科教学案例的开发

（1）形式应具有陈述性。

中学政治学科教学案例是围绕某个或某些中心问题对教学事件进行的详细描述，有开头，有结尾，有情节，在一定的背景中展开，也包含大量对细节的描述。简化描述会减弱读者对中学政治学科教学案例所提供的情境的认同。

（2）内容应具有经验性。

中学政治学科教学案例是对真实事件的描述。有研究认为，学习者会对描述"现实世界"中的事件表现出更强烈的兴趣。因此，思政课教师可以将信件、报纸、学校文件、档案等写进教学案例中，这样可以大大增强其真实感。

（3）整体应具有情境性。

中学政治学科教学案例应被置于一个特定的情境之中，需要交代特定的时间、地点、人物和教学内容。这些对情境的描述能够为读者提供理解中学政治学科教学案例所需要的丰富的背景信息，这是读者理解中学政治学科教学案例的重要条件。

---

[1] MERSERTH K K. The Early History of Case-Based Instruction:Insights for Teacher Education Today[J]. Journal of Teacher Education, 1991, 42 (4) : 243—249.

[2] MCANINCH A R. Case Method in Teacher Education[M]//HUSEN T, POSTLETHWAITEEDS T N. The International Encyclopedia of Education: Research and Studies. 2nd ed, 1994: 543—548.

(4)内容应具有丰富性。

中学政治学科教学案例应当供读者从多个角度、多个层次进行分析。教学本身是复杂的，教学案例的内容必须足够丰富，才能拓展读者的思路。丰富的内容有助于激发读者兴趣，也能够引发读者的思考和讨论。[1]

2. 中学政治学科教学案例的选题与编写

(1)中学政治学科教学案例的选题。

中学政治学科教学案例的选题，应当密切结合思想政治教育专业的师范生以及一线思政课教师学习的需要，紧密结合学科核心素养背景下教学理论与实践发展的时代主题，反映新时代教学理论的新认识和实践的新举措。中学政治学科教学案例的选题应具有一定的普遍性和时代性，反映中学政治学科教学的普遍情况。

(2)中学政治学科教学案例的编写。

中学政治学科教学案例的内容应真实可信，如实记录已发生的事实，不能杜撰、虚构。中学政治学科教学案例的选材要客观丰富，教学案例应当是在深入调研的基础上精心编写而成的，充分展现调研获得的第一手材料。中学政治学科教学案例要有一定的篇幅，在内容呈现、概念把握与结构层次上有一定的深度，不简单表露问题、观点与价值取向，要为读者提供思考和讨论的空间。中学政治学科教学案例的结构要完整，如本书教学案例的撰写框架有案例标题、背景介绍、案例正文、结语以及思考题等。中学政治学科教学案例的格式要规范，文字、版面格式等方面要按照规定体例编写；谋篇布局要合理，要综合考虑教学案例的主题和素材，做到主线清晰、层次清楚，案例素材和主线结构相匹配，内容衔接自然；表述要简洁规范，用生动、简洁的语言将内容阐述清楚，做到段落清晰、断句清楚、语言表达规范、措辞恰当、文风平实等。另外，中学政治学科教学案例的可读性要强，内容要生动有趣，激发读者的阅读兴趣。

(四)中学政治学科教学案例的开发要素

思政课教师在开发教学案例时，需要思考影响教学案例撰写的多种要素，包括选择关键事件、客观描述案例背景、确定教学案例中的人物、审视教学案例和检视行动结果。

1. 选择关键事件

思政课教师的日常教育教学活动是中学政治学科教学案例的主题和材料的源泉。但并非所有的日常教育教学活动都可以作为教学案例的材料。思政课教师对教学案例的选择

[1] WASERMANN S. Getting Down to Case: Learning to Teach with Case Study[M]. New York: Columbia University Press, 1993, 14(2): 196—198.

应有一定的标准，其中最重要的是案例是否能促进自我发展和专业成长，是否能帮助读者深入理解中学政治学科的教学活动。思政课教师在选择关键事件时，可以反思以下几个问题：第一，它对我是否产生过情感上的冲击；第二，它是否呈现了我难以解决的困境；第三，它是否使我难以作出抉择；第四，我是否对自己的问题解决方式感到满意；第五，它是否具有道德上或伦理上的启示。思政课教师选择关键事件的最低标准是其对某个事件具有浓厚的兴趣，有一种想将它写出来的强烈冲动。

2. 客观描述案例背景

在撰写中学政治学科教学案例时，首先交代教学案例发生的背景，将教学案例置于一定的情境中，从而使读者能在一定的情境中更好地解读教学案例。因此，思政课教师需考虑：第一，教学案例是如何发生的；第二，我的最初反应是什么；第三，我的反应对教学案例的进展产生了何种影响，影响是如何发生的；第四，教学案例涉及了哪些因素。

3. 确定教学案例中的人物

思政课教师需要确定教学案例中的关键人物和从属人物，并思考以下几个问题：第一，教学案例中的人物各扮演何种角色；第二，他们相互之间的关系是怎样的。思政课教师在撰写教学案例时，应特别注意将自己设定为教学案例中的人物，并在叙述时从各方面来审视自己的作用。

4. 审视教学案例

思政课教师在审视教学案例时，需要思考以下几个问题：第一，教学案例中发生了什么，它是如何进展的；第二，我可以作出哪些选择，作出这些选择会导致什么结果；第三，我实际作出了何种选择，是什么情感、价值观或理论假设促使我作出这种选择；第四，该教学案例还有哪些方面的问题仍困扰着我。

5. 检视行动结果

思政课教师在检视行动结果时，需要思考以下几个问题：第一，教学案例中描述的事件结果如何，我的行动对学生产生了何种影响；第二，教学案例中的人物对我自己产生了何种影响。[1]

这些问题只是为思政课教师撰写教学案例提供一个参考框架，思政课教师不需要全部回答这些问题，也不必严格按照这个框架来撰写。

---

[1] 王少非．教师教育中的案例法与教学案例的开发 [J]. 高等师范教育研究，2000（2）：38.

二、中学政治学科教学案例的应用

中学政治学科教学案例的主要作用是通过具体的事例来说明某个教学研究问题，因此，读者要注意，教学案例本身的意义是有限的，教学案例所呈现的教学方法、教学理念和教学反思才是最有价值的。在阅读教学案例的过程中，读者不必深钻教学案例本身，只要把握住它在整体上所要传达的信息即可，最重要的就是要搞清楚案例本身说明了什么，读者可结合案例后设置的思考题来阅读教学案例。

（一）案例思考题

每一个教学案例的后面都附有思考题，读者可以结合具体教学案例对这些思考题进行进一步的思考。这些思考题紧密结合教学案例和思政课教师自身的实践体悟，旨在引导读者进行教学设计的延展性思考。通过完成这些思考题，读者可以更好地理解教学案例。

（二）案例使用说明

中学政治学科教学案例适用的课程包括：政治课程与教学论、政治课程标准与教材研究、名师名课案例分析等。中学政治学科教学案例的教学目标是运用一定的教育教学理论，体现学科核心素养目标，在整合“核心素养”“中国学生发展核心素养”“学科核心素养”的基础上，将党和国家立德树人的宏观目标、中学政治学科核心素养的中观目标和教材、学情、教法、学法结合起来，对潜在的育人要求进行概括、总结和提炼，设计成可教、可学、可评的微观教学目标。本书的中学政治学科教学案例涉及的相关理论包括学习科学理论、思想政治教育理论、情境教学理论、议题式教学理论、活动教学理论、教师专业发展理论等，这些理论为读者分析教学案例提供了理论支撑。

（三）案例教学建议

采用中学政治学科教学案例进行教学（简称案例教学）比较适合40人以下的班级，每个案例教学的时间大约是三节大学标准课，时长为120分钟。布置预习一节课，课堂讨论两节课。具体环节安排：内容布置—学生分组—查阅文献—讨论研习—课堂交流—师生互动。案例教学以讨论为主，讲授点评为辅，需要思想政治教育专业师范生或思政课教师提前准备摘要卡片、多媒体设备、案例打印资料、录像机、录音笔等。任课教师提前布置的任务要清晰，预习要求要明确具体，同时应为学生提供必要的参考资料，学生进行课堂讨论时，任课教师需要及时指导并给出建议。活动设计建议：课前安排一节预习课，要求学生认真阅读案例和相关推荐书籍，结合案例后的思考题进行思考。上课前，任课教师和学生应做好教学准备，将桌椅分组摆放成弧形，在桌子上摆放好标有小组编号和姓名的桌签。任课教师需要为每个小组提供一张小组讨论记录表，记录每个人的发言内容和综合的观点。同时，任课教师要通知相关人员做好录音和录像工作，准备好点评资料和提纲。下课后，任课教师要及时总结案例教学的得与失，以便改进后续的教学行为。

总的来说，中学政治学科教学案例的开发与应用需遵循一定的规范和要求，只有这样才能更好地服务于课程教学。

本书共有十五个教学案例，这些教学案例由多位执教于一线的中学政治学科名特优教师根据其课堂教学实践所撰写，每一个教学案例都凝聚着他们的实践智慧和理论探索的心血，编者希望通过这些具有对话性的教学案例进一步促进思政课教师和思想政治教育专业师范生的专业成长。

实践创新篇

第四章 初中政治学科教学案例集萃

案例1 初中道德教育“本真学堂”的探索之路

（曾夏凤，浙江省台州学院马克思主义学院教授，浙江省特级教师）

十八大以来，党中央高度重视培育和践行社会主义核心价值观。2017年8月17日，教育部发布了《中小学德育工作指南》，明确指出初中阶段的学段目标：“教育和引导学生热爱中国共产党、热爱祖国、热爱人民，认同中华文化，继承革命传统，弘扬民族精神，理解基本的社会规范和道德规范，树立规则意识、法治观念，培养公民意识，掌握促进身心健康发展的途径和方法，养成热爱劳动、自主自立、意志坚强的生活态度，形成尊重他人、乐于助人、善于合作、勇于创新等良好品质。”2017年10月18日，习近平总书记在十九大报告中指出：“要以培养担当民族复兴大任的时代新人为着眼点，强化教育引导、实践养成、制度保障，发挥社会主义核心价值观对国民教育、精神文明创建、精神文化产品创作生产传播的引领作用，把社会主义核心价值观融入社会发展各方面，转化为人们的情感认同和行为习惯。”2019年10月，中共中央、国务院印发了《新时代公民道德建设实施纲要》（以下简称《纲要》），提出了新时代公民道德建设的总体要求。2022年4月，《义务教育道德与法治课程标准（2022年版）》正式发布，明确了以立德树人为根本任务的课程理念，并在课程总目标中明确提出“能够理解社会主义核心价值观的内涵及其重要意义，并在社会生活中自觉践行”。这些文件和报告为“培养什么样的人”指明了方向，明确了初中道德与法治课要以培育社会主义核心价值观为根本目的，引领学生了解社会、参与公共生活、珍爱生命、感悟人生，逐步形成基本的是非、善恶和美丑观念，过积极健康的生活，做负责任的公民。

2019年3月18日，习近平总书记在学校思想政治理论课教师座谈会上发表重要讲话，提出坚持“八个相统一”，为推动初中道德与法治课的改革创新指明了方向，也提出了更高要求。2019年9月18日，教育部等五部门印发的《关于加强新时代中小学思想政治理论课教师队伍建设的意见》中强调：“积极推进案例式、探究式、体验式、互动式等教学。”《纲要》则指出，加强公民道德建设要适应新时代新要求，坚持目标导向和问题导向相统一，把握规律、积极创新，持之以恒、久久为功。习近平总书记的重要讲话精神以及《纲要》所提出的意见推进了道德教育活动教学方式的改革，为“怎样培养人”指明了方向，提供了纲领性、方向性的指导意见，鼓励着思政课教师精心引导和栽培“拔节孕穗期”的青少年，推动其道德素质达到一个新的高度。

台州市初中道德与法治名师工作室由省特级教师、正高级教师Z老师领衔，由两名正高级教师、三名省特级教师、一名省教坛新秀、五名市级名教师、若干名市级骨干教师和有潜质的新教师组成。该名师工作室注重学科核心素养的培育，在省规划课题“提升素养：初中道德与法治的新样态活动教学研究”的统领下，尝试开设“本真学堂”，加强对新样态活动教学的探索。“本真学堂”努力从“热闹、浅表、低阶”的“假”活动中突围，转向“安静、深度、高阶”的新样态活动教学，尝试在“真”活动的探索中实现学科核心素养的“软着陆”。

一、困惑：道德教育活动教学方式是否需要改进？

为了解道德教育的实施情况，Z老师调查了部分思政课教师。接受调查的思政课教师有三种类型：一是参加教学工作不足2年的中学一级教师；二是参加工作10年左右的中学高级教师；三是从拥有10年左右教龄的中学高级教师中脱颖而出的骨干教师。这三类教师的反馈情况如下：

反馈1：初中生的道德教育，说起来容易做起来难，要达到“知情意行”的统一太难了。在学生中比较普遍的现象是“道理都懂，行动不通”，“知行脱节”的现象比较严重。所以，课上光靠说教的方式进行道德教育还是远远不够的。

反馈2：我们都知道说教这种教学方式不好，但是学生要考试呀，而且是闭卷考试，掌握核心知识、核心观点就变得尤为重要。如果能够在课上借活动之名，行演练之实，从活动的问题设计中带出核心知识，这样岂不是两全其美吗？

反馈3：我们都知道道德教育的重要性，也试图以活动教学的方式开展道德教育，但往往是活动搞了，课堂活了，效果如何却不得而知，一不小心从传统教学的“重知识、轻能力、缺情感”走向活动教学的“重活动、轻知识、缺提升”的境地。如何让当下盛行的活动教学焕发出应有的活力和魅力？教学情境是选用来自学生的真实情境还是选用由真实情境改编的虚拟情境？如何迅速梳理序列化活动？如何创设指向教学重难点的问题链？这些问题都需要解决。活动教学到底路在何方呢？

从上述访谈中我们可以看出，一线思政课教师对于活动教学的价值有比较充分的认识，但真正实施起来效果不好、困难不少。因此，改进道德教育的活动教学方式，加强对学生的道德教育，引导学生践行社会主义核心价值观，形成崇尚英雄、尊重模范、学习先进的风尚，提高学生的思想觉悟、道德水准和文明素养，把学生培养成为新时代中国特色社会主义事业合格的建设者和可靠的接班人，已成为一线思政课教师无法回避的重要话题。

Z老师是一位有着30多年一线教学实践经验的思政课教师，她有多篇思政课教研论文在北大中文核心期刊发表。作为台州市初中道德与法治名师工作室的带头人，她带领工作室成员在初中道德与法治“本真学堂”的研究中发现：道德教育可以新样态活动教学为组织方式，让学生在“本真探究”中获得深度体验，在深度体验中形成良好的道德品质。

为了全面了解初中道德与法治课活动教学的现状，Z老师特别成立了新样态活动课题研究工作团队。其中，道德教育研究小组由工作2年的A老师、工作10年并获得台州市教学大比武一等奖的B老师和工作15年的教学名师C老师组成。在Z老师的带领下，该研究小组开展了道德教育“本真学堂”专题教学研讨活动。

研讨问题1：初中道德与法治课涵盖了哪些道德教育方面的内容？初中道德与法治课应如何厘清道德教育与心理健康教育、法治教育的关系？初中道德与法治课需要帮助学生树立哪些意识？培育哪些素养？

A老师：思政课教师可以依据课程标准，以个人的成长、个人与他人和集体的关系、个人与国家和社会的关系为主线，对初中道德与法治课所涉及的道德教育的内容进行梳理。道德教育方面的内容分布在统编版《道德与法治》的七年级上下册、八年级上下册，主要集中在八年级上册的第一课“丰富的社会生活”中。

B老师：道德教育与心理健康教育、法治教育既有区别，也有联系。思政课教师可以参考课程标准对道德教育的内容加以甄别、筛选，如塑造学生孝敬父母、尊重他人、诚实守信、乐于助人的品质，提升学生的责任心，树立学生的规则意识、公民意识等。一般来说，与个体的成长紧密相关的内容更多属于心理健康教育的范畴，如“做情绪情感的主人”“发现自己”“生命的思考”等单元，但“敬畏生命”一课又属于道德教育的范畴；与他人、集体和社会的关系通常属于道德教育的范畴，但在学校生活中的师生交往、朋辈交往和家庭生活中的父母长辈交往方面，道德教育与心理健康教育就有相当多的重合，同时又交织着法治教育，如赡养父母、网络生活规则既属于道德教育的范畴，又属于法治教育的范畴。

C老师：道德教育需注意四个方面。一是要坚持道德性，思政课教师要确保道德教育的方法与“立德树人”的目标具有一致性，保证道德教育方法的人性化，重视人的情感诉求。二是要提高针对性，思政课教师要立足于实际问题和学生的自身情况，及时分析学生的思想矛盾，对他们最关心的实际问题进行探究，做到“目中有人”。三是要发挥主观能动性，为学生创造各种体验的机会，为学生提供主动认知和行动的机会，使学生的感性认识上升为理性认识，道德认知主动转换为自觉的道德行动。四是要讲求实效性，道德教育内容的传递需要一定的外在形式，但不能一味地追求花哨的方法和形式，忽视了实质性内容。思政课教师应当根据教学内容的特殊性和丰富性，创造出学生们乐于接受并喜爱的形式，确保道德认同目标的实现。

研讨问题2：思政课教师在教学中应采用什么方式对初中生加强道德教育？

经过研讨，大家一致认为活动教学对于培养学生良好的道德品质，养成良好的道德行为具有重要作用。但是怎样才能充分运用教材中的活动情境，加强对初中生的道德教育呢？三位教师针对这一问题展开了热烈讨论。

A老师：教材中有大量的活动情境，虽然这些活动情境相当贴近学生实际，但全都照搬教材的内容恐怕很难激发起学生的兴趣。学生通常比较喜欢以第三者的身份参与活动。因此，我们需要创设一些来自真实生活的虚拟情境开展虚拟活动，这样有助于学生放松地展现真实的自我。

B老师：教材中有大量贴近学生实际的活动情境，如“探究与分享”栏目为思政课教师指明了教学重点和教学难点，我们完全可以拿来使用。我们只需要在此基础上顺势而为，补充上相应的知识点即可。思政课教师在组织探究活动的过程中也要重视学生对知识的掌握，在进行道德教育的同时也要提高学生的应试能力。

C老师：教材中，“运用你的经验”“探究与分享”“拓展空间”等栏目，传递了活动教学的生活化德育理念。因此，我们在开展新样态活动教学时，要着眼于学生的真实生活和长远发展，使理论观点与生活经验有机结合，让学生在真实活动的体验和自主辨析的思考中感悟道德的力量，自觉践行社会主义核心价值观，提高学生对道德教育的认同感。

二、探索：道德教育的活动教学如何改进？

经过讨论，Z老师决定以统编版《道德与法治》（八年级上册）第七课“积极奉献社会”的第一框题“关爱他人”作为专题教研活动的案例，以同课异构的方式对教学效果进行比较和分析。

（一）A老师：虚拟情境+虚拟活动

1. 课堂导入

播放根据真实的故事改编的公益片《这个世界不会好了吗？》的前半部分。

教师设问：

（1）视频中的几位人物遇到了什么样的境况？

（2）你觉得他们当时的感受是怎样的？

（3）你觉得当时他们的心里最期盼的是什么？

设计意图：教师播放以关爱为主题的公益片能激发学生的兴趣，让他们感受到遭遇困难时希望被人关爱的期盼；通过制造悬念，使学生想要了解片中主要人物的后续遭遇，以此引入主题。

2. 环节一：感受关爱，爱在你身边

教师设问：

（1）在生活中，你曾获得过哪些关爱？

（2）你当时的感受是怎样的？

设计意图：教师从以关爱为主题的公益片转到学生自身，通过让学生讲述被人关爱的经历，去感受自身被他人关爱的美好情感，为引出“关爱无时不在、无处不在”这一观点作铺垫。

3. 环节二：给予关爱，爱在他身边

公益片中出现了六个人物：① 想要自杀的女孩；② 买杂志遭到老板冷漠驱赶的女孩；③ 因工作而焦头烂额的男人；④ 赶着送外卖的外卖员；⑤ 撞了豪车后手足无措的老人；⑥ 醉酒后被拍照的女孩。

教师设问：

假如你是他们身边的人，你会如何去关爱他们？

小组任务：每个小组任选公益片中的两个人物，说说自己的关爱行动和这样做的理由，各小组进行讨论并做好记录，每个小组选出一位代表汇报本组讨论的结果。

设计意图：让学生说出自己的关爱行动，体现了教师对学生发散性思维的培养，从而引导学生体会关爱他人的幸福，掌握关爱他人的艺术——心怀善意、尽己所能、讲究策略。

4. 环节三：传递关爱，爱在我们身边

教师播放公益片《这个世界不会好了吗？》的后半部分（有意想不到的暖心结局）。

教师设问：

假如你是外卖员，请你写一段人物的内心独白。

设计意图：以外卖员的视角洞察人与人之间相互关爱的美好，借外卖员之口，在学生的开放性表述中感悟关爱他人对自身、对他人、对社会的重要意义。

5. 结课

教师赠言：诗歌朗诵《关爱》。

如果世界是一间小屋，那么关爱就是小屋中的一扇窗；如果世界是一艘船，那么关爱就是茫茫大海上的一盏灯。学会关爱，就像拥有了一面奇异的三棱镜……

设计意图：教师和学生声情并茂的主题诗歌朗诵，使学生得到情感的升华和道德的认同，继而转化为关爱他人的道德行动。

【教学反思】

本框题用两条主线把整节课串联成一个整体。一条主线是教学内容线，教师以根据真实故事改编的公益片《这个世界不会好了吗？》为情境贯穿始终。另一条主线是教学形式线，教师试图通过“感受关爱——给予关爱——传递关爱”这三个环节，让“爱”从“你”身边到“他”身边，再到“我们”身边，从“小”到“大”，不断地扩展。本节课的教学主线清晰，始终紧扣“关爱”这一主题，具有一定的整体性，所创设的教学情境和情节跌宕起伏，有故事性，学生学起来饶有趣味，并且通过开展小组合作探究“给予关爱”的开放性活动，引导学生给出关爱他人的方案，使学生掌握关爱他人的方法与智慧。

本框题设计的缺陷之一在于情境的虚拟性，从材料情境的虚拟（公益片根据真实故事改编）到任务情境的虚拟（“假如你是……”），使教学内容很难触及学生的内心。如果能结合生活化的真实材料开展真实的探究活动，则能够使学生在内心深处“有所感”“有所悟”。本框题设计的缺陷之二是开放性探究活动对教师的课堂驾驭能力要求太高，学生小组汇报的各种方案让自己无法接招，很难把学生现场给出的方案与“关爱他人的艺术”快速、有机地联系起来。

【学生评价】

我们对这样的活动兴趣很浓，我们在课堂上观看了有故事情节的公益片，大家通过小组合作进行探究，故事最后的结局也很暖心。在整个过程中，同学们的参与热情很高。但是，当我们静下心来仔细想想，却觉得这节课似乎没留下什么，只是观看了一个公益片。现实生活真有那么好吗？还是说现实没有我们想象中的那么坏？我们总是感觉公益片里的故事有些不太真实。

【听课教师评价】

A老师的教学设计能激发学生的兴趣，侧重于对学生能力的培养，却忽略了知识的学习,学生的道德情感并未真正得到升华,学生是否能够将关爱他人的品质转化为具体行动，我们不得而知。虚拟情境下的虚拟活动不能真正入脑、入心。教师创设怎样的情境、开展怎样的活动才能使学科核心素养目标的内在要素得到有机融合？这是需要我们进一步思考的问题。

（二）B老师：虚实情境+虚拟活动

1. 课堂导入

展示授课班级运动会拍摄的现场照片：一位女同学在800米赛跑后被同学一左一右搀扶着。

设计意图：贯彻生活化德育理念，选取运动会上学生"关爱与被关爱"的暖心场景，由此导入新课，顺势引出"关爱"的概念。

2．环节一：爱之义

（1）在教材中划出"关爱"的含义。

（2）分享一件被他人关爱或关爱他人的事。

设计意图：通过让学生在教材中划出"关爱"的含义，让学生掌握"关爱"的概念，在此基础上让学生讲述关爱他人或被他人关爱的真实事例，从自身拓展到他人、社会、国家等各个层面的关爱，并得出结论——关爱无处不在、无时不在。

3．环节二：爱之贵

[情境1]　公交车即将发车时，司机发现车后有一位拄着拐杖的老人在招手，于是他耐心地等待老人，并上前搀扶老人。上车后，小鸣主动给老人让座，老人感激地说："让你们久等了，谢谢大家！"

（1）你赞同公交车司机和小鸣的做法吗？为什么？

（2）他们的做法分别对自己、对老人、对社会有什么意义？

设计意图：通过微调教材情境（只把教材案例中的人名改成"小鸣"，其他文字不变），让学生讨论公交车司机和小鸣同学的做法，引出关爱的意义。

4．环节三：爱之智

[情境2]　小鸣有点儿疑惑，他在放学的路上看到一位摔倒在地的老人，老人的周围围了一圈人……

小组讨论：到底扶不扶摔倒的老人？

设计意图：借小鸣之所见，通过对"扶不扶"这一问题进行小组讨论，让学生明白——关爱他人要心怀善意、讲究策略。

[情境3]　小鸣突然想起老师说下周一学校要开展向贫困山区孩子献爱心的活动。

小鸣：我认为只有向妈妈多要点儿钱帮助他们才能表达诚意。

小溪：献爱心是大人的事情，我们小孩子还是以后再说吧。

…………

小组讨论：你怎么看待小鸣和同学们的想法？

设计意图：通过讨论小鸣和其他同学关于向贫困山区的孩子献爱心的看法，让学生明白——关爱他人要尽己所能。

小结：怎样关爱他人？（答案略）

设计意图：总结"爱之智"环节中两个情境对应的教学重点和教学难点——怎样关爱他

人，让学生熟记关爱他人的艺术要领。

5. 环节四：爱之行

做一个有爱心、爱他人、爱社会的人，请说出你的行动。
在家里：________________________________
在学校：________________________________
在社会：________________________________

设计意图：该环节的设置旨在引导学生学以致用，通过让学生说出关爱他人的行动宣言，引导学生在行动上做一个有爱心、爱他人、爱社会的人。

6. 结课

观看当地年度感动人物颁奖现场的视频资料片段（志愿者行动）。

教师赠言：一首小诗《爱心》（略）。

设计意图：年度感动人物颁奖现场视频资料的展示和诗歌《爱心》的朗诵，旨在升华本节课的主旨，增强学生对关爱他人的亲社会行为的认同感，感悟志愿者爱他人、爱社会的良好品质，将关爱他人的品质转化为实际行动，引导学生树立社会主义核心价值观。

【教学反思】

本框题从学生身边的关爱引入，“爱之义—爱之贵—爱之智—爱之行”这四个环节，对应着“是什么（关爱的含义）”“为什么（关爱的重要意义）”“怎么做（怎样关爱他人）”的逻辑主线，把整节课串联成一个整体。本节课的教学尽可能贯彻生活化德育理念，教学情境以教材情境为主，以源于学生实际的生活化情境为辅，通过虚拟人物小鸣的视角把三个源于教材的情境进行微调和整合。同时，导入环节的照片展示和结课时播放的当地年度感动人物颁奖现场的视频也前后呼应。

本框题设计的缺陷之一在于提供的情境较为生硬，从材料情境到任务情境，几乎照搬教材的现有素材，似乎陷入了“教教材”的“泥潭”，少了几分“用教材教”的灵活性；缺陷之二是过于注重知识讲解，如从字面上对“关爱是什么”予以解释，以及对于“关爱他人的艺术要领”的知识总结，就有比较明显的知识灌输的痕迹。

【学生评价】

我们对于这样的活动教学兴趣不是那么高，我们感觉好像被“设计”了，好像一直在事先设计好的“圈套”里。其实扶不扶老人我们都知道应该怎么回答，我们所有的活动好像就是为了奔向那个所谓的“正确答案”。虽然在扶老人这件事上，我们口头上的正确答案是“扶”，但其实我们心里依然很困惑：如果扶老人要那么麻烦，或者说可能会带来那么多麻烦，还要讲证据、讲策略，我们还要不要去扶，还敢不敢去扶？

【听课教师评价】

总的来说，B老师的教学知识灌输的痕迹太明显。一方面，在教学资源的整合上，虽然教师试图在导课和结课中引入贴近学生生活实际的课程资源，也选用了教材中贴近学生生活实际的教学情境，但这些情境的应用有些生搬硬套，缺乏应有的灵活性。另一方面，在教学立意上，本节课侧重于知识教学，教学主线言简意赅，指向本框题的核心知识，但教师过于受此牵制，过分注重基础知识的灌输，有借活动之名行“知识嵌入”之嫌的倾向，也因此忽略了能力培养和价值引领，缺乏应有的立意高度，“关爱他人是一种幸福”“关爱他人是一门艺术”的价值导向就有些虚化了。因此，对于“三维一体”的“无痕化”德育来说，这节课还有不少需要完善的地方。

（三）C老师：真实情境+真实探究

C老师结合台州市初中道德与法治名师工作室正在研究并推广的新样态活动教学，创设“真情境”、提出“真问题”、实施“真探究”，展开新样态活动教学的“本真学堂”探索。

1. 分享区

教师组织开展“道德讲堂直播间”活动，请大家分享让自己印象最深刻的一次关爱他人或被他人关爱的经历或见闻，以及当时自己的感受或困惑，活动记录表示例参见表1-1。

表1-1 “道德讲堂直播间”活动记录表

主题	关爱他人	被他人关爱
关爱对象		
时间		
地点		
参与者		
过程		
我的感受		
我的困惑		

设计意图：从学生的生活经验导入，让学生在分享关爱他人或被他人关爱的真实故事中感受“无处不在、无时不在的关爱”，通过让学生分享在关爱他人或被他人关爱的过程中自己的感受和困惑，为后续的“关爱他人的艺术”这一主题的引入做好铺垫。

2. 讨论吧

[话题1] 等？不等？

小刘和小杨是大连市某高中的高一女生，每天晚上放学回家她们需要先乘公交车到达三八广场，然后再换乘 529 路区间车。该时间段只有这一辆区间车在运营，如果赶不上 8 点 35 分的这一班车，就需要再等半个小时乘坐末班车，这两个女生的情况被该区间车司机张师傅无意中听到了。2019 年 10 月 22 日晚上 8 点 35 分，发车的时间到了，而这两位女生还没有赶到。这个时候……

小组讨论：推测张师傅、乘客们在“等”与“不等”之间的态度与选择，以及两位女生和她们父母的态度，并说说从中体会到关爱具有什么样的作用。

[话题2] 给？不给？

小雨与小霜一同参加全国作文创新大赛，小雨手里有全国中学生作文创新大赛的入选宝典，小霜有各种各样的创意和构思。

小组讨论：说说小雨与小霜要不要各自给出自己的“独门秘籍”，并说明理由。

[话题3] 捐？不捐？

新冠肺炎疫情暴发后，学校决定在网上开展一场献爱心的云活动。

镜头 1：小芳的别样捐助。

同学们纷纷捐款捐物，不少同学一出手就捐了三四百元。小芳说要用自己的压岁钱买口罩捐给需要的人。

镜头 2：小磊的热心助人。

小涛很想表达自己的爱心，可一想到下岗的双亲，小涛迟迟没有捐款。好朋友小磊在群里大声嚷嚷：“涛子，我知道你家里穷，我替你捐两百块，够意思吧！”小涛隔着屏幕都能感受到同学们投来的异样的目光……

镜头 3：小乔的扫码捐款。

不到一个小时，同学们就捐了六千多元。班长小乔宣布：“我找了一家接受善款的网站，用户只要输入自己的姓名、身份证号和联系方式，扫个二维码就可以捐款了，网络真便捷！我打算通过这个网站把同学们的捐款都转过去。”

小组讨论：对于小芳、小磊、班长小乔的捐助方式，你赞同吗？请说明你的理由。遇到类似的情况，你会怎么办？

设计意图：从“等与不等”—“给与不给”—“捐与不捐”的问题链中，让学生理解关爱他人的行为对自身、对他人、对社会的作用，感受到关爱他人是一种幸福，掌握关爱他人的策略和智慧。

3. 明镜台

关于"关爱他人再行动"，我有话要说……

以自己喜欢且恰当的方式送出你的关爱，形式不限，可以是一段文字，也可以是一个方案、一首小诗、一幅画、一个拥抱、一声抱歉……

（温馨提示：如果关爱对象就在你身边，你也可以直接送出自己的关爱。）

曾经，我（以为）＿＿＿＿＿＿＿＿＿＿＿＿＿＿＿＿＿＿＿＿＿＿＿

现在，我（明白）＿＿＿＿＿＿＿＿＿＿＿＿＿＿＿＿＿＿＿＿＿＿＿

今后，当＿＿＿＿＿＿＿＿＿＿＿＿我会＿＿＿＿＿＿＿＿＿＿＿＿＿

设计意图：旨在基于学生的"真问题"，让学生在发自内心的"真体验"中检测学生是否掌握关爱他人的策略、学会关爱他人的艺术，从而实现学生的"真成长"。

【教学反思】

本节课以"道德讲堂直播间"为平台，以序列化的"真活动"（分享区—讨论吧—明镜台）为抓手，创设矛盾对立的问题链情境，引导学生进行深度学习。新样态活动教学营造的"本真学堂"，以能够激发学生真实感受的"真情境"为起点，以需要学生探究并解决的"真问题"为触点，在能够激发学生探究热情、引发学生深度思考、培养学生高阶思维的序列化的"真活动"中实现学生的"真成长"，引导学生去体验通过关爱他人所获得的幸福感，提高学生关爱他人的艺术本领（参见表1-2）。

表1-2　"本真学堂"道德教育的新样态活动教学

流程	呈现方式与内容
起点：真情境	从与教学内容相关的真实故事（如感动中国人物、道德楷模或本土素材、学生的亲身经历和所见所闻）导入
触点：真问题	引出生活中看似简单但又有意义的关键问题或道德两难问题，开展序列化的探究活动
悟点：真成长	解决实际困惑，培养高阶思维，实现知行合一

【学生评价】

这节课很具有挑战性，我们需要运用所学的知识展开合乎情理的推测，开启"关爱他人再行动"之旅，撰写"关爱他人再行动"方案，创作"关爱他人再行动"主题诗画等。我们感觉这节课很有用，也很有新鲜感，跟平时的课不太一样，同学们似乎明白了，原来关爱他人还有那么多的学问。

【听课教师评价】

这样的活动教学在设计上整体感很强，注重学生的深度学习，简约而不简单。学生对知识的习得不是被动灌输，而是在序列化活动中积极主动地去探究和获取，学生的主体地位得到了充分体现，教学目标在“等与不等”—“给与不给”—“捐与不捐”等问题链中得到了有机融合。教师在“明镜台”中开展的“关爱他人再行动”，使学生的学科表达能力、思维能力等学科关键能力得到了足够的滋养和浸润。

三、讨论：道德教育新样态活动的效果有何不同？

三位教师都从自身的教学理念和教学经验出发，对“关爱他人”这节课进行了活动教学设计。A老师借助根据真实故事改编的虚拟情境，利用其跌宕起伏的故事情节吸引学生积极参与活动，但这样的虚拟活动缺乏明确的学科核心素养目标指向，容易让学生陷入“海阔天空雾茫茫”的境地。B老师以应试为目标，注重学生的知识掌握，以教材原有的情境为主，以源自学生生活的真真假假的情境为辅，试图从预设好的活动中得出知识和结论，因此学生对知识的掌握是机械的、碎片化的。整节课的设计只有“问题情境+知识讲解”，没有铺垫的简单化活动，也难以解决学生们对“扶与不扶”的疑惑，难以形成学生的社会主义核心价值观。A老师和B老师尽管都采用了活动教学，但这两种教学活动不是重形式、轻实质，就是“穿新鞋走老路”，缺乏深度思维和价值引领。C老师运用新样态活动教学，对问题情境进行序列化活动设计，在整体性探究活动中激发学生的深度学习，带领学生在思辨中进行理性分析，追求高阶思维的锤炼，课堂指向学生学科核心素养目标的落实，增强了学生对关爱他人的深层次理解，学生的道德品质在活动中得到了潜移默化的浸润和培养。

为了进一步验证实际的教学效果，三位教师分别从任教的班级中随机选出十位学生参加座谈会，请他们谈谈自己在本节课的收获，以下节选了部分学生的体会：

学生1：我比较喜欢活动课，老师一组织活动我们就觉得很兴奋，但是过后想想好像没留下什么，除了那句“这个世界没你想象的那么好，也没你想象的那么坏”。

学生2：这节课播放的视频蛮有趣的，但总体上感觉缺乏真实感，有好多实际的问题没有得到解决。比如我明明是想帮助有困难的同学，却遭到了对方的拒绝，我为什么总是体会不到助人为乐的快乐呢？

学生3：我感觉光有活动不进行练习没有用，只有练习才能提高成绩，我就喜欢刷题的那种感觉，如果这节课能时不时穿插一点练习就更好了。

学生4：我觉得课堂上落实知识要点是很有必要的，但如果光从活动中得出结论，会比较枯燥无味。老师可以借鉴一些综艺节目的形式，寓教于乐，效果会更佳。

学生5：一直以来我就希望能有一种适合自己的学习方式。这节课的最后一个环节自由度比较大，我喜欢用打油诗来表达，有的同学选择用画画来表达，也有同学直接给其他同学一个拥抱，一“抱”泯恩仇，老师的活动设计充分考虑了我们的不同需求。

学生们对课堂教学的评价虽然不一定全面、正确，但教师们还是能从中感受到他们所期待的课堂的模样。坚持“学生、教师、教材、课堂融为一体”是“本真学堂”的基本原则，思政课教师要不断地改进活动教学方式，重视道德教育对于培养学生良好道德品质的重要价值，积极探索适合学生的道德教育活动教学新样态，充分发挥学生的主体作用，积极关注同行与学生的教学反馈。

四、结语

初中的道德教育活动方式是选择“虚拟”还是“本真”，其背后反映了思政课教师不同的教育理念。台州市初中道德与法治名师工作室课题研究团队的三位教师，对道德教育分别采用了“虚拟情境+虚拟活动”“虚实情境+虚拟活动”以及“真实情境+真实探究”的新样态活动教学设计，呈现了三种不同样态的道德教育课。“虚拟活动”与“本真活动”哪一种方式更好？这些探讨在一定程度上丰富了中学思政课的教学理论，也提升了台州市初中道德与法治工作室思政课教师的教学能力和教研素养。当然，对于活动教学的研究并没有就此画上休止符，一切才刚刚开始。初中道德教育中的“虚拟活动”毫无可取之处吗？什么样的知识教学有助于学科核心素养的“软着陆”？“本真学堂”如何找准符合学情的“真情境”、创设整体化的“真问题”、开展序列化的“真活动”、探索可视化的“真评价”、实现学生的“真成长”？关于“本真学堂”的探索和研究还有很长的路要走，沿途的风景值得你和我一起美美地欣赏、细细地品味。

思考题

1. 在初中道德与法治课的教材中，道德教育方面的内容是怎样编排的？如果由你来执教道德教育方面的内容，你会选择运用何种活动方式来进行教学？
2. 简述你对A老师“虚拟情境+虚拟活动”道德教育活动教学方式的理解。
3. 简述你对B老师“虚实情境+虚拟活动”道德教育活动教学方式的理解。
4. 简述你对C老师“真实情境+真实探究”道德教育活动教学方式的理解。
5. 在本案例中，A、B、C三位教师道德教育的活动教学设计给你带来了哪些启示？

【本案例系教育部高校思想政治理论课教师研究专项一般项目“大中小学思政课教、学、评一体化研究”（课题编号：21JDSZK097）的阶段性研究成果】

案例2　初中思政课“三引一导”教学模式的凝练与实施

（郝淑霞，吉林省长春市东北师范大学附属中学初中部教师，吉林省正高级教师）

《义务教育道德与法治课程标准（2022年版）》明确指出，思政课是落实立德树人根本任务的关键课程，道德与法治课程是义务教育阶段的思政课，旨在提升学生的思想政治素质、道德修养、法治素养和人格修养等，增强学生做中国人的志气、骨气、底气，为培养以实现中华民族伟大复兴为己任的有理想、有本领、有担当的时代新人打下牢固的思想根基。

2014年3月，教育部印发的《关于全面深化课程改革落实立德树人根本任务的意见》指出：“教育部将组织研究提出各学段学生发展核心素养体系，明确学生应具备的适应终身发展和社会发展需要的必备品格和关键能力。”该《意见》要求教师由知识传授转向全科育人、全程育人、全员育人。

2016年4月，《教育部办公厅关于2016年中小学教学用书有关事项的通知》提出，从2016年起，将义务教育小学和初中起始年级“品德与生活”“思想品德”教材名称统一更改为“道德与法治”。《义务教育道德与法治课程标准（2022年版）》进一步优化了课程设置，整合小学原品德与生活、品德与社会和初中原思想品德为“道德与法治”。正是在此背景下，“三引一导”教学模式的研究提上了日程。

2019年3月18日，习近平总书记主持召开学校思想政治理论课教师座谈会，并提出思想政治理论课改革创新要坚持“八个相统一”，为初中思政课改革创新指明了方向，也提出了更高的要求。2019年8月，中共中央办公厅、国务院办公厅印发的《关于深化新时代学校思想政治理论课改革创新的若干意见》提出，要加大思政课教研工作力度，普遍实行思政课教师集体备课制度，全面提升教研水平。2019年9月18日，教育部等五部门印发的《关于加强新时代中小学思想政治理论课教师队伍建设的意见》中强调，积极推进案例式、探究式、体验式、互动式等教学模式，这成为中小学思政课教师的行动指南。

S学校在20世纪50年代末被评为吉林省重点中学，20世纪80年代该学校以“实验性、研究型”的办学特色跻身全国知名重点中学行列，被评为“全国教育系统先进集体”和“全国德育先进校”。21世纪以来，该校成为吉林省首批示范性高中。S学校的道德与法治教研组师资力量雄厚，组内有九名高级教师、四名一级教师、三名二级教师。其中包括两名省学科带头人，四名省骨干教师，一名省名师工作室主持人，两名省精英教师，两名省新秀教师，五名硕士研究生指导教师。道德与法治教研组的学术氛围浓厚，教师理想信念坚定，坚持以立德树人为己任，注重学生核心素养的培育，课堂教学改进的脚步坚定而扎实。教研组成员认为，凝练与实施“三引一导”教学模式就是要打破现实课堂教学中的沉默，通过“引言、引思、引疑、导行”等环节，让学生乐于畅言、善于思考、勇于质疑、敏于行动，打造“思想与思想交流凝结智慧、智慧与智慧碰撞启迪人生”的思政课堂，让学生成为课堂的主人。

一、破局：“三引一导”教学模式的提出

“教学有法，教无定法。”教学方法是师生为了达到一定的教学目标、完成一定的教学任务，在教学活动中采用的教学方式、教学途径和教学手段。教学方法的选择在本质上主要取决于学生的“学”和教师的“教”的相互作用。

在实践中，有很多因素阻碍着思政课教师对教学方法进行变革和研究，比如教师队伍的结构、学情、学校管理者的态度等，这些都在不同程度上制约和影响着课堂教学改进的步伐。从2016年起，思想品德课的教材更名为“道德与法治”。教材的变化对初中思政课教学的影响大吗？思政课教师对教学方法的改进积极性高吗？道德与法治教研组的H老师就这一系列问题对部分教师进行了调查访谈。调查对象包括重点学校的老中青教师、吉林省道德与法治学科名师和市区各普通中学教龄不等的教师。他们的反馈结果如下：

多数教师认为，教材名称由“思想品德”变为“道德与法治”，原来由各地方编制的教材变为教育部统编版教材，教材的内容变化大，教师学习和熟悉教学内容占用了大量的时间，教师备课的压力大，还来不及考虑要怎么教。

少部分教师认为，教材名称虽然变了，但是由心理、道德、法律和国情这四个维度的教学内容构建的教学体系没有改变，因此教材的变化对初中思政课教学的影响不大，一切照旧。

还有一部分教师认为，教材名称变了，时代背景变了，教学内容也变了，这些都要求教师们改变教学方法。这些教师也尝试过针对不同的教学内容、不同的学生采用不同的教学方法，可是学生还是不太买账，他们要的是中考成绩，只要分数上去了，创不创新、改不改变都不重要。因此，教师们索性就回到舒适区，因循旧法抓应试。

不难看出，教师们对改进教学方法的态度与他们所在学校的管理文化、教师的成长环境和学生对待学习的态度有着密切的关系。从调查中可知，学术氛围浓厚、重视教师专业成长的学校，教师改进课堂教学方法的动力足、热情高。管理方法陈旧、片面追求升学率的学校，教师对改进课堂教学方法呈现出两种截然不同的态度：自我期望值高、专业成长诉求强烈的骨干教师、名师，自觉自愿地坚持创新课堂教学方法；缺乏专业成长诉求和动力的教师，或教学经验不足的教师，把创新课堂教学方法看作是多此一举，看作是一种负担，担心会影响学生的考试成绩。

“不识庐山真面目，只缘身在此山中。”要走出此山，就需要破局。探索破局之法，既要

找到规矩法度，又要走出思维困境。H老师30多年来一直致力于中学思政课的教学，曾荣获全国第一届思想政治初中优质课大赛一等奖，教过多种版本的思政课教材。随着各年段统编版《道德与法治》教材的陆续使用，H老师在调查研究的基础上，借助重点学校的优质平台，整合名师资源，发挥团队优势，召开学科组会议并进行主题教研。以下是会议研讨的主要问题：

（一）研讨问题1：道德与法治课堂，我们的困境在哪里？

七年级的青年教师认为，七年级的学生课堂发言的积极性高，敢于表达，但发言的质量不高，多为个人感悟，有思想内涵的发言比较少。

八年级的骨干教师认为，八年级开设的科目多，学生的学习压力比较大，对学习内容的选择有倾向性，对于他们不感兴趣或者比较浅显的问题，他们不愿回答。而对于有一定难度、专业性较强的问题，处于青春期阶段的他们又特别在意别人的看法，担心自己回答错了，因此不敢回答。但是，对于他们真正感兴趣的具有挑战性的问题，他们会跃跃欲试。

九年级的一线思政课教师认为，九年级的学生看重的是中考成绩，同时他们具有一定的思想高度。如果教师在上课时能提出贴近学生生活、联系社会实际的富有时代感、挑战性的“真问题”，学生们是十分感兴趣的，他们会热烈地讨论、激烈地辩论，关键看我们怎么教。

（二）研讨问题2：改进道德与法治课堂，我们怎样走出困境？

经过研讨，大家一致认为，统编版《道德与法治》教材的使用是从七年级开始的，课堂教学的改进就要从七年级入手。七年级备课组的教师可以依据七年级学生的学情改变教学方法，发挥教研组的合力，通过开展“问题导引下的学生核心素养培育”主题教研活动，创新教学方法。对此，七年级备课组的教师敞开了心扉：

A老师：我已有10年的教学经历，觉得自己的成长遇到了瓶颈，非常想在教学中有所突破，我想在教师提问和学生应答这两个环节做一些尝试，以此提升学生的素养，希望得到大家的支持和帮助。

B老师：我也想借此机会找到更适合新教材的教学方法，为全组的课堂教学改进贡献力量。

H老师：在课堂教学中，教师如何通过提出问题引导学生发言、思考和质疑，从而提高学生的表达能力、质疑能力、分析问题和解决问题的能力？这一问题值得我们认真研究。下一步，我们就道德与法治教研组使用的新教材进行学科组主题教研，围绕“三引一导”教学法进行研究，以此破局。

二、凝练："三引一导"教学模式的架构

"三引一导"教学模式提出后，H老师组织并带领青年教师、组内骨干教师开展试用"三引一导"教学模式的同课异构活动，其他教师进行课堂观察、听课、评课，对比研究"三引一导"教学模式在提高学生课堂参与方面的成效。适逢S学校举行第36届教学百花奖评比活动，道德与法治教研组的教师决定借此机会开展"问题导引下的学生核心素养培育"主题教研活动。

主题教研活动由听课和评课两个部分构成。在听课环节，由A老师和B老师采用"三引一导"教学模式执教统编版《道德与法治》（七年级上册）第六课的第一框题"走近老师"和第七课的第二框题"爱在家人间"。在评课环节，先由道德与法治学科三个备课组的成员组成三个观察团队，进行以"问题导引下的学生核心素养培育"为主题的课堂观察、听课、评课，同时活动还请来了特邀专家进行评课。参与主题教研活动的一线教师、教研员和专家经验丰富，由他们共同组成观察团队，便于从专业角度展现"三引一导"教学模式在不同的教师带领不同的学生学习不同的教学内容时所表现出来的特有的、稳定的课堂样态，从而更好地凝练和架构"三引一导"教学模式。

（一）A老师：以图片创设情境，以话题探究导引问题

[导入] A老师出示四幅图片，图文并茂地展现主人公成为教师前后的不同生活状态。

预设问题：

（1）哪位同学能富有感情地为大家读一下图片上面的文字？

（2）看到这四个场景，你们和我有同样的感触吗？

（3）你们能联想到什么？

（4）你们的老师的生活状态也是这样的吗？

（5）你们真的了解他们吗？

[话题1] 忆往昔，话师生情谊

预设问题：

（6）哪位老师给你留下了深刻的印象？请说出你们的故事。

（7）同学们都学过《论语》，你们能说出其中几句有关孔子的教育思想的名言吗？

（8）我们学校的首任校长对全校的所有老师都提出过一个要求，你们知道这个要求是什么吗？

（9）同学们，你们喜欢什么样的老师呢？

[话题2] 看今朝，述教师标准

预设问题：

（10）结合平时你对身边老师的了解，说一说你们心目中的好老师是什么样的。

[话题3] 展未来，辩教师发展

预设辩题：

在未来社会，教师职业是否会被人工智能取代？

[话题4] 爱吾师，情满求学路

预设问题：

（11）请你描述一位我们班级任课老师的教学风格或教学特点，请大家猜一猜你描述的是哪位老师。

（12）说一说这位老师有哪些值得你学习或吸引你的地方。

【教学反思】

学生非常熟悉本框题的内容，如何让教师走进学生的心里，让学生真正地走近教师，这考验着教师的真知、真情和真本领。在教学中，我引导学生回忆师生之情并积极与大家分享自己的想法，让师生产生情感的共鸣。我通过设计“在未来社会，教师职业是否会被人工智能取代”这一辩题，让学生进行自由辩论，使他们在讨论、交流中启思凝智。同时，通过让学生进行角色扮演，引导学生在情境中体验、在体验中感悟、在感悟中导行。上完这堂课后，我感觉学生和我更亲近了。

【学生评价】

这节课非常与众不同，仿佛在与老师聊天的过程中就增强了我们对老师和老师这个职业的认识，尤其是在各个话题的互动环节中，我们加深了对老师的理解和喜爱，很自然地就会融入老师所给出的话题中。我们最喜欢的是辩论环节，同学们的积极性很高，辩论环节不但检验了我们对知识的掌握情况，而且还调动了大家的学习兴趣，增强了我们全面认识问题和分析问题的能力，也让我们深刻地感觉到我们是离不开老师的。

【听课教师评价】

七年级观察团队认为，（4）、（7）、（8）、（9）、（12）属于效度较高的问题，（2）、（5）、（6）、（11）属于效度中等的问题，建议把（10）与（11）整合成一个问题，（12）需要略加修改。

八年级观察团队认为，9分钟的学生自由辩论环节相当精彩，这个时候如果A老师能从理论高度上引导学生，掌控辩论的节奏，深化辩论的主题，效果会更好。

九年级观察团队认为，A老师在本节课的辩论环节能及时地肯定学生的观点，并生成学生们所应了解的人类文明进程和世界发展的一些动态及前沿知识。这对学生树立终身学习的理念具有积极的导引作用，也有助于在课堂教学中落实理性精神、国际理解等中学生发展所应具备的核心素养。

【专家评价】

L教授认为，这节课通过引言、引思，使显性的和隐性的两条线巧妙交织，带给学生一种思考。这节课教学流程设计巧妙，师生沟通富有智慧，语言表达文采飞扬。教师和学生享受着课堂，品味着知识，积淀着情感，演绎着生活。

（二）B老师：摘录爸爸的日记，创设情境并导引问题

[情境1] 1985年4月28日日记的内容（略）

预设问题：

（1）亲爱的同学们，你们能体会到那一刻我的感受吗？

（2）你们所感受到的来自家人的爱是什么样的？

[情境2] 1997年10月15日日记的内容（略）

预设问题：

（3）我的爸爸认为这件事是我小题大做，你们觉得呢？

（4）你们有跟我相似的经历吗？

（5）你们都是如何处理的呢？

[情境3] 1998年4月12日日记的内容（略）

预设问题：

（6）你们觉得我选择的这种沟通方式适合解决亲子之间的哪些问题？

（7）你们觉得我通过沟通放弃学琴的故事是一个成功的沟通案例吗？

（8）你们还有没有更好的沟通案例可以与大家分享？

（9）亲爱的孩子们，你们都怎样表达对家人的爱呢？

【教学反思】

结合这节课所学知识的特点，我认为道德与法治课的问题导引只有通过价值观引领和真诚的师生互动才能实现。情境的创设能够拓展师生交流的渠道，激发学生的兴趣，提高学生的专注力，营造良好的课堂氛围，培养学生的思维和语言表达能力。问题导引最大的价值在于推动学生自主探究学习，让他们在课堂上换位思考，联系自身实际，运用一定的方法思考问题并进行交流论证，完成总结。

【学生评价】

这节课我们被老师感动到了，老师营造的平等而真诚的沟通、交流的氛围感染了我们。

老师结合自己的成长日记，通过讲述自己的故事，与我们分享自己的人生体会，老师成了我们最好的朋友，我们也特别愿意与老师和其他的同学分享自己的故事、倾听他人的故事。在这一过程中，大家动真情、讲真话、解真惑，一起笑，一起流泪，一起收获着心灵的成长。

【听课教师评价】

七年级观察团队认为，在九个预设问题中，（2）、（4）、（6）、（7）、（8）是效度较高的问题，（1）、（3）、（5）、（9）是效度中等的问题，（6）、（7）、（8）、（9）共同承担起“导行”的作用。

八年级观察团队认为，本节课的最后一个环节——“爱要表达”中，六位学生的发言都是围绕着父母之爱和祖孙之爱。如果B老师能引导家里有兄弟姐妹的同学与大家分享兄弟姐妹之间的爱，那么教学内容会更丰富。

九年级观察团队认为，课堂中有个小女孩在回忆爷爷的时候非常激动，有些哽咽，当她坐下的时候，B老师说：“你的情绪有点激动，请坐，好孩子。”这一个“好”字拉近了师生之间的距离，让观察团队感受到了B老师的温暖，相信这个女孩也会有同感。在人文关怀、健全人格培养等方面，B老师做出了有意义的尝试。

【专家评价】

W教研员认为，B老师的课有线索、有设计、有引导，学生有倾听、有参与、有收获，观察团队有学习、有思考、有建议，道德与法治学科的主题教研活动有实效。B老师运用“三引一导”教学模式展示的这两节课注重发挥教师的主导作用，充分调动学生的主体作用，在师生互动、生生互动中活化了课堂，提升了学生的参与度，提高了课堂的效度。

（三）“三引一导”教学模式的架构

一节课的成功并不是思政课教师“出色的表演”，而在于学生内心的触动、能力的提升和行为的转变。“三引一导”教学模式的运用重在把握“引言、引思、引疑、导行”中“引”与“导”的契合度。“三引一导”教学模式力求教师创设的情境、提出的问题、探究的话题、体验的角色与学生的认知、能力、情感、兴趣点相契合，思政课教师只有把握准确，导引恰到好处，才能提高师生的契合度。

1. “三引一导”教学模式的建构

教学模式是从教学要素整体的组织结构和动态调配运行的角度去研究教学。实施“三引一导”教学模式（引言—引思—引疑—导行）的目的是通过创设恰当的情境，调动学生参与教学过程的积极性和主动性，从而实现道德内化、素养提升、知行合一。在教学过程中，思政课教师要使学生达到“适度兴奋”的状态，乐于“动口”表达、“动脑”思考和质疑、

"动身"参与体验，达成知行合一的目标。

2. "三引一导"教学模式的实施路径

（1）"引言—引思"环节。

在"引言—引思"环节，思政课教师创设情境、提出问题。思政课教师回归生活本真，选取真实的生活化素材，结合学生的已有知识和经验，提出探究主题，创设教学情境，为学生发言搭建舞台，让学生言所见所闻、思所想所感，倾听学生的观点，通过小视野生成大智慧。

（2）"引思—引疑"环节。

在"引思—引疑"环节，思政课教师启思辨理、拓展问题。对于中学生而言，价值观、是非观、善恶观的形成是其一生健康成长的根本，也是培育学生核心素养的关键。这个环节通过价值辨析触动学生的内心，启迪学生的思维，培养学生科学的思维方式。思政课教师需全身心地投入与学生的互动中，对学生的疑惑迅速作出反应，注重课堂的生成性追问、生成性引导、生成性点评和生成性讲解，让课堂充满灵动的智慧。

（3）"引疑—导行"环节。

在"引疑—导行"环节，思政课教师释疑解惑、明理导行。道德与法治是一门实践性较强的学科，因此，思政课教师应重视学生在课堂上的实践体验。教师可以让学生通过角色扮演自然而然地体会到参与的乐趣，使学生在情境中体验、在体验中感悟、在感悟中导行，增强学生公共参与的意识，提高学生合作学习的能力，实现对学生行为的正向引导。

"三引一导"教学模式的模型建构和实施路径如图 2-1、图 2-2 所示。

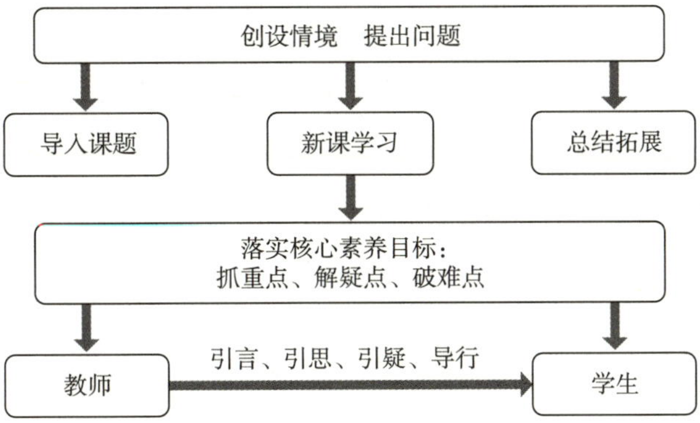

图 2-1　"三引一导"教学模式的模型建构

"三引一导"教学模式的具体实施过程是不断变化、多种多样的，没有固定的模式。但是，变化中又有其不变的内核，那就是它总要包括四个基本过程：创设情境，引导学生表达—提出问题，引发学生思考—探究话题，引领学生质疑—体验角色，换位思考达成"释疑导行"的目的。

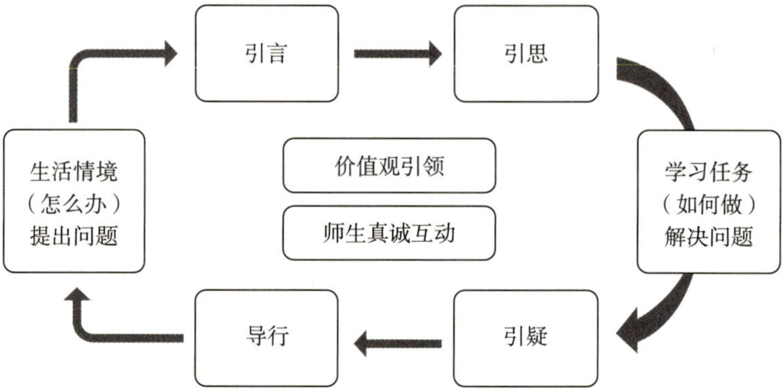

图 2-2 “三引一导”教学模式的实施路径

这四个基本过程是层层推进的关系，各个环节共同的出发点和归宿都是为了充分发挥学生的主观能动性，尊重和凸显学生的主体地位，实现对学生核心素养的培育。“三引一导”教学模式的教学思维流程如图2-3所示。

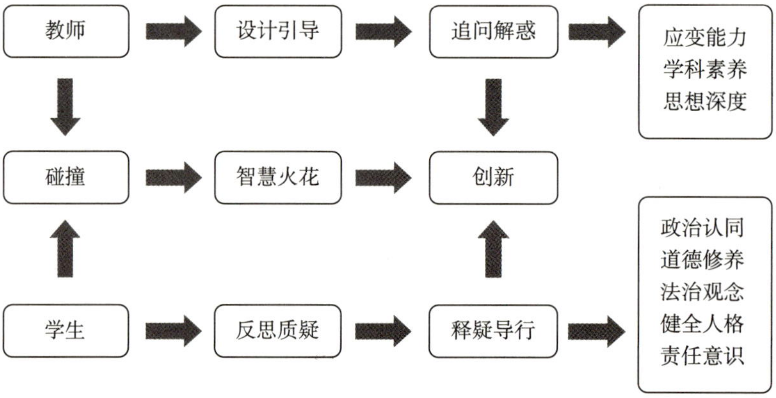

图 2-3 “三引一导”教学模式的教学思维流程

三、验证：“三引一导”教学模式的实施

（一）“三引一导”教学模式的理论依据

苏联心理学家维果茨基认为，学生的发展分为两个水平：一个是现有的发展水平，即学生已达到的、能够独立解决问题的水平；另一个是最近发展区，即在教师的引导和帮助下能达到的解决问题的水平，它介于学生潜在发展水平和现有发展水平之间，这就是著名的“最近发展区”理论。依据这个理论，课堂预设问题的设计应当以学生原有的知识为基础，接近学生的最近发展区，让学生有话可说、有话想说、各抒己见，积极主动地投入学习，引导和

帮助学生达到他们所能达到的解决问题的水平，提升学生的核心素养。

为了进一步验证“三引一导”教学模式的实际教学效果，我们对比了七年级四位任课教师的学生满意度问卷调查结果和学生期末考试的成绩。结果显示，两位采用“三引一导”教学模式进行授课的教师，学生满意度大幅度提高，学生学业质量验收效果好。这充分说明，这种教学模式能够让学生真正地成为课堂学习的主人，能够调动学生的学习积极性和参与热情，有助于提高学生的学习质量。同时，运用“三引一导”教学模式使教师的受欢迎程度也有所提高，使教师更受学生的尊敬和爱戴。

（二）制定“问题导引下的学生核心素养培育”课堂观察量表

对“三引一导”教学模式的研究依托的是“问题导引下的学生核心素养培育”课堂观察主题教研活动。试用“三引一导”教学模式进行授课，我们要观察什么？“问题导引下的学生核心素养培育”课堂观察量表如何制作？这些是“三引一导”教学模式研究过程中必须突破的问题。

经过讨论，大家一致认为，我们要观察的是“三引一导”教学模式在课堂教学中的实施情况，制定课堂观察量表要以授课教师在课堂上的“问题导引”为切入点，从授课教师的预设问题入手，观察预设问题在课堂上的呈现方式、学生的参与情况、教师的课堂生成情况、达到的教学效果等。教师制定的“问题导引下的学生核心素养培育”课堂观察量表需要将研究问题具体为一个个观察点，将课堂中的复杂性情境拆解为一个个单元，透过观察点对一个个单元进行定格，记录相关信息，再对观察结果进行反思、分析，以此完善授课教师的教学行为，促进学生的学习。

“问题导引下的学生核心素养培育”课堂观察量表包括课前预设问题和课堂生成问题两个维度，预设问题的数量和质量、生成问题的数量和质量以及对预设问题和生成问题的效度评估都要设置观察点。试听了A老师和B老师的课后，经会议讨论，教研组成员最终制定了“问题导引下的学生核心素养培育”课堂观察量表（参见表2-1）。该观察量表纵向设计了“课前预设问题（原问）”这一观察维度；横向设计了两个课堂观察点，即“学生应答情况”和“学生素养达成情况”。

观察团队在上课前持“问题导引下的学生核心素养培育”课堂观察量表进入教室，按照课前会议布置，以小组为单位就座观察。在上课过程中，观察者依据量表的内容和使用说明，如实记录所看到或听到的现象和内容，并按照要求填写具有可行性的建议。课后，教研组通过对统计数据进行再分析、对视频课再回放并进行研讨、与授课教师再次进行对话交流等研究方式，梳理出“三引一导”教学模式促进学生核心素养落地的实施策略。

表2-1　“问题导引下的学生核心素养培育”课堂观察量表

制表：郝淑霞　　观察班级：　年　班　　观察团队成员：

观察日期：　11月23日（星期五）第三节			
授课教师：王慧	课题：爱在家人间		授课类型：观摩课
观察维度	观察点		
	引言、引思、引疑、导行	学生应答情况	学生素养达成情况
课前预设问题（原问）	1. 体味爱的存在 （1）亲爱的同学们，你们能体会到那一刻我的感受吗？ （2）你们所感受到的来自家人的爱是什么样的？		
	2. 理解爱的碰撞 （1）我的爸爸认为这件事是我小题大做，你们觉得呢？ （2）你们有跟我相似的经历吗？ （3）你们都是如何处理的呢？		
	3. 明白爱要沟通 （1）你们觉得我选择的这种沟通方式适合解决亲子间的哪些问题？ （2）你们觉得我通过沟通放弃学琴的故事是一个成功的沟通案例吗？ （3）你们还有没有更好的沟通案例可以与大家分享？		
	4. 学会爱的表达 亲爱的孩子们，你们都怎么表达对家人的爱呢？		
观察者建议	1.		
	2.		
	3.		

（三）关于“三引一导”教学模式的建议

在“三引一导”教学模式实施的过程中，最大的难题是要改变思政课教师“一言堂”讲授和学生被动接受的“教”与“学”的关系，因此，我们要在教学过程中打破教师问而学生不答、教师启而学生不发、教师导而学生不动的尴尬局面。总的来看，思政课教师在运用“三引一导”教学模式时要做到以下两个方面：

1. 坚持生活即教育的思想，树立问题即机遇的意识

真生活即真教育，思政课教师所创设的情境、引出的话题、引发的思考，要注意选取贴近学生实际和社会生活实际、反映时代主题且与时俱进的内容。在设计问题时，思政课教师要把握“问题导引”的四个原则：一是能引发学生的情感共鸣；二是能让学生回顾自身的生活，联系自身的实际，分享个人经验；三是能帮助学生对案例事件或个体行为作出判断和分析；四是能鼓励学生自主思考问题，寻求解决策略，拓展学生的思维。学生只有参与到对

这些问题的思考和质疑中来，教师才有机会为学生搭建指向生活的平台，使思政小课堂直通社会大舞台。

2. 坚持价值观引领，形成亲和但不迎合的风格

由于初中生还是未成年人，受自身阅历和学识的局限，对一些问题的了解并不全面、透彻，看问题有时比较片面，容易走进非此即彼的误区。因此，思政课教师不能只关注所提问题的热度、可参与度，还要考虑问题的社会价值；不能一味地迎合学生，以学生的好恶来选择话题，要善于用触及学生灵魂的问题来引发学生的思考，传递正能量。思政课教师既要坚持价值引领，又要营造民主、平等的课堂氛围，让学生把自己的想法充分地表达出来，倾听学生内心的声音，尊重每一位学生发言的权利。

四、结语

“三引一导”教学模式并不一定适合所有的教学内容，也难以满足所有学生对学习的需求。如何更为有效地创设适合教材内容、适合学生实际的情境，如何充分考虑到每个学生在性格和思维上的个体差异，最大限度地帮助不同层次的学生进行深刻的思想交流，并落实到行动中，这些都是“三引一导”教学模式需要接受的挑战。思政课教师只有从根本上对问题设计的价值有正确的认识，对教学内容有较强的把握能力，多思考、多分析、多实践，才能营造真实、融洽的课堂氛围，让学生成为课堂真正的主人。

总之，教学方法的创新不但可以助推课堂教学的改进，提升学生的核心素养，还可以助力思政课教师的专业化发展和专业性成长。

思考题

1. 什么是教学方法？什么是好的教学方法？如果让你来执教一堂初中道德与法治课，你会依据哪些因素选择教学方法？

2. 如果你是课堂观察团队中的一员，你会侧重观察什么？你会提出哪些可行性建议？

3. 本案例中，A、B两位教师在教学过程中设计的问题给你带来了哪些启示？

4. 简述你对本案例中的“三引一导”教学模式的理解。

【本案例系吉林省教育科学“十三五”规划立项课题“初中思政课以爱国主义教育为魂的实践研究”（课题编号：GH20652）的阶段性研究成果】

案例3　法治教育的故事化育之路

（骆小成，浙江省义乌市教育研修院教师，中学高级教师；
方婷婷，浙江省义乌市苏溪镇初级中学教师，中学一级教师）

教育部、司法部、全国普法办于2016年6月28日联合印发并实施的《青少年法治教育大纲》指出："要综合采用故事教学、情境模拟（如法庭模拟）、角色扮演、案例研讨、法治辩论、价值辨析等多种教学方法，必要时，可根据学生认知特点，将真实法治案例引入课堂教学，注重学生法治思维能力的培养。"习近平总书记多次强调，要"讲好中国故事"。2019年3月18日，在学校思想政治理论课教师座谈会上，习近平总书记又进一步强调："会讲故事、讲好故事十分重要，思政课就要讲好中华民族的故事、中国共产党的故事、中华人民共和国的故事、中国特色社会主义的故事、改革开放的故事，特别是要讲好新时代的故事。"

美国伦理学家麦金太尔说："人在本质上是一种讲故事的动物。"美国心理学家吉姆•洛尔说："生命即是故事，故事即是生命。"美国心理学家苏珊•恩杰说："我们所说的故事，和我们所听到的故事，会决定我们是什么样的人。""故事性教学"在国外起初用于语言教学。20世纪80年代，美国兴起的新品格教育运动将叙述故事作为道德教育的重要方式。美国教育家杜威认为，直接的道德教学只能帮助学生形成"关于道德的观念"，不能形成"道德观念"。在《课程愿景》一书中，美国学者小威廉姆•E.多尔提出了将科学性、故事性和灵性游戏式地结合起来的课程愿景。著名的未来学家丹尼尔•平克在《全新思维》一书中指出，故事感是引领未来的六种基本能力之一。美国著名教育家布鲁斯•乔伊斯等所著的《教学模式》一书中谈到，价值观的学习有两种方法，分别是角色扮演和法理学的探究，而其中的角色扮演实际上是故事化教学的一种具体形式。人民教育出版社编审朱明光在《关于活动型思想政治课程的思考》一文中指出："应对课程变动的常态化，只能'响应理论创新无止境的态势而动'，对理论教育的创新有所作为。比如，从讲述固定的理论'教条'变为感悟生动的理论'故事'：有情境、有情节、有情趣。从过去的故事到今天的故事；从自己的故事到别人的故事；从身边的故事到中国的故事——一种适应、适合创新理论教育的创新课程类型。"

如何在道德与法治课中将内容与故事有机地结合，从而有效地开展故事化教学？C老师建立了课题研究小组，成员起初由六位教师组成，分别有高级教师两位、一级教师三位、二级教师一位；其中包含一位市学科带头人、一位省优质课二等奖获得者。课题研究小组申报了课题项目，并连续进行了多年研究。2014年，浙江省教育科学规划课题"初中思品课故事性教学的实践研究”申报立项；2017年，“故事化育论：初中《道德与法治》故事性教学研究”获浙江省金华市社科联重点课题立项；2019年，“信念培育：初中道德与法治课故事化教学的深化研究”获浙江省重点课题立项。之后，课题研究小组的成员慢慢增加为十九位教师，建立了专门的“故事化教学”公众号和微信群，在十五所初中开展了故事化教学的探索。

故事具有化育心灵的力量。故事化教学是指有故事味道和故事元素的课堂教学，依据学生的心理特点，教师以故事的形式呈现课程内容，或在教学中融入与内容相关的故事，使师生在互动体验中形成故事场，促进教学目标的达成，促进学生学科核心素养的提升。关于“化育”，《中庸》第二十二章有“能尽物之性，则可以赞天地之化育；可以赞天地之化育，则可以与天地参矣”的说法。在故事的情感场中，明线是教师的点化、感化，对学生产生潜移默化的影响；暗线是学生的感悟和内化，从而使外部的规则内化为品德的心理结构。处于青春期的初中生往往自尊心较强，且具有一定程度的逆反心理，以故事为载体进行道德与法治课的化育，符合初中生的心理特征。

一、问题：学生不喜欢道德与法治课怎么办？

九年级的教材中“民主与法治”部分的内容虽然不多，但知识点多，且比较抽象，理解难度较大，对于初中生来说，部分内容理论性比较强。针对知识点多的内容，思政课教师往往把它当作一门应试科目来进行教学，根据课本知识进行枯燥的说教，以“满堂灌”的方式完成教学任务。在这种情况下，学生的课堂参与度比较低，总体上不太喜欢枯燥乏味的道德与法治课。这该怎么办呢？C老师根据自己多年的教学经验，提出实施故事化教学的构想，在课题立项后组织了多次相关主题的调查与研讨活动。

（一）研讨问题1：对于法治内容，思政课教师开展故事化教学可行吗？

课题研究小组对这一问题进行了探讨，并邀请了本市老、中、青三代思政课教师代表参与访谈。教师们的反馈如下：

（1）七年级开展故事化教学是可行的，八、九年级就不是很可行了。

（2）七年级道德与法治课用故事对学生进行教育是个很好的方法，在学习书本时也要及时补充新的内容。九年级也可以采用故事化教学。

（3）故事化教学可不可行要根据不同的内容而定。

（4）故事化教学是可行的，就是比较费时间。

（5）用故事来进行教学是好的，但师生还面临着如何应对考试的问题。

课题研究小组的成员又向专家进行了请教，专家认为：

（1）高中可能不是很适合，初中是可以开展故事化教学的。

（2）故事化教学和道德与法治的学科特点是相符合的。

从上述访谈中我们可以得知，思政课教师与专家对开展故事化教学是赞成的，但个别思政课教师因为初中生面临着升学考试的现实问题，对九年级能否开展故事化教学表示了疑问。

美国教育学家爱莉诺·达克沃斯认为："教学即儿童研究。"初中道德与法治课的教学离不开对"儿童是什么"的思考。对于故事化教学，学生们的意见是怎么样的呢？课题研究小组对学生进行了调查与访谈，92%的学生表示喜欢在课程中插入故事。课题研究小组又对家长代表进行了调查，家长们也都希望孩子们的课程具有故事性，以增加课堂的生动性和吸引力。

（二）研讨问题2：当前初中道德与法治课自发的故事化教学存在哪些问题？

课题研究小组的成员针对这一问题对各地的思政课教师进行了问卷调查，教师们的意见如下：

（1）故事不新颖、不鲜活；

（2）贴近生活的故事不多；

（3）故事设置的问题情境缺乏针对性；

（4）收集合适的故事需要花费大量的时间，课堂时间比较紧张，时间不够用；

（5）学生对故事本身比较感兴趣，但是对故事背后的道理和知识相对比较忽视；

（6）如果由学生讲故事，时间不好掌控；

（7）故事和教材的融合最为关键。

经过统计，在有效的调查问卷中，有四位思政课教师认为"故事的运用形式单一"，七位思政课教师认为"教师所选的故事比较陈旧"，七位思政课教师认为"教师所选的故事脱离学生的实际"，三位思政课教师认为"教师所选的故事和教材内容融合得不太好"。课题研究小组对思政课教师故事化教学中存在的问题进行了梳理，丰富了大家对故事化教学的认知。

（三）研讨问题3：法治内容怎样进行故事化教学？

首先，课题研究小组的成员对道德与法治课如何进行故事化教学开展了内部研讨。

D老师：教师应提早考虑需要什么样的故事。从内容的角度来分，故事可以有哲理故事、时事故事等，故事要为教学内容服务。在课堂上，教师可以用一个故事把许多教学内容串起来。

E老师：我觉得文学作品对自己的成长起到了比较大的作用。我们可以把文学作品引入道德与法治课中。

F老师：在故事化教学中，我们可以引导学生进行价值观的辩论。年轻一代更关注生活享受，缺少奋斗的精神，教师要在辩论中引导学生形成正确的价值观念。

另外，课题研究小组的成员C老师在进行九年级法治内容的故事化教学之前，对统编版《道德与法治》（七年级上册）的“增强生命的韧性”一课先进行了故事化教学尝试。课程的第一部分“生活难免有挫折”安排了“故事情境，引入主题”“故事回忆，理解概念”“小组讨论，正确认知”“情绪体验，学会调节”等教学环节；第二部分“发掘生命的力量”，安排了“故事示范，发现力量”“自我反思，经验分享”“故事体验，化知为行”“拓展延伸，情感升华”等教学环节。教师在教学中综合运用了寓言故事、影视故事、漫画故事、故事性主题实践活动。学生们在课后反映：“课堂插入了许多故事，使学习的内容与生活联系在了一起，更容易让我们有所感触。”总的来看，C老师的故事化教学尝试在一定程度上促进了学生的生命成长，为“夯实法治基石”一课的故事化教学积累了经验。

针对第四课“建设法治中国”的第一框题“夯实法治基石”的故事化教学，课题研究小组的成员在线上研讨中分别说明了自己的设计理念与设想。

A老师：九年级面临着中考，“夯实法治基石”一课的教学要落实好“双基”，要围绕知识结构进行透彻的讲解，使学生扎实地掌握本课的考点。在此基础上，思政课教师可以进行适当的故事化教学。

B老师：学生、教师和家长不太重视道德与法治课，学生对该课程的兴趣不高，教师对学生法治、道德等学科核心素养的培育不够理想。讲授“夯实法治基石”一课要从学生的实际出发，挖掘日常生活中的例子，巧用案例，聚集大家的智慧分析案例，从社会现象延伸出去，并结合相关的法律条文，挖掘其中折射出的道理。这样，思政课教师既能在课堂上调动学生的积极性，让学生参与到课堂中来，也能落实培育学生法治意识的目标。

C老师：“夯实法治基石”一课虽然知识点较多，也比较抽象，但同样可以运用故事化教学的理念进行教学设计，整合课程资源，通过故事化育学生的心灵。思政课教师可以将学生身边的法治故事引入教学内容，注重故事逻辑、知识逻辑与学生学习逻辑的统一，在潜移默化中对学生进行法治教育；在生动的案例故事的情感熏陶中，引导学生树立起正确的法治观念，自觉做一个守法者。

二、探索：法治内容的故事化教学如何进行？

经过研讨，课题研究小组的A、B、C三位思政课教师以“夯实法治基石”一课为教学内容，在自己的教学理念的引领下，以不同的设计思路进行了教学。

（一）A老师：围绕考点，把握重点

A老师以法治知识能力易考点的掌握为核心，清晰地推进知识点的教学，构建完整的知识脉络图，适当地穿插案例故事。其具体设计思路如下：

1. 课堂导入

习近平总书记提出："国无常强，无常弱。奉法者强则国强，奉法者弱则国弱。"这句话把依法治国摆在了更加突出的位置，强调把党和国家的工作纳入法治化轨道。教师通过对这句话的讲解来引入"夯实法治基石"一课的学习。

2. 环节一：选择法治道路

（1）讲解法治的含义，引导学生辨析"法治≠法制"。

（2）引导学生区分法治思维与人治思维的区别。

（3）探讨中国选择法治道路的原因，讲清楚法治的意义、作用和重要性。

（4）探讨法治的要求。

① 法治要求实行良法之治（讲述良法的要求、标准，并列举故事）。

[案例1] 2018年个人所得税调整

2018年10月1日，个人所得税的免征额从每月3500元调整为5000元。这一政策公布之初，社会公众可登录中国人大网提出意见，或将意见寄送全国人大常委会法制工作委员会。为期1个月的征求社会公众意见阶段，共收到超过三十一万条意见。社会公众对个税改革的关注度与参与度之高，可见一斑。

[案例2] 2013年出台"史上最严交规"

2013年1月1日，公安部发布的修订版《机动车驾驶证申领和使用规定》开始在全国各地实行。自"史上最严交规"实施以来，"闯黄灯扣6分"的规定引起了社会的广泛关注。公安部交管局于2013年1月6日下午再次下发通知，要求各地交管部门对目前违反黄灯信号的，以教育警示为主，暂不予以处罚。

引导学生思考并得出结论：尊重民意、开门立法是制定良好法律的重要途径。我国法律的本质是人民意志和利益的体现，社会主义法律是良法。

② 法治还要求实行善治。

引导学生理解"善治"的含义。

得出结论：法治=良法+善治。

3. 环节二：描绘法治蓝图

(1)探索法治的历程。

(2)探讨我国的法治蓝图，引出全面依法治国的总目标、总要求。

(3)引导学生探讨建设法治中国的要求。

得出结论：走中国特色社会主义法治道路，必须坚持党的领导、人民当家作主、依法治国有机统一。

课后拓展：引导学生探讨社会主义市场经济本质上是法治经济。

【教学反思】

本节课教材分析到位、处理得当、思路明晰，注重“双基”的落实，突出重点，突破难点，学生参与的热情较高，基本达到了预期的教学目标。我个人觉得这节课的不足之处在于取材不够丰富，教学形式还不够多样化；在重视知识传授的同时还缺少对学生德育的内化，具有为考试而教的倾向性。

【学生评价】

学生1：老师把这节课的知识点讲得很清楚，同学们能听得懂，老师可以多给我们一些讨论的时间，给我们多一些展示的机会。

学生2：课上最好能多播放几个视频，以加深我们对知识的理解。

学生3：每一个问题老师都分析得很清楚，课堂练习可以再增加几道题让大家回答。

【听课教师评价】

D老师：这节课时间安排恰当，知识体系很清晰，各环节的衔接很好，过渡自然。

E老师：A老师的素养不错，口齿清晰，亲和力强。这节课知识脉络清晰，考点得到有效落实。故事案例运用得恰到好处，能把说理性的法治知识落实到现实中。

F老师：这节课知识分析逻辑性强，精讲精练，课堂效率较高。适当地插入故事，增加了教学的形象性和生动性。

(二)B老师：紧扣知识，结合故事

B老师将法治知识点的学习与故事有机结合，以完成其教学目标。其设计思路如下：

1. 环节一：关注一个热点话题

以“老人跌倒了，扶不扶”为话题，带领学生分析并讨论。

设计意图：本节课从热点话题入手，这和道德与法治课要求学生关注时政热点是相契合的，这一生活中的常见现象也能引起学生更深入的思考，直面自己的内心冲突。

2. 环节二：品读一部法律

《中华人民共和国民法典》（节选）

第一百八十四条 因自愿实施紧急救助行为造成受助人损害的，救助人不承担民事责任。

第一千零七十一条 非婚生子女享有与婚生子女同等的权利，任何组织或者个人不得加以危害和歧视。

不直接抚养非婚生子女的生父或者生母，应当负担未成年子女或者不能独立生活的成年子女的抚养费。

第一千一百九十四条 网络用户、网络服务提供者利用网络侵害他人民事权益的，应当承担侵权责任。法律另有规定的，依照其规定。

第一千二百五十四条第一款 禁止从建筑物中抛掷物品。从建筑物中抛掷物品或者从建筑物上坠落的物品造成他人损害的，由侵权人依法承担侵权责任；经调查难以确定具体侵权人的，除能够证明自己不是侵权人的外，由可能加害的建筑物使用人给予补偿。可能加害的建筑物使用人补偿后，有权向侵权人追偿。

得出结论：《中华人民共和国民法典》是良法。

设计意图：既然是法治教育的课堂，思政课教师就必须让学生了解相关的法律条款，并学会运用法律条款来答疑解惑。通过对国家法律的了解，学生可以增强法律意识，并了解中国的法律是在不断完善的。

3. 环节三：感受一种程序

了解《中华人民共和国民法典》的制定过程，明确法治建立在民主政治的基础之上，通过赋予公民更多的参与公共活动的机会和权利，实现公共利益的最大化，这也是善治的表现。

设计意图：通过分析《中华人民共和国民法典》的制定过程，让学生了解公民的权利，以及国家制定法律的科学性，从而学会更好地行使自己的权利，更好地理解依法治国的含义。

4. 环节四：共担一份责任

[案例] 某年10月，安徽的陶某在看到老人摔倒后选择扶起老人。老人不但没有感谢他，还强行说是陶某把自己撞了，让陶某赔付一千元钱。无奈之下，当事双方来到派出所，在调取监控录像后，通过警察的劝说，老人终于放弃了索赔，被冤枉的陶某也总算松了一口气。

得出结论：（1）科学立法、严格执法、公正司法、全民守法，是全面依法治国的重要环节。（2）要坚定不移地走中国特色社会主义法治道路，坚持党的领导、人民当家作主、依法治国有机统一。

设计意图：通过设计该教学环节，学生能学以致用，学生的发散思维得到了培养，让学生明确了国家机关和公民在建设法治中国中的责任担当，坚定了学生的法治自信。

5. 环节五：选择一条道路

学生观看视频，了解中国法治从古代、近代再到现代的发展历程。

设计意图： 让学生感受到中国选择法治道路的艰辛，使学生的情感得到升华。同时，让学生理解，中国走法治道路既是历史的选择，也是现实的需要，要坚定不移地走中国特色社会主义法治道路。

【教学反思】

本堂课设计思路清晰，各环节之间的承接关系明显；课堂选材生活化，贴近生活实际，能引起学生的共鸣，让学生有话可说，也使课堂气氛更为活跃。课堂中，我注重对故事的探讨和分析，较好地完成了本节课的教学目标。但是，课堂也存在一些不足，如本节课在形成学生正确价值观念的引导上仍需下功夫，在情感教育的渗透方面还需要进一步提升。

【学生评价】

学生1：课堂气氛活跃，同学们积极参与。

学生2：我对法律条款还不是很明白，但我知道，遇到事情要学会用法律来维权。

学生3：我喜欢这种故事式、话题式的课堂模式，这种课堂模式能够帮助我理解那些枯燥的知识点。

【听课教师评价】

D老师：B老师的这节课教学过程完整，线索清晰明了，让人有耳目一新的感觉，教学环节层层深入，和道德与法治课学科核心素养培育的要求相契合。

E老师：B老师采用学生身边的故事和例子，学生更有可话说，也更能感同身受，起到了调动课堂气氛的作用。但B老师在提到法律条款时，课堂有些冷场，这说明学生对法律条款不够了解，B老师应在课前布置好相应的预习任务。

F老师：师生对话在课堂上应用得还不错，学生之间的讨论效果很不错，学生的表现可圈可点。B老师注重发挥学生的主观能动性，使课堂“动”了起来，教学效果良好。

（三）C老师：故事链条，信念培育

C老师在环环相扣的故事化教学中，引导学生树立法治信念。其具体的设计思路如下：

1. 环节一：选择法治明正道

（1）自主思考：身边的故事，初识法治。

教师引导学生说说“法治就在身边”的事例，思考法治在其中所起到的作用。

播放视频：

① 汽车有序行驶，一位学生坐在摩托车的后面却未戴头盔。

② 考试作弊入刑。

引导学生得出结论：法治就在我们的身边。

教师进一步引出法治的作用。（运用反思启悟策略）

（2）合作探究：一则故事，再识法治。

播放视频：聂树斌案。

问题：法治的内在要求是什么？（运用以情感化，反思启悟策略）

师生共同归纳：法治的要求——实行良法之治，实行善治。

引导学生体会走法治道路是实现中华民族伟大复兴的必然选择。

2. 环节二：依法治国绘蓝图

（1）带领学生分析我国法治建设的三个重要历史节点。

① 党的十一届三中全会提出“有法可依、有法必依、执法必严、违法必究”的要求。

② 党的十五大提出“依法治国，建设社会主义法治国家”。

③ 党的十八届四中全会审议通过了《中共中央关于全面推进依法治国若干重大问题的决定》。

（2）带领学生观看党的十八届四中全会的视频，归纳总结依法治国总目标。

师生共同分析，总结建设法治国家的基本要求：科学立法、严格执法、公正司法、全民守法。

（3）引导学生归纳走中国特色社会主义法治道路的要求：坚持党的领导、人民当家作主、依法治国有机统一。

3. 环节三：自觉守法育信念

（1）看一看。

播放视频：视频介绍了聂树斌案中郑成月警官的故事，作为公安局副局长，郑警官为此案奔波了很多年，生病后，他说不后悔自己的选择。（运用以情感化策略）

（2）写一写。

引导学生写下观看郑警官故事后的感受。

（3）做一做。

问题：作为学生，你们应该怎样向郑警官学习，为法治中国的建设做贡献呢？（运用化知为行策略）

教师引导学生运用软件把自己撰写的内容通过手机拍摄的方式呈现在幻灯片上。

（4）悟一悟。

问题：遇到校园欺凌现象时，你会怎么办？（运用化知为行策略）

（5）说一说。

教师引导学生说说本堂课的学习体会。（运用自我评价策略）

【教学反思】

这是一次独特的教学体验。这节课我与学生的互动还是挺好的，课堂生动感人，有一些学生看到聂树斌母亲在聂树斌墓前哽咽时，自己也流下了眼泪。

【学生评价】

老师说话很有感情，让我身临其境。几个真实的故事案例选得很典型，郑警官的故事太感人了，让我很受触动。

【听课教师评价】

C老师用故事串起了整堂课的内容，综合运用了以情感化、反思启悟、化知为行等策略，营造了深厚的课堂情感氛围。感人的故事触动了学生的心灵，促进了学生的成长。

三、观察：法治内容的故事化教学有何效果？

A、B、C三位教师从自己的经验和理念出发，对“夯实法治基石”一课进行了故事化教学设计。A老师侧重于对考点的讲解与分析，在教学过程中适当插入了故事和案例，带领学生进行情境式的练习，学生“双基”掌握得比较扎实，但教师在价值引领方面有所欠缺。B老师对课程内容进行了一定程度的故事化重构，说理较为透彻，带领学生进行了价值观的辨析，但教学在本质上还是强调知识的推进，情感熏陶不够充分。C老师用故事整合课程资源，化育学生的心灵，注重对学生的情感渗透和信念培育。

课题研究小组的C老师在课后对学生进行了访谈，请他们谈谈本节课的收获，以下节选了部分学生的体会：

学生1：老师的故事性话语引人入胜，令我受益匪浅。

学生2：老师上课声情并茂，有感情的投入，我们的情绪也被调动了起来。

学生3：让我印象最深刻的是郑警官的事例。

听课教师的体会如下：

D老师：这是一种以故事为载体的全新的授课形式，相信大多数学生会对这样的道德与法治课产生极大的兴趣。

E老师：讲故事是讲道理的最佳方式，用故事带动课堂，实现融合教育，这是一次很好的教学探索。

F老师：通过故事化育学生的心灵，通过故事整合课程资源。每位老师都要做一个会讲故事、会听故事的人，在潜移默化中培养学生的价值观。

最后，课题研究小组的教师对故事化教学取得较好效果的原因进行了探讨，大家一致认为：法治内容的故事化教学符合学科特质和初中生心理发育的特点。故事化教学是一种情境式的教学模式，说教的痕迹比较少，不易激起学生的抗拒心理。故事化教学是生动的，学生在无意识中接受了教育学习，受到了情感熏陶。故事化教学是一种基于理解的教学设计，小课堂、大社会，学生在故事中感悟了生活，了解了社会，开阔了视野，理解了社会生活，体会到了课程学习的意义。故事化教学也是一种基于体验的教学设计，在故事性主题实践活动中，学生在体悟他人的故事的同时，也创造着属于自己的故事，逐渐实现了知行合一。在故事化教学中，故事发展的逻辑、知识推进的逻辑、学生心理成长的逻辑走向了一致，因此学生喜欢在故事中学习。

四、结语

初中道德与法治课中的法治内容能不能采用故事化教学？思政课教师怎样开展故事化教学？课题研究小组进行了多次的研讨与访谈。三位教师分别采用了“围绕考点，把握重点”“紧扣知识，结合故事”及“故事链条，信念培育”三种方式进行了教学设计，形成了三种不同的教学样态。在实际教学中有待深入探索的问题有：

（1）是否每节法治内容的课都适合采用故事化教学？

（2）故事的展开和学生的感悟学习需要较长的时间，这与有限的教学时间是相矛盾的，这种矛盾应如何解决？

（3）思政课教师如何提高自己的素养，成为一个会讲故事的教师？

《故事知道怎么办》一书的作者、澳大利亚教师苏珊•佩罗说：“故事就像水，能够找到直抵灵魂深处的道路，能够透过裂缝渗入坚不可摧的墙壁，能使万物重新焕发青春的光彩。”愿法治内容的故事化教学如春风化雨，使学生在故事的浸润中茁壮成长！

思考题

1. 作为一位思政课教师，如果由你来执教法治内容，你会运用何种方式来进行教学？
2. 简述你对A老师“围绕考点，把握重点”法治教育方式的理解。
3. 简述你对B老师“紧扣知识，结合故事”法治教育方式的理解。
4. 简述你对C老师“故事链条，信念培育”法治教育方式的理解。
5. 在本案例中，A、B、C三位老师的教学设计给你带来哪些启示？

案例4　中学政治学科项目化学习的实践探索

（戴慧，江苏省常州市教育科学研究院道德与法治学科教研员，
江苏省正高级教师，江苏省特级教师）

2019年6月11日，《国务院办公厅关于新时代推进普通高中育人方式改革的指导意见》指出，要“注重加强课题研究、项目设计、研究性学习等跨学科综合性教学”。2019年6月23日，《中共中央国务院关于深化教育教学改革全面提高义务教育质量的意见》指出，应通过“探索基于学科的课程综合化教学，开展研究型、项目化、合作式学习”优化教学方式。《义务教育道德与法治课程标准（2022年版）》在教学建议中提出：“要积极探索议题式、体验式、项目式等多种教学方法，引导学生参与体验，促进感悟与建构。要采取热点分析、角色扮演、情境体验、模拟活动等方式，引导学生开展自主探究与合作探究，让学生认识社会。”

什么是项目化学习？我国学者夏雪梅提出：“学科项目化学习是从某一个学科切入，聚焦关键的学科知识和能力，用驱动性问题指向这些知识和能力，在解决问题的过程中进行学科与学科、学科与生活、学科与人际的联系与拓展，用项目成果呈现出对知识的创造性运用和深度理解。”从这个项目化学习的内涵来看，项目化学习以问题为中心，以项目研究为抓手，以自主、合作、探究学习为基本学习方式，以学科核心素养的培养为目的，实现了知识学习与培育学科核心素养的统一。项目化学习成果呈现的主要方式有实验、调查、课题研究、专项项目等，也可以用于特定情境下学生的多元化表现，如专题辩论、戏剧表演、体育项目、专项考试等。

江苏省常州市的中学政治学科从2005年起就开展了公民意识教育项目。经过多年的探索，该项目逐步形成了以日常课堂学习为基础、以研究性学习为载体、以集中活动为突破口、以项目为中心的实施机制，取得了良好的效果。参与该项目的学校发展到上百个，指导教师有三百多人，共有近五百个公民意识教育项目在国家级、省市级评比中获奖。教师完成省市级课题八个，五十多篇论文在核心期刊发表，一批骨干教师脱颖而出。多年的公民意识教育研究为开展项目化学习研究打下了良好的师资基础、学术基础和文化基础。不过，尽管公民意识教育项目与中学政治学科开展的项目化学习有相似之处，但二者也有明显的不同。公民意识教育项目更侧重于社会实践和社会活动，对学科知识的要求比较模糊，而中学政治学科开展的项目化学习更加注重项目研究中学科知识的掌握、理解和运用。中学政治

学科项目化学习主要表现为严谨的学习设计，通过设计驱动性问题，将学科知识与学习实践相结合，将课程目标的实现作为评价学习结果的重要依据之一。

一、一节随堂课引发的思考

作为思政课教师，D老师在听课调研的过程中，观察了该校A老师的一节随堂课，内容是统编版《道德与法治》（九年级上册）第五课的第一框题“延续文化血脉”。A老师的教学环节如下：

1. 课堂导入

教师播放歌曲《中国话》。

教师提问：这首歌的歌词反映了什么现象？

2. 环节一：走近中华文化的历史，探寻文化发展脉络

（1）刚来常州的外国留学生迈克，深深地被中华文化所吸引，立下了学习中华文化的远大志向。你能帮迈克起个中文名字并告诉他这个名字的寓意吗？

（2）迈克初到中国，对我国的文化产生了浓厚的兴趣，请你向迈克介绍你最喜爱的具有代表性的中华文化，并说明你喜欢的理由。

（3）你能用成语来概括中华文化的特点吗？

（4）迈克初到常州，这是一座拥有几千年悠久历史的文化名城。周末放假了，迈克十分想了解常州的风土人情。为了帮助迈克深入地了解常州，请同学们以小组为单位，设计一份为期两天的“常州文化之旅”的旅游路线，使迈克能够在旅途中学习和感受常州优秀的传统文化、革命文化和社会主义先进文化。

① 请各小组派代表说明设计思路，并向同学们介绍你们设计的路线方案所蕴含的精神内涵和时代价值。

② 请大家想一想，这三种文化之间存在怎样的精神联系。

在小组间的交流和分享中，同学们通过设计“常州文化之旅”旅游路线，对常州的传统文化、革命文化和社会主义先进文化有了进一步的认识，同学们通过思考，找到了三种文化之间存在的精神联系（参见表4-1）。

表4-1　常州传统文化、革命文化、社会主义先进文化之间的精神联系

文化类型	代表	精神联系
传统文化	淹城遗址、大运河、青果巷历史文化街区（以下简称青果巷）等	在历史上，常州是人文荟萃之地。近代民族工业的发展促进了常州文化的进一步繁荣发展。许多常州学子留学深造，为祖国的发展做出了贡献。新时代的常州人民在继承传统文化、革命文化的基础上，继续发扬务实、创新的精神，坚持发展社会主义先进文化，助力常州新发展
革命文化	“常州三杰”瞿秋白、张太雷、恽代英的故居等	
社会主义先进文化	中华恐龙园、嬉戏谷、春秋淹城旅游区等	

3. 环节二：传承和发展文化，增强文化自信

（1）小组交流：从古至今，中国人对自己的文化一直充满骄傲和自豪吗？

通过交流和分享，同学们认为中国人对于中华文化并非一直充满自信，同学们在教师引导下梳理了不同时期中国人的文化心理表现（参见表4-2）。

表4-2　不同时期中国人的文化心理表现

时期	中国人的文化心理表现
古代中国	朗朗乾坤，堂堂中华。高龄五千岁，繁衍百亿人。铁肩挑五岳，巨手开三峡。腰环万里长城，脚跨九曲黄河。高擎文明圣火，穿越世纪风云。火熊熊薪传百代，光灿灿彪炳千秋[1]
近现代中国	鸦片战争之前把西方文化比作蛮夷之技（文化自负），鸦片战争之后否定传统文化，提倡全盘西化（文化自卑）；传统文化发展受挫、前途渺茫，拉开了文化启蒙、自省的序幕
当代中国	国人的文化自信不断彰显。七十多个国家和地区将中文纳入国民教育体系；故宫的文创产品不断推陈出新，让“沉睡”的文物醒过来。同时，也有部分中国人对西方文化盲目崇拜，缺乏对本民族文化的认同感

① 我们中国人的文化心理经历了怎样的波动？

② 在当代，中国人的文化自信来源于哪里？文化自信有何意义？

（2）迈克说：“在常州文化之旅中，‘一巷’（青果巷）和‘一园’（中华恐龙园）给我留下了深刻的印象，让我感受了常州的传统与时尚、清幽与繁华、东方与西方的碰撞与融合。”

常州“一巷”和“一园”的成功打造对增强我们的文化自信有何借鉴意义？

4. 环节三：走近中华传统美德

（1）品先贤之德，养浩然之气

迈克：我在青果巷听导游介绍了这样一种文化现象，我很好奇。导游说，青果巷被称为

[1] 魏明伦. 中华世纪坛赋 [M]// 何云春，江岚. 中华红诗精选（珍藏版）. 北京：线装书局，2013：159.

“江南名士第一巷”，正所谓“百米青果巷，一步一名士”，走过青果巷，人们能感受到它独特的文化气质。青果巷是常州的文脉之地，先后走出过百余名进士和一大批名士大家，遍及文学、艺术、教育、医学、政治、实业等各个领域……

① 从青果巷走出的先贤们的身上传递出哪些中华传统美德？常州人民身上还有哪些传统美德？

② 为什么青果巷会形成如此独特的文化现象？这对当今常州的发展有何意义？

（2）道德讲堂

常州的道德讲堂坚持“身边人讲身边事，身边人讲自己事，身边事教身边人”，充分发挥以德育人、以文化人的独特优势，使常州道德讲堂成为全国精神文明建设的重要典型。

请同学们分享你身边道德榜样的故事，带领大家感受美德的力量。

5. 结课

迈克最终选择了“李白”这个名字作为自己的中文名。有人说，每个中国人心中都有一个李白。学生进行诗句接龙，一人吟诵一句李白的诗。师生吟诵现代诗《如果没有李白》（节选）。

【听课教师评价】

在评课的过程中，教师们谈到在本课的教学过程中存在的几个问题：

（1）教材中出现中华文化、中国特色社会主义文化、中华优秀传统文化、革命文化、社会主义先进文化、文化自信、中华传统美德等七个新名词，教师对教材内容内在逻辑的梳理不够清晰。

（2）本课的知识目标、能力目标和情感、态度与价值观目标的实现存在较大困难。从教学情境创设来看，因为本课的知识点太多，教师虽然在教学设计中将“常州文化之旅”作为主线，但仍旧采用情境与知识点一一对应的方式创设情境，情境创设的数量太多，情境之间缺乏内在联系，导致教学重点不突出。

（3）学生在学习过程中学科任务较多，导致学生应接不暇，教师对于树立文化自信这一教学重点、教学难点和教学目标缺乏重视。

二、探索：项目化学习如何设计和实施？

D老师将思政课教师遇到的这个教学难题拿到市学科中心组继续讨论。在研讨中，大家认识到，“延续文化血脉”一课的教学设计不仅要破解七个核心知识，更需要理解知识与知识之间的内在联系，需要对零散的知识进行提炼、升华，引导学生热爱中华文化，认同中国特色社会主义文化，并树立文化自信。因此，D老师重新梳理了本课的逻辑结构，并对教材结构进行了重构（如图4-1所示），使本框题的逻辑结构更加清晰，更有利于教师教与学生学。

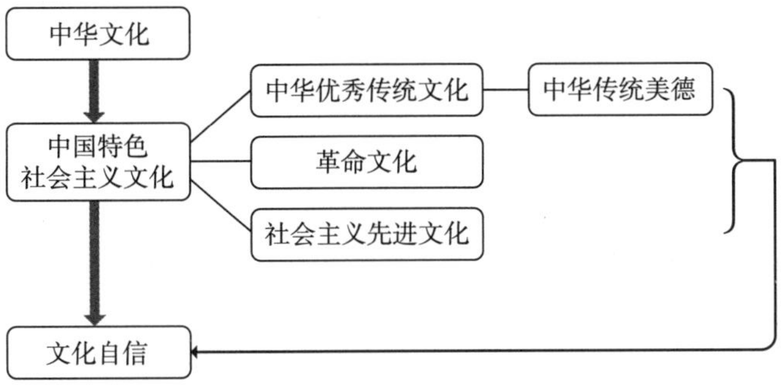

图 4-1　“延续文化血脉”一课的知识重构

本节课学生的学习目标是：感受中华文化的魅力，体会中华传统美德力量，热爱中华文化；认同并践行中国特色社会主义文化，坚定文化自信。思政课教师在教学时要想实现本节课的教学目标，就需要找到一个与教学目标相对应的学习情境和研究项目。通过研讨，学科中心组认为本市的特色旅游资源青果巷适合作为项目化学习的学习情境。在修葺 7 年后，青果巷一期于 2019 年 5 月正式对外开放。鉴于此，我们认为应当去挖掘青果巷和学科核心知识之间的内在联系（如图 4-2 所示）。

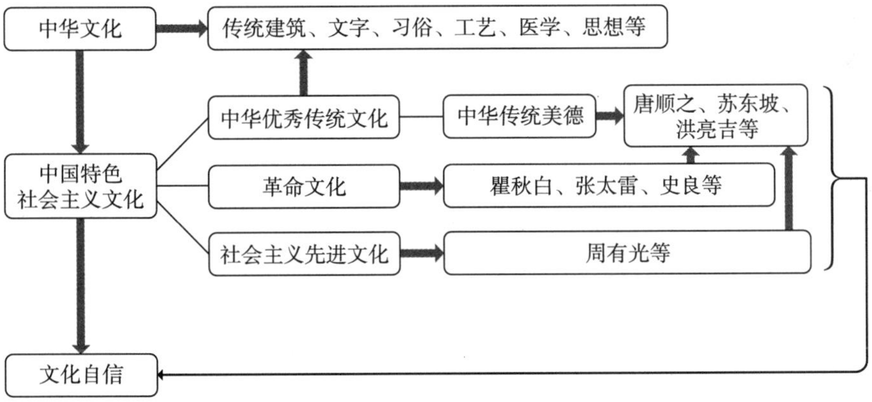

图4-2　青果巷与“延续文化血脉”一课学科核心知识之间的内在联系

中学政治学科项目化学习要“驱动”学生去面对学科中的核心概念或原则性的关键问题，建立起项目活动和学科概念性知识之间的关联，找到项目化学习和本学科知识的结合点。我们提炼出了中学政治学科项目化学习的流程，以此来指导师生开展项目化学习（如图4-3所示）。

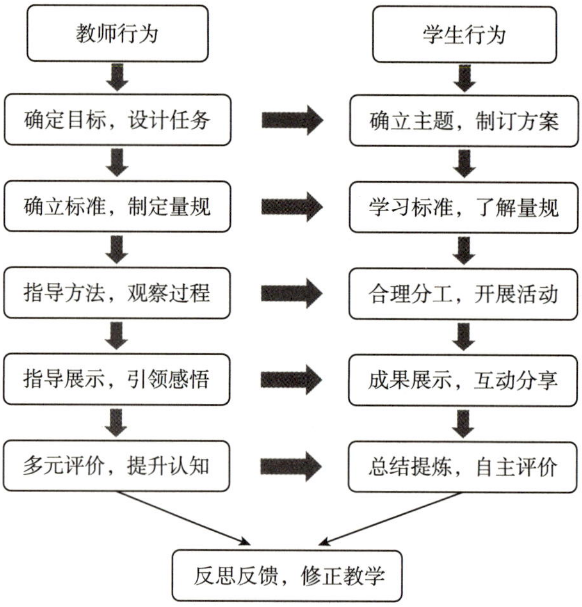

图4-3　中学政治学科项目化学习的实施流程

在项目化学习实施流程的指导下，师生共同开展了项目化学习。通过对青果巷的实践调查，学生们发现该街区保留了江南水乡的特色及建筑风格，保护了梳篦、留青竹刻、乱针绣等传统工艺，保留了端午节划龙舟等传统习俗，传承并发展了常州“孟河医派”等中医文化。而作为“江南名士第一巷”的青果巷，以名士辈出而著称。明代文学家、军事家、抗倭名将唐顺之，清代文学家洪亮吉，洋务运动的先驱盛宣怀，爱国实业家刘国钧，《官场现形记》的作者李伯元，语言学家赵元任，故宫博物院的创始人之一吴瀛，语言学家周有光，中国共产党早期领导人瞿秋白，中国共青团的创始人之一张太雷，“民主七君子”之一的史良都是从青果巷走出的名人。通过调查，同学们加深了对“一条青果巷，半部常州史”这一说法的认同，为常州的优秀文化感到骄傲和自豪。对青果巷的保护不仅延续了常州的文化，而且还延续了中华文化血脉，从而使学生认同中华文化、树立文化自信。

在项目化学习的基础上，B老师重新设计了“延续文化血脉”一课，其教学设计如下：

1. 课堂导入

教师播放学生开展项目化学习的视频：《走访青果巷——阔别多年，焕新归来》。

2. 环节一：品味中华文化，体味文化魅力

一座老城，一条古巷，常常承载着悠久灿烂的历史文化，青果巷就是这样一条记载着常州悠久历史的千年古巷。下面请同学们展示课前对青果巷历史文化的寻访成果。

小组1：展示青果巷的传统建筑。

小组2：展示青果巷保留下来的传统技艺（梳篦、留青竹刻、乱针绣等）。

小组3：展示从青果巷走出的名人及他们的贡献（如苏东坡、唐顺之、洪亮吉、李宝嘉、盛宣怀、瞿秋白、张太雷、史良、赵元任、周有光等）。

教师提问：

① 根据同学们的展示，请大家说说中华文化具有哪些特点。

② 结合青果巷走出的名人及其贡献，谈谈青果巷作为“江南名士第一巷”，“名”在何处。

3. 环节二：弘扬中华文化，传承传统美德

教师提问：

① 青果巷之所以美名远扬，是因为这条小巷里走出了许多名士大家。在寻访青果巷，了解了这些人物后，请同学们展示收集到的资料，分享他们的故事，并说一说他们身上体现了哪些中华传统美德。

② 作为常州人，请结合具体的事例谈一谈我们应该如何继承和发扬中华传统美德。

4. 环节三：探寻中华文化，感受文化力量

2019年4月29日，历经7年修缮的青果巷历史文化街区一期正式对外开放，同学们在参观和调查后，对青果巷的修缮保护工作产生了不同的看法。

学生1：修缮开放的青果巷商业气息太浓了，作为历史文化名巷，青果巷应该全面恢复其历史面貌。

学生2：青果巷的老房子与周围的高楼大厦格格不入，应该拆掉重建，使其完美地融入现代化城市。

学生3：我看到国外有很多历史悠久的城堡、街道、乡村都保存得非常好，我们应该照搬国外的做法。

教师提问：

① 你支持谁的观点？请谈谈自己的理由。

② 请你结合青果巷的修缮保护工作，谈一谈如何增强文化自信。

教师总结：正如青果巷一样，中华文化虽历经沧桑，却能薪火相传、一脉相承，其重要原因就在于它具有应对挑战、与时俱进的创造力和海纳百川、有容乃大的包容力。新时代传承和发展中国特色社会主义文化，就是要坚持以马克思主义为指导，坚守中华文化立场，立足当代中国现实，结合当今时代条件，不忘本来、吸收外来、面向未来，不断铸就中华文化新辉煌。

5. 结课

教师请学生以小组为单位分享本次项目化学习的收获。

【教学总结】

在中学政治学科项目化学习中，学习实践、学科知识、学科核心素养是相互作用、相互

影响的。项目化学习为学生提供了学科知识和学习实践的教学情境和教学任务，学科知识是学习实践和学科核心素养的基础，学习实践为学科知识的掌握及学科核心素养的培育创设了路径，而学科核心素养的形成又进一步促进了学科知识的掌握、学习实践的落实。学生在项目化学习过程中，将学科知识转化为学习实践，在学习实践中培育了发现问题的能力、解决问题的能力、收集与处理信息的能力、沟通交流能力、辩证思维能力、创新能力，培育了政治认同、法治意识、公共参与、责任意识等学科核心素养。以“延续文化血脉”一课为例，学习实践、学科知识和学科核心素养的内在联系如表4-3所示。

表4-3　学习实践、学科知识和学科核心素养的内在联系

学习实践	具体内容	学科知识	学科核心素养
采访常州市文化广电和旅游局	了解相关法律法规、政策和政府对文物保护的管理情况	行使民主权利； 法治政府； 延续文化血脉	民主素养； 法治观念； 责任意识
参观并访问负责青果巷开发与管理的常州市晋陵投资集团有限公司	了解青果巷保护开发的现状与困难	延续文化血脉； 正视发展挑战	科学精神； 调查研究
对市民进行问卷调查、实地调查	了解市民的真实想法	行使民主权利	科学精神； 调查研究
自学法律法规并咨询律师	了解国内外关于文化遗产保护的政策和法律法规	延续文化血脉； 建设法治中国	法治观念； 自主学习； 综合分析
总结问题，提出建议，形成调查报告	在调查的基础上分析现状和问题，并提出改进建议	参与民主生活； 延续文化血脉	民主素养； 创新意识
将建议递交至常州市文化广电和旅游局、市政协委员、市长信箱	增强建议的影响力	参与民主生活； 共筑生命家园	公共参与； 解决问题
参加模拟听证会展评活动，邀请人大代表、政协委员参加	学生在模拟听证会展示研究过程和研究成果，并提出改进意见	人民代表大会制度； 中国共产党领导的多党合作和政治协商制度； 建设法治政府	政治认同； 公共参与
参加志愿者服务活动，向市民发出倡议	扩大本项目研究的影响力，通过宣传、倡议、志愿者服务等工作，让更多市民参与到青果巷的保护中来	延续文化血脉； 凝聚价值追求； 共筑生命家园	公共参与； 解决问题

在项目化学习的过程中，学生们通过调研，充分肯定了青果巷在文化传承和保护方面所作出的努力。同时，学生们也发现了一些问题，例如：传统工艺如何在文化传承和经济效益之间寻求平衡和发展；旅游产品同质化情况严重，游客对青果巷的历史文化缺乏深入的了解，青果巷丰富的名士资源有待进一步开发和利用；社会公众参与文化保护的积极性不高等。

针对文化传承与保护方面存在的问题，学生们提出了改进建议，并对这些建议进行了论证。一方面，学生们将建议递交给了有关部门；另一方面，学生们开展了模拟听证会、志愿者服务等活动。从中我们可以看出，项目化学习强调以项目驱动学习，建设任务驱动型学习环境，以解决问题为中心，以知识建构为抓手，以自主、合作、探究学习为基本学习方式，开发和使用多种学习策略，从而实现有效教学，引导学生在学习实践中获得知识、发展能力，培育学生的政治认同、科学精神、法治观念、责任意识等学科核心素养。

三、讨论：项目化学习的评价

鉴于项目化学习在教学实践中存在推进困难的情况，我们认为可以通过对学习评价方式的改革，有效地推进项目化学习。中学政治学科作为一门德育学科，其项目化学习更强调表现性评价。表现性评价可以是纸笔任务，如完成小论文、撰写提案等；可以是口头表达，如演讲或辩论；可以是示范和展示，如召开模拟听证会、开展模拟政协活动；也可以是项目和课题，如完成一个调查报告。表现性评价的主体是多元的，可以是自评，也可以是他评，如教师、家长、学生的评价。表 4-4 是“延续文化血脉”一课的项目化学习表现性评价表示例。

表4-4　“延续文化血脉”项目化学习表现性评价表

班级：		学生姓名：				
评价步骤	**学生活动**	**评估标准**	**学生自评**	**家长评价**	**班级评价**	**考评组评价**
现实问题的深入研究	主动发现问题，形成主题	现实问题具有典型性、普遍性				
	寻求他人对主题的支持	表达有条理、有说服力				
	分组合理，方案具有可行性	组内分工合理，方案具有可操作性				
	小组共同分析本项目研究的价值	分析问题有条理、有依据				
公共政策的深入研究	多渠道查找法律法规、政策	资料真实可信，来源广泛				
	组员共同分析政策的利弊	在自主学习基础上的合作探究				
提出恰当的建议和对策	与组员共同讨论对策和建议	建议具有创新性、可操作性				
	与组员共同撰写对策和建议	方案条目清楚、表述规范				
	与组员分析对策的利弊	能结合实际情况全面地分析问题，具有辩证思维				
后续行动	与组员共同制订行动计划	计划具体、明确，有可操作				
	实施具体行动	积极参与，扩大影响力				
自我反思和总结提升	自我反思	善于总结反思，表达真实、流畅				
	总结提升	善于表达，有条理、有收获				

项目化学习也可以采用纸笔测试的方式进行评价。学科中心组以青果巷的保护为例，以统编版《道德与法治》（九年级上册）教材内容为依托，设计了一些纸笔测试的试题，以下是其中一个例题。

[例题] 一条青果巷，半部常州史。在万众瞩目中，青果巷历史文化街区一期于2019年4月29日正式对外开放。常州市某初中的部分学生到青果巷历史文化街区开展项目化学习活动。

通过走访，同学们发现青果巷不仅保留了传统技艺、历史古迹和传统医学，而且还保留了唐顺之、刘国钧、瞿秋白、周有光等名人故居……青果巷成为我市旅游、休闲、文化融合发展的一张名片。

同学们发现，青果巷超高人气的背后也暴露出一些问题：配套停车位不足，造成附近交通拥堵；游客对其历史文化缺乏深入的了解；运河的支流上，有时还漂浮着生活垃圾……

请你结合材料，运用所学的知识回答下列问题：

（1）同学们准备撰写《传承文化血脉——以青果巷的文化保护为例》的研究报告，请你设计该研究报告的思维路径导图（如图4-4所示）。

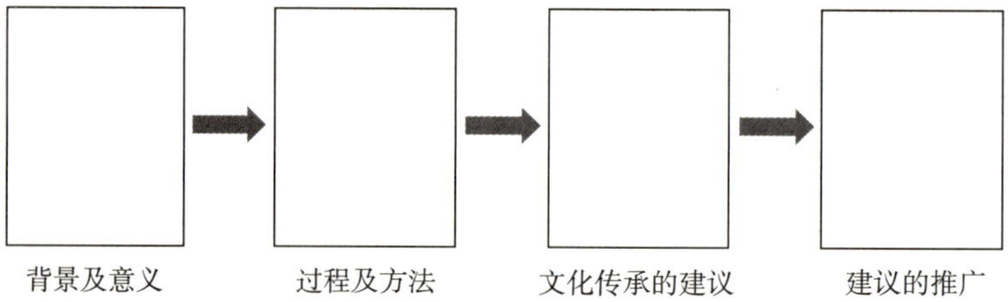

图 4-4 研究报告思维路径导图

（2）请你运用“延续文化血脉”一课的有关知识，说明保护青果巷的意义。

（3）就同学们发现的问题，请你向“市长信箱”写一封建议书（列出建议的要点），并阐明向“市长信箱”写信的依据。

以上试题以项目化学习为情境，以问题为导向，考查学生的科学研究能力、知识的综合运用能力、辩证思维能力、问题解决能力，培育学生的学科核心素养。设计类似试题的目的在于通过考试评价方式的改变引导教师转变教学方式，更多地尝试和开展项目化学习、案例教学、情境化教学等教学方式，让中学思政课变“坐而论道”为“做而论道”，充分实现中学政治学科的育人价值。

四、结语

“延续文化血脉”一课的教学设计是中学政治学科项目化学习的方式之一。与传统的教学模式相比，项目化学习不再以学科知识点为中心，而是依托学科知识，以项目和主题为中心开展学习。项目化学习打破了学科之间的边界，实现了多学科学习内容的重构。项目化学习不仅仅是学科的活动化，也是学科核心知识在情境中的重构。项目化学习在教学实践中还有多种实施路径，期待教师们提供更多的教学案例和实施建议。

思考题

1. 思考“延续文化血脉”一课两种不同教学设计的优点和缺点。

2. 你认为中学政治学科应如何开展项目化学习？

3. 你认为中学政治学科应如何开展项目化学习的评价？

4. 你认为项目化学习是如何培育学生的学科核心素养的？

5. 你认为思政课教师指导学生开展项目化学习对教师专业发展提出了哪些新要求和新挑战？

【本案例系江苏省教育科学“十三五”规划重点自筹课题“法治教育校本化实施的行动研究”（课题编号：B-b/2020/02/09）的阶段性成果】

案例5　复习课落实学科核心素养的活动型教学探索

（黄桂红，江苏省南京市宏运学校教师，江苏省正高级教师，江苏省特级教师）

2014年教育部印发的《关于全面深化课程改革 落实立德树人根本任务的意见》指出，"教育部将组织研究提出各学段学生发展核心素养体系，明确学生应具备的适应终身发展和社会发展需要的必备品格和关键能力"，这为学校的教育教学改革指明了前进方向。2016年9月，《中国学生发展核心素养》发布，该研究成果以培养"全面发展的人"为核心，将核心素养分为三个方面，细化为六大素养。这一研究成果的发布意在引领广大教师改变教学中存在的"学科本位"和"知识本位"现象，重视学生品格、价值观念、知识、能力等素养的协调发展。

《义务教育道德与法治课程标准（2022年版）》指出："道德与法治课程要培养的核心素养，主要包括政治认同、道德修养、法治观念、健全人格、责任意识。"新的课程标准有三个显著特征：一是学生的学习目标从原来的三维目标转变为学科核心素养目标；二是明确中学思想政治课的性质是综合性、活动型学科课程；三是鲜明地提出学业质量及评价要求，提出"道德与法治课程评价要围绕发展学生核心素养，发挥评价的引导作用，改进结果评价，强化过程评价，探索增值评价"。实践表明，活动型教学是落实学科核心素养的有效途径，以考试与评价带动思想政治学科教学改革已提上议事日程。2019年3月18日，习近平总书记在学校思想政治理论课教师座谈会上的讲话中提出了"八个相统一"，其中包括"坚持建设性和批判性相统一""坚持主导性和主体性相统一""坚持灌输性和启发性相统一"等。这些为道德与法治复习课开展活动型教学提供了参考和依据。

作为一所农村初中，K学校是本市的教改实验基地。该校的思政学科组共有九人，在省特级教师H老师的带领下，该思政学科组锐意进取，于2015年结合江苏省"十二五"规划课题"能力发展本位：初中生思品深度学习研究"开展教改。2017年，该思政学科组审时度势，瞄准"构建道德与法治学科核心素养的活动型学科课程"这一新的教改理念，将初中道德与法治课的深度学习研究推向深入，对新授课开展活动型教学探索，积极落实学科核心素养，使教学质量快速提升，成为本校实力雄厚的学科组。2019年，K学校将活动型教学探索的研究对象由新授课转变为复习课，以更好地适应教改要求和考试评价变革。

灌输式教学与活动型教学是两个相对的概念。灌输式教学是一种传统的单向教学方式，注重客观知识的讲授，学生被当作接受知识的容器，对学生的思维能力和其他多种能力培养不足，忽视了学生的认知水平。活动型教学是一种新型教学方法，这种教学方法提倡通过丰富多彩的学习活动引导学生体验、思考、感悟、探究，使学生敢于批判和质疑，从而生成多种思维品质，达成学科核心素养目标。

活动型教学在公开课、优质课比赛中受到了教师们的广泛认可，但在常态化教学中新授课仍以灌输式教学为主，复习课更是难觅活动的踪影。为什么会出现这种现象呢?

一、困惑：初中道德与法治复习课的教学方式是否需要改进?

2019年暑假期间，江苏省中小学政治学科教研室对全省初中思政课教师进行了线上的新教材培训，通过多节示范课展示，启发并引导教师在教学中贯彻落实学科育人的理念。2019—2020年度期末考试在即，思政课教师应如何带领学生进行有效复习? K学校的H老师对本区部分教师开展了线上调查。接受调查的教师有三种类型：一是参加中学思政课教学工作不满7年的年轻教师；二是工作了7～15年的骨干教师；三是工作了15～20年的名优教师。对于道德与法治课的复习，教师们有不同的看法，以下节选了部分教师的反馈：

(1) 初中道德与法治课的教材内容多，尤其是八、九年级。闭卷考试实际上是对课本知识的运用，万变不离其宗，牢记教材中的知识点是学以致用的前提，大量的知识点等着学生们背诵，复习时间有限，思政课教师的教学精力应主要放在“会背”二字上。

(2) 不少家长、学校领导都是以教学成绩论英雄的。活动课花样百出，学生当然有兴趣，但一到考试学生不会用教材上的知识和观点回答问题，成绩就上不去。而每一节活动课，思政课教师要花费大量的时间和精力做准备，经常这样费时费力地准备复习课是不现实的。所以，复习课搞花样，出力不讨好，让学生使劲背书，再做做练习就可以了。

(3) 复习课应该挑重点题让学生反复地背，再进行综合练习，针对典型题型进行解题方法的指导，提高学生的应试能力与技巧。总而言之，应试既需要实干，也需要巧干。

H老师还对部分学生开展了调查，以下是学生们的反馈：

(1) 道德与法治课的复习，老师总是让我们背，很多问题我们都不太懂、不太理解。我们费了很大劲，感觉自己基本上会背了，但考试时很多知识又容易混淆，有时想不起来，有时不会灵活运用。

(2) 复习课实在是枯燥乏味，考完了也就全忘了，我们搞不懂学习道德与法治课有什么意义。我们喜欢有趣的、能发展能力、能开阔视野、能学好、更能考好的道德与法治课。

由调查反馈可知，尽管师生对复习课的优越性都有一定的了解，但对于如何上好初中道德与法治复习课，很多思政课教师仍然从经验出发，在应试教育观念的影响下，认为复习课的教学方式依然应当以灌输式教学为主。灌输式教学打击了学生学习的主动性，学生的思维能力和想象力被扼杀，学习的兴趣和热情被消磨殆尽，学生学习的主体地位丧失。因此，灌输式教学一定程度上阻碍了学生能力、品格、价值观念的发展与提升，这与立德树人的根本任务是相违背的。学生没有经历和体验，没有理解和感悟，学科核心素养目标将难以达成，这不仅有负思政课教师的责任与使命，也辜负了习近平总书记对思政课教师的殷切期望。教改是现实之需，也是评价与考试制度改革的必然要求，改革初中道德与法治复习课的教学方式势在必行。

K学校思政学科组的H老师是一位省特级教师，她善于教学研究，有二十多篇教学研究论文在核心期刊发表。对于如何提升道德与法治复习课的复习效果，她经过深思熟虑，将思政学科组划分为a、b、c三个组，每个组各选出一名代表，进行复习课同课异构赛课教研活动，通过教学效果的比较来验证哪种复习方式更可取、更有效。参赛教师有参加工作3年的A老师、参加工作26年的B老师、市学科带头人C老师。通过讨论，他们决定以复习统编版《道德与法治》（七年级上册）的第三课“发现自己”为例开展教学实践。在集体备课环节，这三个组先进行共同研讨，赛课教师先后发言，其他成员进行补充。

研讨问题：“发现自己”一课主要涉及哪些复习内容？教学目标、重点和难点是什么？

a组老师：复习内容包括“为什么要认识自己？怎样认识自己？怎样正确对待他人的评价？为什么要接纳、欣赏自己？怎样接纳、欣赏自己？怎样做更好的自己？”学生先要会背这些知识点，再学会做一些情境综合练习题，这样就基本达标了。

b组老师：复习重点是“认识自己的途径、正确对待他人的评价、做更好的自己”。复习难点是让学生能够在日常生活中学会通过多种途径正确地认识自己，在学习生活中践行做更好的自己。在复习课上，思政课教师应注重培养学生多角度分析问题的能力。

c组老师：复习目标包括以下三个方面。(1)以积极的态度正确认识自己，接纳并欣赏自己，激发潜能，在日常生活中主动去做更好的自己。(2)正确认识自己，提高自我反省、分析归纳、辩证思维的能力。(3)了解认识自己的意义、途径；明确做更好的自己的途径；正确对待他人的评价，并了解每个人潜能的差异；掌握改正缺点、发掘潜能的方法。

以上三组教师一致认为，不管采取哪种复习方式，都要紧密联系学生的生活实际，直面学生成长中的困惑，否则就不能实现有效复习。

二、探究：哪种复习方式更有效、更可取？

为了检验哪种复习方式更有效，a、b、c三组发挥集体备课的优势，分别选出A、B、C三位教师作为代表，在平行班进行同课异构赛课教研活动，并请专家组进行评课、议课。各组教学设计的主要思路如下：

（一）A老师：常态背练优化式

A老师将复习学案（包括复习问题和答案、当堂练习）提前发给每位学生，课堂的前20

分钟让学生背诵、记忆，教师检查提问，了解学生的掌握情况。课堂的后 25 分钟，教师精选了一些情境综合练习题，让学生口答或动笔完成，必要时可以通过讨论完成练习。

1. 知识记忆

(1) 为什么要认识自己？
(2) 怎样认识自己？
(3) 自我评价、他人评价的意义是什么？
(4) 怎样对待他人的评价？
(5) 怎样接纳、欣赏自己？
(6) 怎样做更好的自己？

2. 当堂练习（单选题十道，本案例列举其中两道题）

(1) 有人说："要想了解自己，最好问问别人。"对此下列说法正确的是（　　）。
A. 他人评价是认识自己最重要的途径
B. 自我评价是认识自己最重要的途径
C. 他人评价有助于我们形成对自己客观、完整、清晰的认识
D. 有不懂的问题就去请教别人

(2) 中学生小华在日记中写道："本学期学习退步的主要原因是学习方法不当，学习效率不高。"小华衡量自己的途径是（　　）。
A. 他人的态度和评价　　B. 考试成绩反馈
C. 恰当的自我评价　　D. 群体关系的评价

3. 材料解析题

在一次班会上，同学们围绕"了解自己，认识自己，融入新的集体"展开了一次讨论。
甲同学：我做值日不太积极，有时还迟到。
乙同学：我的同桌遇到难题经常请别的同学讲解，却不找我，他认为我对他人不够热情。
丙同学：学校体育运动会上，我克服困难积极为班级争得荣誉，同学们对我称赞不已。
(1) 这些同学是通过哪些途径认识和评价自己的？
(2) 这对他们的人生会起到什么样的作用？
(3) 我们应如何面对同学们的评价？
(4) 我们怎样才能做更好的自己？

【教学反思】

先复习、后练习这种复习方式符合学生的认知规律。初中生的情境感悟能力有限，对于

多数初中生来说，他们难以用自己的语言清楚地表达对问题的看法，需要借助书上的观点和语言，在此基础上多进行练习，有助于学生巩固、掌握基础知识。但是，这种记忆方式易使知识碎片化，不利于学生宏观、系统地掌握知识，缺乏对知识的理解。浅层化的迁移运用不利于探究、质疑、批判等多种思维品质的培养。

【学生评价】

这种复习方式我们已经习惯了，一节课有背有练，我们忙得不亦乐乎。只是我们对所背的知识不太理解，题背多了容易混，也容易忘。考试时，有的知识想不起来，有的知识张冠李戴。灵活性强的题看似不难，我们却不知如何下手。我们不是背就是练，费了很大的力气却很难提高成绩。

【听课教师评价】

这是一节典型的常态复习课，灌输痕迹明显，碎片化的机械记忆不利于学生综合能力的提升。学生对情境缺乏深度体验、理解、感悟和探究，价值观念、情感认同未体现在教学中。材料分析题的设计缺乏技术含量，解析题目时缺少方法上的指导。在课堂上，学生的学习以被动接受为主，思维能力发展受限，一旦试题灵活、综合性强，学生之前的努力也会付诸东流，学科核心素养的培育目标难以达成，故需大力改进。

（二）B老师：方法指导讲练式

b组教师普遍认为，理解和识记十分重要，为了避免学生发生混淆，B老师在课堂上用10分钟梳理了本节课的知识结构，帮助学生厘清知识之间的联系，从宏观上把握知识脉络，指导学生记忆方法，避免知识的混淆与碎片化掌握（如图5-1所示）。

- 发现自己
  - 认识自己
    - 为什么要认识自己？（意义）
      - 促进自我发展
      - 促进与他人的交往
    - 怎样认识自己？（途径）
      - 从生理、心理、社会等方面认识自己
      - 通过自我评价认识自己
      - 通过他人评价认识自己
  - 做更好的自己
    - 接纳并欣赏自己
      - 怎样接纳自己？
      - 怎样欣赏自己？
    - 我要飞得更高
      - 扬长避短
      - 主动改正缺点
      - 不断激发自己的潜能
      - 为他人、为社会带来福祉

图 5-1 “发现自己”一课的知识结构

B老师的课堂以练习为主，以练代讲，注重在练习中深化学生对所学问题的理解。B老师提前设计了突出学习重点的综合情境练习题，让学生独立思考并回答。通过典型案例的分析，B老师引导学生掌握解题方法，及时地进行拓展训练，培养学生多角度分析问题的能力，尤其是应试能力。

由于篇幅有限，本案例展示五个考点中的两个。

1. 考点一：正确看待他人的评价

“以铜为镜，可以正衣冠；以史为镜，可以知兴替；以人为镜，可以明得失。”这句话给我们的启示是（　　）。

A. 他人的评价有助于我们认识自己

B. 他人的评价是对自己全面客观的认识

C. 自我观察是认识自己的唯一途径

D. 他人的评价是正确认识自己的最重要的途径

[解析] 本题主要考查他人评价的重要性及怎样正确地对待他人的评价。他人的评价有可能全面客观，也有可能片面，我们需要理性对待，既不盲从，也不忽视，所以B选项是错误的；C选项中“唯一”的表述是错误的；D选项中“最重要”这一表述也是错误的。因此，本题的正确答案为A。教师应引导学生去体会，选项中带有“唯一”和“最”时，表述太过绝对，因此这些选项错误的可能性比较大。

点睛：他人的评价有利也有弊，理性对待他人的评价是一种成熟的表现。怎样正确对待他人的评价是该课学习的重点，学生需要理解并熟记。

2. 考点二：学会接纳自己

接纳自己说起来容易，做起来难，这是一个需要不断经历自我探索和觉察的过程，想要接纳自己，就应该做到（　　）。

① 接纳自己的外在形象，也接纳自己的内在素质

② 接纳自己的优点，也接纳自己的不足

③ 接纳自己的现在，也接纳自己的过去

④ 充分肯定自己的优点和不足，而不必在乎别人的评价

A. ①②③　　B. ①②④　　C. ①③④　　D. ②③④

[解析] 此题主要考查怎样接纳自己。显然，前三个选项都是正确的。接纳自己并不意味着不在乎别人的评价，当别人指出自己的不足时也要积极改进，D选项错误。故正确答案为A选项。

点睛：接纳自己并不等于自己不需要改正缺点。

3. 材料解析题

骆驼对小羊说：“我个子高，能够吃到大树上面的叶子，你可吃不到！”小羊对骆驼说：“我能穿过门洞，吃到园子里的草，你却吃不到！”

（1）请你对骆驼和小羊的争论加以评析。

（2）骆驼和小羊的对话所体现的道理给了你怎样的启示？

学生在独立思考的基础上进行小组交流讨论，相互取长补短，派代表回答问题，教师对学生的回答进行点评。

评析类题目解题方法总结：

解答评析类题目需要结合具体情景，运用所学的知识分析情境中的各项行为，回答这些行为有什么意义或危害。

启示类题目解题方法总结：

启示类题目主要回答是什么、为什么、怎样做，我们该从中学到什么，从中得到什么经验教训。

【教学反思】

本节课采用了“方法指导讲练式”的教学模式，这是教学改革的创新之举。知识结构的梳理有利于学生在理解的基础上系统地掌握知识，减少解题时“张冠李戴”现象的发生。这种教学方式也节省了学生的复习时间，提高了复习效率。本节课注重综合能力的提升，重视学生思维能力的培养，对解题方法的指导大大提升了学生的应试技巧。但是，本课在情感、态度与价值观目标的落实上还有所欠缺。

【学生评价】

课上我们的学习注意力常常被教师的提问、做题牢牢吸引，做题有利于我们理解和识记，区分易混的知识点，我们的思维被充分调动了起来，材料解析和解题方法指导大大提高了我们的解题能力，有利于我们提高考试成绩。

【听课教师评价】

本节复习课以提升学生的解题能力和应试技巧为主要目标，这是应试教育的典型做法，但是这种复习方式不利于立德树人根本任务的实现。

（三）C老师：活动探究素养式

C老师利用“发现自己”这节复习课进行新的教学方法的尝试。

1. 导入：课堂小调查

C老师：同学们对自己的期中成绩满意吗？请大家简单说明理由。

学生1：不满意，……

学生2：还算满意，……

学生3：不满意，……

C老师：不管大家对自己的期中成绩感到满意还是不满意，都是对自己的认识与评价，很多同学都想改正不足，做更好的自己，这节课我们来复习第三课——“发现自己”。

2. 活动一：知识结构我梳理

（1）教师在课件中以“知识树”的形式展示本节课的问题结构图，引导学生思考并回答本节课涉及的问题，帮助学生进行问题的归类。

（2）学生动笔填写问题结构图，梳理知识结构，如图5-2所示。

- 认识自己
  - 为什么？
    - ①正确认识自己，可以________。
    - ②正确认识自己，可以________。
  - 怎么做？
    - ①可以从________、________、________等方面来认识自己。
    - ②可以通过________来认识自己。
    - ③通过________来认识自己。要________他人的态度与评价，要保持________的心态，既不能________，也不能________。

- 做更好的自己
  - 接纳并欣赏自己
    - 接纳：全部。
    - 欣赏：独特、________、________、奉献。
  - 做得更好
    - 扬长避短。
    - ________、________。
    - 在奉献他人、奉献社会中实现。

图5-2　“发现自己”一课的问题结构图

3. 活动二：剧演答疑我最棒

情景剧表演“做更好的自己”。

教师给出表演准备时间，之后请三个学生登台表演。

【第一幕】教师请第一组学生登台表演。

七年级学生江枫的成绩不太好，性格有些急躁，常因小事与同学发生矛盾。不过，他性格幽默、乐于助人，班级里的同学们对他的评价有好有坏。然而，江枫常对自己的喜剧表演才能自信满满，以为同学们都喜欢他。

放学路上，江枫无意间听到同学在议论自己，觉得很苦恼。

（1）江枫苦恼的原因是什么？

（2）重新认识自己对江枫有什么意义？

教师在寓教于乐中引导学生结合所学的知识回答问题。

【第二幕】教师请第二组学生登台表演。

江枫：“我想在元旦联欢晚会上出演男一号，将来我还想当演员呢！哥们，你们帮我分析一下，看我行不行？”

同学A：我觉得有梦想是好事，但梦想要结合自身实际，演员不是那么好当的！

同学B：我看不行，现在的演员都是俊男靓女。

同学C：我不这样看，人要学会接纳自己、欣赏自己，有的演员相貌平平，却能成为大家都喜爱的演员，不努力怎么知道没希望呢？

以上是江枫和三位好友的一段对话。

（1）在剧中，江枫是通过什么途径认识自己的？

（2）面对同学们的不同评价，江枫该怎么办？

【第三幕】教师请第三组学生登台表演。

第二天，江枫向陈老师倾诉了自己的烦恼。

江枫：陈老师，元旦联欢晚会我还是不演了吧，他们说我长相有点……，不是当演员的料，我看还是算了吧。

陈老师：哈哈，你可以演配角，用演技证明给同学们看。

元旦联欢晚会上，江枫表演得惟妙惟肖，演出获得了巨大的成功，江枫的表演让主角黯然失色，江枫过了把演员瘾，实现梦想的愿望更加坚定了。

班会上，班级要竞选纪律委员，江枫是十个候选人之一，同学们为此议论纷纷。

甲同学：江枫的成绩不好，怎么能服众？

乙同学：他性格急躁，经常跟人吵架，我才不选他呢！

江枫如果想竞选成功，实现演员梦想，他应该怎么做呢？（此题为开放性问题，言之有理即可，视角越新越好）

4. 活动三：思考感悟我提升

C老师：我们每个人都想做更好的自己，我们该如何做更好的自己呢？

学生：……

C老师：是的，不仅个人需要做更好的自己，集体、团队、国家、民族都需要我们做更好的自己。2019年10月1日，在庆祝中华人民共和国70周年阅兵仪式上，一辆体育团队的花车徐徐驶来，受到了大家的热烈欢迎，咱们看看究竟是哪个体育团队。

C老师播放视频后，学生不约而同地回答：中国女排！

C老师：当中国女排在比赛过程中比分落后时，她们是如何扭转局面的？

学生讨论后回答。

有学生质疑：书上说“扬长避短”，这位学生说“扬长补短”，他是不是说错了？

C老师：这位同学敢于质疑，精神可嘉，同学们觉得“扬长避短”和“扬长补短”哪种说法更好，为什么？同学们可以互相讨论，分享自己的看法。

5. 活动四：为了更好我行动

请大家结合个人的实际情况，联系所学的知识，完成表格中的内容（参见表5-1）。

表5-1　“做更好的自己”行动方案

行动方向	具体行动
接纳、欣赏自己	
扬长避短	
主动改正缺点	
激发潜能	
提高学习成绩	
发展特长	
爱护身体	
…………	

6. 活动五：思维拓展我训练

材料：我们期望生命之花精彩绽放，却又对自我价值心存疑惑。我们究竟是谁？我们该往何处去？我们走在寻找自己、发现自己的路上……

关键词：认识自己、他人评价、接纳欣赏、更好的自己、潜能

自问自答：请你从关键词中任选两个词，结合所学的内容，对所选的关键词各提一个问题，并尝试回答其中的一个问题。

关键词：__________　问题1：____

关键词：__________　问题2：____

【教学反思】

为了调动学生的兴趣和思维，落实学科核心素养的理念，我在课前做了大量的资料收集等准备工作。五个系列学习活动调动了学生的参与积极性，使他们的探究思维能力得到了锻炼。“思考感悟我提升”和“思维拓展我训练”这两个活动使学生的深度理解、批判思维、探究思辨等科学精神素养得到了落实。“剧演答疑我最棒”和“为了更好我行动”这两个活动使学生的公共参与素养得到了锻炼。总的来说，这节课的学习使学生在体验、理解、感悟的基础上对成长中的困惑有了新的领悟与认知。

【学生评价】

这节课我们上得很兴奋、很享受，感觉自己比以前更聪明了。以前的课就是划题、背题、做题三个步骤，枯燥乏味。

【听课教师评价】

这节复习课积极响应了课程标准的要求，教师在本节课开展了活动教学，在丰富多彩的学习活动中引导学生积极地体验、参与、思考、感悟，通过开展深度学习，将知识、能力、品格和价值观念等融为一体，解答了学生成长中的诸多困惑，引导学生形成政治认同、道德修养、法治观念、健全人格、责任意识等学科核心素养，学习的主体地位得到充分体现，探究思维能力得到了锻炼与培养。不过，教师为这节课花费了大量的时间和精力查阅资料，进行编排和准备，每节课如此这般，对于工作繁忙的教师来说也不现实。这节课复习容量少，按照这个进度来复习，恐怕考试前很难完成复习任务。另外，在复习课上开展活动型教学能否提升学生的应试能力，还有待进一步验证。

【专家评价】

在活动中落实道德与法治学科核心素养，本节课树立了成功的典范，也很好地落实了习近平总书记在学校思想政治理论课教师座谈会上的讲话精神。导入环节的“学习现状调查”和“为了更好我行动”环节，体现了理论性和实践性的统一；学生积极参与丰富多彩的系列学习活动，体现了统一性和多样性的统一；学生在课堂上合作探究，体现了主导性和主体性的统一；“思考感悟我提升”环节中教师引导学生提出质疑，体现了建设性和批判性的统一。本节复习课的教学理念与做法值得向全区推广。

三、活动型教学与灌输式教学的效果有何不同？

初中道德与法治课应当以学生的日常生活为线索，帮助他们初步树立正确的人生观、世界观、价值观，为其健康成长奠定基础。因此，思政课教师应在教学中体现立德树人这一根本任务，培育学生的学科核心素养，践行德育目标，而不是嘴上说一套，行动上是另一套。A老师的复习课是典型的灌输式教学，他错误地认为“会背”就是王道，没有很好地引导学生联系生活实际，学生的思维能力得不到有效锻炼与发展。B老师的复习课注重应试能力与技巧的培养与提升。这两种复习方法都使学生缺乏情感共鸣与价值认同，德育目标和学科核心素养最终难以落地。C老师的复习课设计了丰富多彩的情境和活动，调动了学生参与学习的热情和兴趣，体验式问题导学加深了学生的理解体悟与价值认同，活跃了学生的思维，增强了学生的综合探究能力，政治认同、道德修养、法治观念、健全人格、责任意识等学科核心素养有了扎根的沃土。

以下是学生们的课后反馈：

学生1：思维导图有利于我们搞清楚问题之间的联系，区分易混淆的知识，这个形式挺好的。

学生2：如果靠死记硬背来学习，即使我们会背了，考试时也容易忘，知识点也容易混淆。多做情境综合练习题，有利于我们提高解题能力与解题技巧。不过，学生的品德素养不是做题就能提高的。

学生3：不是背就是练，真是枯燥乏味，能不能找到一个让我们学得不累还能学好的方法呢？

学生4：我更喜欢C老师的这节复习课，整节课轻松愉快，我们感觉收获很大。一个又一个学习活动很吸引我们，有利于我们理解和感悟，许多知识不费劲就学会了，我们也知道怎么运用，我们感觉这节复习课对我们认识自己、提升自己很有帮助。

通过学生反馈可知，当前初中道德与法治复习课还存在一些问题，我们也认识到了学生对复习课理想状态的期许。积极落实活动型复习课的教学理念有利于提升学生的学科核心素养，因此，思政课教师应积极行动起来，结合教学实践不断探索、创新。

四、结语

尽管教改已进入深水区，但当前初中道德与法治复习课仍然以背题、练题为主的灌输式教学为主要复习模式。建立学生学科核心素养发展的评价机制已迫在眉睫，K学校思政学科组利用同课异构教研活动进行了积极的尝试。初中道德与法治复习课灌输式教学与活动型教学，哪种复习方式更有效？对这个问题的探讨在一定程度上丰富了中学思政课的教学理论，也提升了本校中学思政课教师的教学能力和科研水平。当然，复习课的活动型教学尚处于起步阶段，灌输式教学与活动型教学也不是完全对立的。如何让两者在相互借鉴中焕发新的生机，处理好应试与发展、知识与素养的关系，有效地落实学科核心素养，我们还有很长的路要走。

思考题

1. 你认为应如何在初中道德与法治复习课中有效地落实学科核心素养？
2. 你打算采用何种教学方式上好道德与法治复习课？
3. 请分别简述你对案例中三个复习课教学设计的理解及其带来的启示。

【本案例系江苏省教育科学“十三五”规划课题“初中道德与法治高阶问题的‘嵌入式’学习研究”（课题编号：E-b/2020/26）阶段性研究成果】

第五章　高中政治学科教学案例集萃

案例6　“四活”教学主张在高中思政课中的应用

（窦月玲，江苏省徐州高级中学教师，江苏省正高级教师，江苏省特级教师）

2014年4月，教育部正式发布了《关于全面深化课程改革 落实立德树人根本任务的意见》，该意见针对此次改革，重点提出三项新的措施，明确了学生应具备的适应终身发展和社会发展需要的必备品格和关键能力。在《普通高中思想政治课程标准（2017年版2020年修订）》中，明确了高中思想政治课应当以立德树人为根本任务，以培育社会主义核心价值观为根本目的，是帮助学生确立正确的政治方向、提高思想政治学科核心素养、增强社会理解和参与能力的综合性、活动型学科课程。

2019年9月，教育部等五部门印发了《关于加强新时代中小学思想政治理论课教师队伍建设的意见》。该《意见》指出，中小学思想政治理论课是落实立德树人根本任务的关键课程，办好中小学思想政治理论课关键在教师。这些重要论述都为“四活”（知识学活、情境鲜活、思维灵活、生命舒活）教学主张的提出提供了理论与实践指导。

对于从教多年的一线思政课教师而言，大家对本学科的感受可谓是五味杂陈。在非专业人士的认知中，中学思政课就是思想灌输，考试不过就是记一记、背一背。从调研结果来看，刚入学的高一新生对于中学思政课没有什么兴趣，喜欢这门课程的学生凤毛麟角。就思政课教师本身而言，大家也感觉有些无奈，甚至会出现职业倦怠情绪。从高考的定位来看，中学思政课不是主要学科，处境很尴尬。从试题呈现来看，中学思政课试题突出了学科的专业特点，问题设置思维含量高。从教材的内容来看，中学思政课教材紧跟形势，做到了与时代同频共振，但内容变化较多，让师生觉得难以适应。面对种种问题，思政课教师一直在探索并追寻中学思政课的应然样态——高效、灵动、有趣、有益。《普通高中思想政治课程标准（2017年版2020年修订）》中提出的基本理念蕴含着深刻的教育思想，闪耀着智慧和人性的光芒。但是，理念该如何观照现实呢？思政课教师怎样做才能不负课标、不负学生呢？

为此，X学校的三位教师以“四活”教学主张为指导，以高中思想政治统编版教材为载体进行教学设计，以课堂教学为主要抓手，通过集体教研、二次备课、听课观摩、学习研讨等方式，努力打造有思考力的课堂，让知识不再冷冰冰，而是变成有温度的活体。基于“四活”教学主张的课堂教学倡导以现实生活为立足点，让教学情境鲜活起来；不再把参考答案当作唯一的标准，而是要引导学生进行多元思考；突出学生的体验和感悟，激发学生生命的律动。

一、缘起：“四活”教学主张的提出

一直以来，对于高中思想政治这门课，思政课教师和学生们有着不同的看法。

不少同行认为这门课太难教了，高中思想政治课理论性强、变化快、涉及内容广，但学生不重视。为了解学生对思想政治这门课的看法，进而有针对性地进行教学，X学校的三位教师对新入学的高一学生进行了问卷调查。不出所料，几乎没有学生对这门课程感兴趣。有的学生觉得这门课的学习内容理论性太强，比较抽象，学起来比较枯燥，理解起来比较困难；有的学生认为这门课不实用，学习这门课只是为了应付考试；还有学生认为老师讲得不生动，划划重点让学生记住就行，课堂上缺少互动、思辨等活动，学生提不起兴致。除此之外，其他学科的教师则认为思想政治课谁都能教，让学生划划重点，记一记、背一背就可以了。

针对上述问题和高中思想政治课的教学现状，备课组认真研讨，最终达成共识：想要改变现状，思政课教师首先要从自身做起，坚定学科自信，转变教学观念，以学生为主体，做到“眼中有人、心中有料、手中有法”，把“知识学活、情境鲜活、思维灵活、生命舒活”作为教学设计不可或缺的四个要素。

高中思想政治统编版教材必修1《中国特色社会主义》是高中生接触的第一本思想政治课教材，能否上好开学第一课对学生未来的学习至关重要。在一般情况下，思政课教师会选择在第一节课简单介绍一下自己和教材，就直接进入知识的学习。实践证明，思政课教师急于讲授新课并不是最佳选择，只有利用好这节课，为以后思想政治课的学习做好铺垫，才能达到事半功倍的效果。

思政课教师究竟怎样才能上好第一课呢？思政课教师既不能一味地说教、一“灌”到底，也不能撒手不管，放任学生自由讨论。经过研讨，备课组最终确定了这节课的主线，那就是将“3W”（What——学什么、Why——为什么学、How——怎么学）作为高中思想政治课的教学主线。在“学什么”环节，由思政课教师将必修1至必修4的知识关键词提炼出来，构建宏观的知识框架，为学生搭起一座知识的阶梯。在“为什么学”环节，思政课教师可以现场调查学生未来的职业梦想，思政课教师在此基础上设置悬念：“不管你们将来选择何种职业，大概都离不开三条道，即红道、黑道和黄道。”学生对教师的回答感到很惊奇并议论纷纷，此时教师让学生进行选择并阐释理由，现场的气氛非常热烈，脑洞大开的解释让课堂充满了欢声笑语。教师把握时机进行释疑："选择红道，意味着你将来有可能会从政，因为官印是红色的；选择黑道，意味着你将来有可能会做学问，因为博士帽是黑色的；选择黄道，意味着你将来有可能会经商，因为古有黄金铺路之说。"学生此时恍然大悟，开始对号入座。此时，教师继续引导："不管你们将来从事何种职业，都需要拥有灵活的经济头脑、一定的政治敏锐性、深厚的文化底蕴，以及哲学智慧和优秀的道德品质，而这些人生财富都可以在高中思想政治课的学习中得到不断积累。同学们，你们想好好学习这门课程吗？"学生异口同声回答："那是必须的！"紧接着，教师在"怎么学"环节提出学习要求，学生们听得非常认真，可谓是水到渠成。

2019年3月18日，习近平总书记在北京主持召开学校思想政治理论课教师座谈会并发表重要讲话，深刻阐述了办好思政课的重大意义，深入分析了思政课教师的关键作用，明确提出了推动思政课改革创新的重大要求。办好思政课，关键在老师！思政课教师要有温度、有亲和力地讲，真心实意、理直气壮地讲，让真正有信仰的人传递信仰。俗话说："打铁还需自身硬"，我们都想要做一个有底气的思政课教师，而这种底气来自一个人的阅读、阅历、教学实践与追求。本备课组提出的"四活"教学主张，正是基于多年的教学实践以及对学生身心发展规律的认识和尊重。

二、释义："四活"教学主张的内涵

随着新课改的不断推进，高考改革更加突出"四个有利于"：有利于促进高校招生录取改革；有利于推进普通高中人才培养；有利于促进学生全面而有个性地发展；有利于满足社会对多样化人才的需求。高考命题从"知识立意"逐步转向了"能力和素养立意"，通过题目来考查学生知识、能力和素养的积淀，而知识、情境、设问成为高考政治命题的三个"关切点"。在此视野下，思政课教师需要及时转变教育教学观念，建立扎实的学科观念和宽阔的学科视野，落实学科核心素养，关注即将进入高校学习的学生所必备的知识和关键的能力，培养具有综合素养和个性特征的新时代高中生。

从思想政治学科来说，思政课教师要引导学生与书本对话，将书本上的知识从"薄"读到"厚"，再从"厚"读到"薄"，建构思维导图，细化知识结构。思政课教师要引导学生与时代对话，真正读懂社会生活这本教科书，增强学生的辩证思维能力，学会透过现象看本质，做到与时代同频共振。思政课教师还要引导学生与自己对话，让生命教育、健康教育融入学科教学，帮助学生建造人生的承重墙。

（一）知识学活——讲好知识的故事

有这样一个围棋教学案例：有一位老师教弟子下围棋。他讲死活、定式、手筋、布局、收官、计算等围棋技巧；他讲吴清源看似飘逸的手法，其实是在陡峭的悬崖边求生；他讲车祸后的赵治勋坐在轮椅上，与小林光一的殊死搏斗；他讲大竹英雄因某手棋下得不好而在占据优势的情况下认输，即使那可能意味着家人没有饭吃；他讲韩国围棋之父赵南哲在日本学成回国后，走街串巷，向韩国民众介绍围棋。

所以，好的教师为死的知识赋予灵性，顺便撩拨起每一个围观者的欲望。好的教师就这样把知识唤醒，并展现给学生。

有效的教学需要思政课教师用心设计，让学生站在教学活动的中央，在教学设计环节坚持“以学生为中心”。思政课教师要根据教学内容以及学生的认知规律、身心发展特点、行为方式和实际需要进行有针对性的教学设计，让教学预设与课堂生成互动共生，以实现教学目标。

让学生站在教学活动的中央，要求师生在课堂教学中定位准确，思政课教师应采取有效的教学方式，使师生在双边互动、多边互动中实现教学相长。我们不难发现，传统的学习方式往往是个人学习或被动学习，学习效果不够理想；而合作学习、探究学习、主动学习则会带来比较好的学习效果。因此，思政课教师在课堂教学中要有整合教育的视野，要充分利用现代信息技术拓展教育资源和教育空间；要通过议题的引入、引导和讨论，推动教学方式的转变；要通过问题情境的创设和社会实践活动的开展，促进学生转变学习方式。高明的思政课教师能够通过讲好知识的故事，把知识唤醒。其实，思政课教师不仅唤醒了知识，而且也唤醒了学生。所谓“唤醒”，就是不断地产生认知冲突，让知识“活”起来，让学生“动”起来。

例如，在复习唯物辩证法有关矛盾的问题时，思政课教师可设置如下情境：

《砍柴的和放羊的》这一故事曾一度刷爆朋友圈。

你是砍柴的，他是放羊的，你和他聊了一天，他的羊吃饱了，你的柴呢？

砍柴的要不要结交放羊的？他们会聊些什么？他们聊天后会有什么结果？

读完这个故事，学生们续写了多种结局并得出不同的结论，学生们各抒己见，打开了思维的天窗。思政课教师给出三个结论，请学生们思考这三种结论分别蕴涵了唯物辩证法有关矛盾的哪些观点。

结论 1：砍柴的空手而归，受到家人的埋怨。（每个人的任务各不相同，每个人要先做好自己的事。）

结论 2：砍柴的陪放羊的聊天，少砍了一捆柴，但通过和放羊的聊天，他知道了哪个山上柴多，结果第二天他收获满满。（因为舍得，所以拥有。）

结论 3：通过聊天，放羊的学会了砍柴，每天在放羊的同时顺便砍柴，日子更加红火。（抓大兼小，小中见大，要学会十个指头弹钢琴。）

以上这三个结论分别对应着：（1）矛盾具有特殊性，要具体问题具体分析；（2）矛盾的双方在一定条件下相互转化，要一分为二地看问题；(3) 主次矛盾是辩证统一关系，要坚持两点论和重点论的统一。既要善于抓重点，集中力量解决主要矛盾；又要学会统筹兼顾，不忽视次要矛盾。

在此基础上，教师通过知识树对有关矛盾的原理和方法论进行梳理，从而达到提纲挈领的效果。

（二）情境鲜活——让生活融入课堂

想要改变课堂教学生态，我们的教育里就不能没有生活。教师要转变观念，跳出“教材育人”的思维方式，努力尝试通过生活情境育人，让整个世界成为育人的教科书。好的情境问题像是种子，埋藏着等待和希望；像是钓钩，悬挂着未知和疑问。

那么，该如何选择与呈现情境素材呢？思政课教师应注意以下两个方面。

第一，参与主体要克服单一化。

教师与学生有着不同的视角和感受，教师根据自己的专业素养设置的情境和问题具有典型性、严谨性和有效性，但容易让学生产生审美疲劳。如果教师让学生参与到情境的选择与问题的设置中来，往往会带给学生更多的未知与期待，有时还会因为某些学生的奇特想法营造出更为轻松的课堂氛围，收获意想不到的效果。更为重要的是，当教师给学生创造了充分的体验与表现的机会，学生就会从学习的“被动者”变成“主动者”，从课堂的“旁观者”变成“参与者”，对情境、知识的态度由“疏离”变成“亲近”。

第二，情境设置要克服泛化。

在当今这个信息爆炸的时代，国内外的各种信息应接不暇，可谓是“乱花渐欲迷人眼”，如果教师不加以甄别，教学效果必会事倍功半。思政课教师要关注那些富有时代气息、人文情怀，体现国家意志并发挥价值引领作用的情境材料，但不论是怎样的情境材料，都需要与学科知识有效对接，与所要解决的真问题相契合。

例如，思政课教师在教旧版高中思想政治必修3《文化生活》第五课的第二框题“文化创新的途径”时，根据《普通高中思想政治课程标准（2017年版2020年修订）》的教学建议，可以设计以下几个教学环节：

(1) 导入：有一首小诗，沉寂了200多年，因为一档叫《经典咏流传》的节目，因为一位叫梁俊的支教教师和一群山里的孩子，再度被唤醒。“白日不到处，青春恰自来。苔花如米小，也学牡丹开。”当孩子们用天籁般的声音吟唱出清代诗人袁枚创作的这首小诗《苔》时，很多人在那一刻被感动了。(教师播放视频)

(2) 议题：文化创新靠什么？

(3) 活动：比较、评议各种文化创新的表现；通过事例解读，帮助学生理解文化的创新和发展源于社会实践；学生相互分享收集的相关材料，了解文化创新的重要途径。

（三）思维灵活——让价值引领行为

好的教学、理想的教育既要源于生活，又要高于生活；既要育才，又要育有血有肉、有灵性、有德行的人。因此，高中思想政治教育要引导学生坚持正确的思想政治方向，使学生在面对复杂情境时能够作出正确的价值判断与价值选择。

习近平总书记多次强调，青少年是国家的未来和民族的希望，树立正确的世界观、人生观、价值观至关重要，人生的扣子从一开始就要扣好。中学思政课是使学生树立正确价值观的主阵地，对学生进行有效的价值引领，每个思政课教师都责无旁贷。思政课教师要努力构建学科逻辑与实践逻辑相结合、理论知识与生活实际相结合的活动型学科课程，实现“课程内容活动化”“活动内容课程化”，打造“行走的政治课堂”，实现“知行、学思、提问、寻果”相融合的具有思维品质的课堂。

思政课教师可以依据垃圾分类的话题，从经济、政治、哲学等不同角度设计问题，进而引导学生关注社会，积极参与社会生活。例如，一个时代应有一个时代的风采，一个社会应有一个社会的风尚。垃圾分类是实现减量、提质、增效的必然选择，是改善人居环境、促进城市精细化管理、实现绿色发展、促进可持续发展的重要举措。因此，垃圾分类应成为我们这个社会的新风尚。但是，垃圾分类的新风尚不会不请自来，需要我们一起参与进来，一起行动起来。

再如，教师可以带领学生认真学习领会党的十九届六中全会审议通过的《中共中央关于党的百年奋斗重大成就和历史经验的决议》精神。通过回顾百年来中国共产党践行为中国人民谋幸福、为中华民族谋复兴的初心使命所进行的奋斗、牺牲和创造，深刻认识党始终立于不败之地的力量源泉，以及党永葆先进性和纯洁性、始终走在时代前列的根本途径，让学生懂得“过去我们为什么能够成功、未来我们怎样才能继续成功”的道理，进一步增强“四个意识”，坚定“四个自信”。

（四）生命舒活——通过评价激励成长

采用恰当的评价机制可以激励学生成长。思政课教师应努力建立并完善促进学生思想政治学科核心素养发展的评价机制，让学生的心灵沐浴在真、善、美的阳光中。

新的课程标准改变了过去“一把尺子量到底”的做法，主张采用多元评价方式，综合评价学生的理论思维能力、政治认同度、价值判断力、法治素养和社会参与能力，注重学生学习和社会实践活动行为表现，兼顾学生思维品质和行为选择能力的培养，关注学生学业质量水平和学科核心素养的提升，以推动学生学科核心素养的全面发展。

D老师曾经遇到过一个单亲家庭的男生，他非常内向、自卑。一次偶然的机会，D老师听孩子的父亲说孩子很喜欢时政，于是D老师开启了课前5分钟时政演讲的环节。不出所料，轮到该男生演讲时，他向同学们展示了一个不一样的自己，赢得了同学们的热烈掌声。借此机会，D老师评价他具有敏锐的观察力和独到的见解。此后，D老师时常在课堂上为他创造表现的机会，并适时给予他积极、肯定的评价。于是，他变了，变得越来越开朗、自信了。

英国哲学家怀特海说："激发生命有机体朝着适合自己的方向发展，最自然的方式就是快乐。"教师的课堂评价既是一门艺术，也是有效教学不可或缺的重要元素，良性评价能够更好地激发学生的课堂参与积极性，让学生体会到成就感与愉悦感。教师只有放弃"一枝独秀"的自我优越感，才能与学生共享课堂"百花齐放"的精神盛宴。

三、践行："四活"教学主张的贯彻

任何事物的发展都不是一蹴而就的，都需要一个循序渐进的过程。"四活"教学主张也在与教学实践的融合中趋于完善。以高中思想政治统编版教材必修4《哲学与文化》的第六课第三框题"价值的创造与实现"为例，D老师在不同的时期进行了不同的教学设计。

（一）知识传授型教学设计

1. 环节一：温故知新，导入新课

（1）何为人生价值？

（2）怎样实现人生价值？

2. 环节二：阅读教材，梳理知识

（1）弘扬劳动精神，实现人生价值。

① 劳动是人的存在方式。

② 劳动着的人是幸福的。

（2）在个人与社会的统一中实现价值。

① 社会提供的客观条件是人们实现人生价值的前提。

② 强调在与社会的统一中实现个人的价值，并不否认追求人的个性发展。

（3）在砥砺自我中创造和实现价值

① 实现人生价值，需要充分发挥主观能动性。

② 实现人生价值，需要全面提高个人素质。

③ 实现人生价值，需要正确价值观的指引。

3. 环节三：根据所学，回答问题

1. 爱因斯坦说过："一个人的价值，应该看他贡献了什么，而不应该看他取得什么。"对此理解正确的是（　　）。

A. 人的价值主要体现在对社会的责任和贡献上

B. 人的价值只体现在个人对社会的责任和贡献上

C. 个人不应当向社会索取

D. 人生价值的两个方面是不可分割的

2. 俗话说："巧妇难为无米之炊。"其中体现的哲学道理是（　　）。

A. 人要充分发挥主观能动性

B. 人生价值的实现需要一定的客观条件

C. 人要学会利用有利条件，回避不利条件

D. 我们要在劳动和奉献中创造价值

3. 有人说，只要有了价值观的指引，就能实现人生价值。请评析这个观点。

【教学反思】

本框题的教学设计主要以讲授为主，知识脉络清晰，但本节课的教学更侧重知识梳理，没有充分重视能力方面的训练，缺少学生的参与和互动，课堂气氛比较沉闷。

（二）"做学教"型教学设计

1. 环节一：自己做

教师带领学生预习本课知识，完成基础知识填空。

（1）弘扬劳动精神，实现人生价值——实现价值的方式。

① ________着的人是幸福的。人只有在________中，才能创造价值。一个人在劳动中创造的财富越多，意味着他为满足社会和人民的需要所做出的贡献就越大，他自身的价值就越大，他的幸福感也就越强。

② 劳动是人的________方式。人只有在劳动中才能自由地彰显和发挥自己的智力和体力、意志和情感，从而实现和证明自己的价值。

③ ________的人是幸福的。________是实现人生价值的必由之路，也是拥有幸福人生的根本途径。

（2）在个人与社会的统一中实现价值——实现价值的客观条件。

① 社会提供的________是人们实现人生价值的基础。人的生存条件、发展条件、享受条件和工作条件由社会提供。

② 我们强调在与社会的统一中实现个人的价值，并不否认追求人的________，个性发展应表现为对他人、对社会的独特的贡献方式。

（3）在砥砺自我中创造和实现价值。

① 实现人生价值，需要________________。

② 实现人生价值，需要＿＿＿＿＿＿＿＿＿＿。

③ 实现人生价值，需要＿＿＿＿＿＿＿＿＿＿。

2．环节二：一起做

引导学生运用所学知识探究以下问题。

（1）探究 1

全国公安系统一级英雄模范荣誉称号获得者、四川省彭州市公安局民警蒋敏的多位亲人在汶川地震中不幸遇难，但她依然连续奋战在抗震救灾一线。她说她要用救助他人来告慰亲人。她曾说："孩子没有了，我们爱其他的人吧。纪念的最好方式，就是和活着的人一起战斗。"由于过度劳累，蒋敏被送到了医院，但一醒过来，她马上要求再次回到安置点。

① 材料中蒋敏的事迹体现了什么样的价值观？

② 请你结合上述材料，谈一谈人生价值是通过什么方式来实现的。

③ 如果想拥有幸福的人生，你认为应该怎么做？

（2）探究 2

[材料1] 李商隐一生仕途坎坷，他死后，崔珏作诗："虚负凌云万丈才，一生襟袍未曾开"，并指出李商隐是"良马"，认为他仕途坎坷的主要原因是怀才不遇，没有遇到欣赏自己的伯乐。

[材料2] 雷锋说："一滴水只有放进大海里才永远不会干涸，一个人只有当他把自己和集体的事业融合在一起的时候才能最有力量。"

[材料3] 中央电视台的访谈节目《我们》中，第12期和第13期的主题是"聚焦80后"，节目中提到：80后的我们出生在改革开放后，80后的人多数是独生子女，人们都说80后是垮掉的一代，自私、任性、责任心弱、个性张扬……在四川灾区，在奥运赛场，我们看到的是他们的无私、坚强、乐观、奉献。80后的我们要做自己的主人，掌握自己的命运，开创属于自己的未来！

请阅读上述材料，小组合作探究下列问题：

① 李商隐一生怀才不遇给我们的人生启示是什么？

② 雷锋的这段话说明了什么哲学道理？

③ 请你结合材料 3，谈一谈我们应怎样对待自己的个性发展。

3．环节三：教别人

让学生谈谈本节课的学习感悟并带领学生构建本课的知识结构图。

【教学反思】

本框题的教学设计能够将知识梳理与问题探究相结合，体现了讲与练的有机结合，但这节课的主要缺陷在于预设的痕迹比较明显。

（三）“四活”型教学设计

1. 环节一：播放视频，导入新课

伴随着《夜空中最亮的星》的歌声，D老师播放感人视频《致敬329名武汉抗疫殉职英雄》。

歌词：每当我找不到存在的意义/每当我迷失在黑夜里/夜空中最亮的星/请照亮我前行。

正如歌词所表达的那样，英雄们的人生是真正有意义的人生，为我们选择人生道路指明了方向，同学们应该以怎样的态度度过自己的一生呢？

2. 环节二：呈现学习目标

（1）探究生命的意义。

（2）探究人生价值实现的根本途径、客观条件、主观条件。

3. 环节三：自主学习，建构知识框架

价值的创造与实现
- 根本途径：劳动和奉献
- 客观条件：个人与社会的统一
- 主观条件：发挥自强不息的精神、全面提高个人素质、理想信念价值观的正确引领

4. 环节四：合作探究，巩固知识

情境链：在新冠肺炎疫情暴发的时候，他们是一群最美的逆行者，他们在黑暗中点亮了光明，用双肩扛起了使命。钟南山院士说：“你们回家好好过年，我去武汉好好上班。”身患渐冻症，妻子感染了新冠肺炎被隔离，武汉金银潭医院院长张定宇却瞒着全院医护人员，率领数百名白衣卫士冲锋在前，与病魔争抢时间，用渐冻的生命托起希望。广东护士朱海秀瞒着家人前去武汉支援，在面对记者采访时拒绝通过镜头向父母报平安，因为她担心哭花了护目镜没法工作……

探究问题：运用“价值的创造与实现”的相关知识，探究逆行者们的共同特征。

哲理解析：人的价值就在于创造价值，在于对社会的责任和贡献。实现人生价值要在劳动和奉献中创造价值，在个人与社会的统一中实现价值，在砥砺自我中走向成功。面对严峻的疫情，逆行者们舍小家为大家，用自身的专业技术和无私奉献，全身心地践行着习近平总书记提出的“坚定信心、同舟共济、科学防治、精准施策”的总要求，用坚定的信念成就着

无数人的幸福，用勇敢和执着捍卫着生命的温度。

5. 环节五：拓展提升，分享感悟

情境链：曾经有人说，90后的年轻人在对人生的态度上呈现出“盐水萝卜”的特征，没有进取动力，缺乏工作激情，宁愿宅在家里打游戏、啃老也不愿意出去工作。新冠肺炎疫情的暴发让我们猝不及防。但是，在这场时间与生命的赛跑中，新一代的青年用坚守和奉献诠释了责任和担当。

分享感悟：请分享在新冠肺炎疫情防控中令你感动的人和事，并谈谈作为00后的你打算怎样走好人生的道路。

教师寄语：

亲爱的同学们，这是一场突如其来的疫情，它扰乱了我们正常的生活轨迹。然而，危机也是契机，生活就是功课。

不要再每天熬夜，你是否利用这段时间去补救曾经透支的睡眠？

与父母相处的时间拉长，你是否能为父母洗手做一碗羹汤？

停课不停学，老师变主播，知识没有距离，隔着屏幕，你是否体会到老师的不易？

你要多读书，知道“光”在哪里。

你要懂珍惜，感悟“情”在何处。

【教学反思】

本框题的教学设计首先明确了学习目标，让学生快速进入主题。本节课的教学借助鲜活的情境载体，将学生自我建构的知识融入其中，由探究逆行者们的品质特征延伸到自我人生的思考，带领学生探究生命、感受生命、珍爱生命。

四、结语

哲学家雅斯贝尔斯在《什么是教育》一书中指出：“真正的教育绝不容许死记硬背，也从不奢望每个人都成为有真知灼见、深谋远虑的思想家。教育的过程是让受教育者在实践中自我练习、自我学习和成长，而实践的特性是自由游戏和不断尝试。”[1]他还强调：“全部教育的关键在于选择完美的教育内容和尽可能使学生之‘思’不误入歧途，而是导向事物的本源。教育活动关注的是，人的潜力如何最大限度地调动起来并加以实现，以及人的内部灵性与可能性如何充分生成，简言之，教育是人的灵魂的教育，而非理智知识和认识

[1] 雅斯贝尔斯．什么是教育 [M]. 邹进，译．北京：生活•读书•新知三联书店，1991：4.

的堆集。”[1]

课堂既是教师的布道场，也是修道场。每一堂课都是教师教育生命中的一个点，点点相连，便构成了教育生命的轨迹，也决定了教育生命的质地。好的课堂就如同一个个小火炬，点亮了学生也照亮了自己。思政课教师应针对中学思政课的特点，打造有效又有趣的课堂，让“知识学活、情境鲜活、思维灵活、生命舒活”的教学主张润泽生命，为学生的终身发展奠定坚实的基础。

思考题

1. 阅读本案例，你对中学思政课的育人功能有了怎样的认识？

2. 你认为怎样才能成为一名有底气的思政课教师？

3. “四活”教学主张的主要内容是什么？它给你带来了哪些教学启示？

4. 请你运用“四活”教学主张，选取高中思想政治课教材某一框题的内容进行教学设计，并说明教学意图。

[1] 雅斯贝尔斯 . 什么是教育 [M]. 邹进，译 . 北京：生活 • 读书 • 新知三联书店，1991：4.

案例7　高中政治议题式教学法的“唤思”之路

（陈汉清，江苏省苏州工业园区星海实验中学教师，江苏省正高级教师；
顾娟娟，南京师范大学苏州实验学校教师，中学高级教师）

传统中学思政课的教学以教师为中心，学生只是作为听众接受知识的灌输，灌输式的教学让学生很难理解那些学理性较强的知识点，也就难以做到对学科知识的真正认同。究其原因，主要是中学思政课教学中“思”的缺席，其主要表现为：套路化“应试之思”泛滥、学生的主体作用缺失、“真实情境价值之思”缺席、感性认识与理性认识的孤立等。作为思政课教师，我们不满足于“思”在教学中的缺席，让中学思政课“有思”，离不开教育者与受教育者之间的对话，离不开教育者对教育活动的探究。

党的十九大报告明确提出：“要全面贯彻党的教育方针，落实立德树人根本任务，发展素质教育，推进教育公平，培养德智体美全面发展的社会主义建设者和接班人。”《普通高中思想政治课程标准（2017年版2020年修订）》为广大思政课教师提出了实施议题式教学法的建议，议题式教学法强调尊重学生身心发展规律，转变教师的教学方式，营造师生互动、开放民主的教学氛围。议题式教学法既是落实学科核心素养培育的途径，也是转变教师教学方式和学生学习方法的重要渠道，对落实立德树人的根本任务，提升中学思政课的教学质量具有十分重要的理论和现实意义。

议题式教学法最重要的理论基础是皮亚杰的建构主义理论。在对科学认识进行了考察之后，皮亚杰最后得出了这样的结论：不能将主体的认识结构看作是由客体的物理结构或因果结构所派生的，认识结构来自有生命的机体内部，它是通过主体的行为在这个根源之内加工制成，其形式是一系列不断的反身抽象和一系列连续更新的自我调节的建构。[1]议题式教学法就借鉴了这一理论。议题式教学法认为知识的习得和学科核心素养的提升，是通过学生与学生、学生与教师、师生与情境之间的相互作用实现的，这是一个双向互动的行为。

议题式教学法是基于我国中学思政课教育教学的广泛实践和中学思政课教学中的实际问题提出的一项理论创新成果，是对传统教学方式的继承和发展。在议题式教学法的实施中，教师要认真研究新的课程标准、研究新教材、研究学情，根据书本、学生或者教师自身的实际情况确定合适的议题，然后进行信息的收集、整理和加工，通过创设真实的情境，让学生在民主开放的氛围中探究知识、生成知识，并学会自我总结，形成学科价值认同，使学

[1] 葛力. 现代西方哲学辞典 [M]. 北京：求实出版社，1990：149—150.

生的学科核心素养得到进一步提升，成为有信仰、有思想、有尊严、有担当的新一代青年。

一、思变：呼唤“有思”的思政课“活课堂”

古诗云：“问渠那得清如许，为有源头活水来。”当我们打开思想政治课本，迎面而来的是丰富多彩的内容，从政治、经济、文化到哲学，社会生活的方方面面都呈现在课本里，这些内容原本是灵动的、鲜活的，然而不知从何时起，中学思政课的教学变成了照本宣科、纸上谈兵，学生的思政课学习变成了背诵和答题，这与我们立德树人的根本任务并不一致。目前，我们正处于一个新的历史时期，中国特色社会主义进入了新时代，新时代召唤新青年。如何将政治性、学理性和实践性相融合，如何让知识回归到现实，如何让学生对中学思政课的学科价值产生真正的认同，这是我们思政课教师需要认真钻研的重要课题。

作为思政课教师，我们认真研究了新课程标准、新教材、党的纲领性文件，不断地钻研教法。近几年我们一直在尝试主题情境教学法，也取得了比较好的教学效果。我们在反思中发现：创设情境可以让学生产生代入感，能够激发学生的学习兴趣，但是这种方法在对学科知识的理解上还是缺乏了一些深度，学生的思维深度和广度还有所欠缺。《普通高中思想政治课程标准（2017年版2020年修订）》指出：“把握每个思想政治学科核心素养要素的独特价值，可依次归结为有信仰、有思想、有尊严、有担当。”这要求我们一线思政课教师要以立德树人和价值引领为落脚点，在课堂教学中培养学生的学科核心素养，厚植爱国主义情怀。该课程标准同时给广大思政课教师提出了实施议题式教学法的建议，这个建议得到了大家的赞同，并逐渐为广大思政课教师所践行。

2019年，江苏省中小学教学教研室组织开展了江苏省思想政治优质课展评研讨活动，更推动了全省教师研究议题式教学法的热情。议题式教学法是对传统教学方式的革新，G老师在此背景下进行了不断的尝试，在专家的统筹指导下进行了一轮又一轮的教学设计，尝试在议题式教学法实施的过程中不断地唤起学生的“思”，让思维不断在“议”中碰撞，让认同由心而发，为学生呈现出“有思”的中学思政课“活课堂”。

二、思行：如何有效实施议题式教学法?

如何有效地实施议题式教学法呢？是不是所有的课程内容都适合进行议题式教学呢？高中思想政治统编版教材必修1《中国特色社会主义》体现了科学社会主义理论逻辑和中国社会发展历史逻辑的辩证统一，体现了改革开放以来党的全部理论和实践的主题，很适合采用议题式教学法。在2019年江苏省思想政治优质课展评研讨活动中，在教研员的指导下，G老师通过对教材和课程标准的研读，选择了第三课第二框题“中国特色社会主义的创立、发展和完善”作为本次参赛课的教学内容，下面就这一课中议题式教学法的应用进行分析和说明。

高中思想政治统编版教材必修1《中国特色社会主义》既讲解了科学社会主义的基本原则，又体现了新时代中国特色社会主义的历史方位、理论创新和实践创新，具有鲜明的政治性和学理性。如何将政治性和学理性有机结合，内化为学生践行社会主义核心价值观的信念，是教学中的一个难点。课程标准中提出的思想政治学科核心素养包括政治认同、科学精神、法治意识和公共参与。笔者尝试从议题选择、信息收集、活动探究和反思明理四个方面探索议题式教学法的应用，并且始终以“思”促学，达到培养学生思想政治学科核心素养的目的。以下为G老师的教学设计思路：

（一）科学选择议题，坚定基于政治认同的理想信念

培育学生政治认同这一学科核心素养，就是要培养学生对中国共产党和社会主义的真挚情感和理性认同，使学生拥护中国共产党的领导，坚定中国特色社会主义理想信念，弘扬和践行社会主义核心价值观，这是其他学科核心素养的内在灵魂和共同标识。

议题式教学法的核心和灵魂就在于确定议题，所有的课堂导学、探究活动都要紧紧围绕议题而展开。本节课的标题是“中国特色社会主义的创立、发展和完善”，从题目上来看，这节课的主要内容是中国特色社会主义的发展历程，这样来看，这似乎更像是一节历史课，但这样的理解显然是错误的。我们翻开本课的内容，一页页地看，通读之后就会发现本课的线索确实是中国特色社会主义的创立、发展和完善的过程，但是更多的是要引导学生在研读史料的基础上去挖掘本课内在的学科价值——中国共产党、中华民族、中国人民对坚持和发展中国特色社会主义道路充满了自信。这样，确立什么样的议题就逐渐明朗起来。为了使议题简洁明了，G老师对议题进行了浓缩概括，最终将本课的议题明确为“我们为什么最自信”。

通读教材后再进行细读，G老师发现本课还有一个隐藏的逻辑线索，那就是“四个自信”，即道路自信、理论自信、制度自信、文化自信。中国特色社会主义道路、理论、制度、文化是中国共产党领导中国人民在长期实践中探索和创立的。中国共产党的领导，是“四个自信”的前提，也是“四个自信”的结果。实践是检验真理的唯一标准，而实践的成果才是检验实践成效的唯一标准。自信总会使一个人充满了无穷的魅力和力量，让人做事从容不迫且充满快乐。自信同样能使一个国家、一个民族充满了前行的力量，让其在困难和挫折面前充满前进的力量，促使其不断挑战，实现远大的目标。

中国特色社会主义道路是中国社会发展的必然选择，是中国人民的历史选择。道路的选择关乎国家前途与民族命运，俄国十月革命的胜利让一部分觉醒的中国人看到了共产主义的先进性和优越性。中国共产党百年来带领中国人民走出了一条越走越宽、越走越稳的

中国特色社会主义道路，这也是唯一正确的道路。

中国特色社会主义理论，是指引党和人民沿着中国特色社会主义道路实现中华民族伟大复兴的正确理论，是对科学社会主义的不断完善和突破，它源于科学、成于实践、立足未来，是与时俱进、自我革新的科学理论。

中国特色社会主义制度是当代中国发展进步的根本制度保障，是具有鲜明中国特色、明显制度优势、强大自我完善能力的先进制度。从中国发展的实践来看，我们的制度相较于其他国家具有巨大的优越性，我们的治理结构具有明显的统一协调性、可持续性、高灵活性、强纠错性，这也是我国社会发展取得显著成绩的保证。

中国特色社会主义文化根植于5000多年历史的中华优秀传统文化，锤炼于党领导人民进行反剥削、反压迫、追求独立的革命文化，蓬勃于社会主义现代化建设的先进文化。中国共产党既是中华优秀传统文化的忠实传承者和弘扬者，又是中国先进文化的积极引领者和践行者，中国共产党带领人民在实践创造中进行文化创造，在历史进步中实现文化进步。

至此，本课的框架结构已经清晰地呈现在我们的眼前，总议题“我们为什么最自信”下设四个子议题，分别是“中国特色社会主义道路：发展中国家的新选择”“中国特色社会主义理论：科学社会主义的‘新版本’”“中国特色社会主义制度：无与伦比的制度优势”“中国特色社会主义文化：中华民族的精神标识”，从而让学生通过本节课的学习了解中国特色社会主义的形成过程，把握中国特色社会主义的基本内涵及其关系，引导学生增强对中国共产党、中华民族的认同感，增强中国特色社会主义的道路自信、理论自信、制度自信和文化自信。

（二）多方收集信息，开展基于公共参与的社会调查

公共参与体现了人民当家作主的责任担当，提升学生的公共参与素养，就要培养学生的集体主义精神，培养学生乐于为人民服务的意识，引导学生积极行使人民当家作主的政治权利，并履行相应的义务，这是实现其他学科核心素养的行为表现。

本课的知识对于00后的学生而言学理性和政治性都很强，并且授课时间正处于高一第一学期，学生的理解能力和接受能力还停留在浅层的知识层面上。要想让学生在学完本课后产生深刻的影响，实现立德树人的根本任务，就必须让学生全程参与到本课的研学之中，课前的信息收集就是实现立德树人根本任务的重要环节。

本课的关键词是“自信”，自信从何而来？对于学生而言，他们对于中国特色社会主义的自信主要来自生活中的幸福感、满足感。因此，G老师让学生在课前进行社会调查，收集城市与身边的人的变化，尤其是去调查不同年龄层次的人的幸福感和满足感分别是什么，然后做一个归类，通过纵向比较和横向比较，深刻感悟中国在不断地发展壮大，感悟人民的生活越来越富足，感悟中国特色社会主义道路自信、理论自信、制度自信和文化自信。

除调查社会现状外，学生也需要对其他时期的社会状况和历史背景进行调查。比如，20世纪的上半叶在中国出现的三种建国方案及其影响；20世纪80年代末90年代初，东欧剧变、苏联解体后国际社会对中国的态度及其影响等。完成调查后，教师还需引领学生回到对理论的探索上。学生对于科学社会主义和共产主义的了解有多深呢？这也要求思政课教师带领学生进行知识的梳理。G老师设计了一个表格，列出“所有制”“分配制度”“政党制度”和“民族政策”四个方面，让学生从这四个方面去对比，分析中国特色社会主义理论和马克思主义一般原理，在信息的收集和比较中把握中国特色社会主义的基本内涵及其关系，引导学生增强对中国共产党、中华民族的认同感，树立民族自信心。

（三）重视理性思辨，培养基于科学精神的进阶思维

科学精神不仅指自然科学所体现的求真务实思想，而且还包括坚持真理、尊重规律、实事求是等。想要通过思政课的学习培养学生的科学精神，就要使学生坚持马克思主义的科学世界观和方法论，能够作出正确的价值判断和行为选择，这是实现其他学科核心素养的基本条件。

明确了中心议题，本课的教学目标就有了明确的方向。那么，达成教学目标的实施路径除课前的社会调查外，还有什么呢？无论是教还是学，有思辨才有深度，有深度就必须要有思辨。就学习而言，假设、推断、思辨、想象、联想要基于并高于知识。思政课教师应当通过思辨培养学生热爱科学、勇于探究、追求真理、积极实践的品质，关注科学与社会的关系，思考人类的幸福；通过思辨引导学生学会独立思考，进行自主判断，能够比较和辨析不同的观点，在价值冲突中深化认识，在比较和鉴别中提高认识。思政课教师只有让学生亲自在自主辨析的过程中作出判断，才能真正地实现有效的价值引领。这就需要思政课教师设计配套的、层层递进的、序列化的、能够提升学生辨析能力的探究活动，以此帮助学生培养基于科学精神的进阶思维。

G老师围绕总议题和子议题分别设置了不同的探究活动，如在学生课前进行的社会调查的基础上，在对身边的人和城市发生的变化的分析中，教育并引导学生充分认识到中国特色社会主义制度具有集中力量办大事的显著优势。基于对科学社会主义和中国特色社会主义的初步了解，引入西方政治家和学者对中国特色社会主义的认识，设置问题探究——“文明终结论为什么是错误的”，使学生在思辨中充分认识到资本主义制度存在的弊端，使学生认识到各国应根据本国的具体国情选择适合自己的发展道路，引导学生学会运用马克思主义的科学世界观和方法论，作出正确的价值判断和行为选择，提高辩证思维能力。

在学生掌握了所有的核心知识点后，思政课教师还要设计好情感内化和情感升华的环节，通过对“青年学生能够为中国特色社会主义伟大事业做什么”等问题的讨论，增强学生的社会责任意识。

（四）科学凝结观点，体验基于法治意识的价值意义

法治意识是法治国家建设的重要内容，培养学生的法治意识，就是要使学生尊法、学法、守法、用法，自觉参加社会主义法治国家的建设，这是其他学科核心素养形成的必要前提或必然要求。

中学思政课有着强大的德育功能，一节好的中学思政课必定是一节让学生的道德情感、政治认同得到升华的课。在序列化的学科活动后进行观点凝结是十分必要的，这一环节能够让学生明确公民的权利和义务，树立法治意识，体验法治国家建设对推进国家治理体系和国家治理能力现代化的重要意义。

三、基于议题式教学法的教学设计与实践

本节课主要包括两个部分：一是改革开放以来党的全部理论和实践的主题；二是中国特色社会主义道路、理论、制度、文化。G老师对本节课重新进行了梳理，将一节课分为三个篇章：（1）求索篇——曲折探索：写出科学社会主义的“新版本”；（2）内涵篇——系统全面：铸就“四个自信”新辉煌；（3）践行篇——牢记使命：青年学子为实现中国梦做出新贡献。在每一篇章的议题探究后，G老师都设置了感悟分享环节，将学生微观的口语化表述转化为宏观的理性语言，引导学生科学凝结观点，感悟思想政治学科的价值意义。

G老师的教学过程如下：

（一）求索篇——曲折探索：写出科学社会主义的“新版本”

1. 活动一：自主学习，梳理教材

教师让学生在自主学习的基础上，完成如表7-1所示的中国特色社会主义发展历程知识点记录表。

表7-1　中国特色社会主义发展历程知识点记录表

时间（会议）	人物	理论名称	内容（独特贡献）

教师指导学生根据表7-1，绘制中国特色社会主义的发展轴。

设计意图：通过填写表格、绘制发展轴，学生可以自主探究课本的知识逻辑，感悟中国特色社会主义曲折的发展历程。

2. 活动二：议题探究，深化新知

议题——中国特色社会主义理论：一脉相承，与时俱进

合作探究：

（1）请你从发展的角度，谈谈邓小平理论、“三个代表”重要思想、科学发展观、习近平新时代中国特色社会主义思想的相同点和不同点。

（2）中国特色社会主义理论之间的内在联系是什么？

设计意图：借用学生在初中已经学过的知识，作为他们学习新知识的脚手架，引导学生理解中国特色社会主义理论之间的关系是一脉相承又与时俱进的。

3. 活动三：感悟分享，认识升华

教师让学生感悟并探讨中国特色社会主义制度的优越性。

小结：中国特色社会主义是改革开放以来党的全部理论和实践的主题，是党和人民历尽千辛万苦、付出巨大代价取得的根本成就。

设计意图：通过学生的感悟与分享，让学生在了解中国特色社会主义的形成过程中，把握中国特色社会主义的基本内涵及其关系，并在此基础进行提炼、升华，增强对中国共产党、中华民族的认同感。

（二）内涵篇——系统全面：铸就“四个自信”新辉煌

1. 活动一：自主学习，梳理教材

教师让学生梳理教材，并讨论以下问题：

（1）中国特色社会主义的内涵包括哪几个方面？它们之间有着怎样的内在联系？

（2）请概述中国特色社会主义的巨大作用和深远意义。

设计意图：充分尊重学生的主体地位，先学后教，使学生在知识层面了解中国特色社会主义的内涵和意义。

2. 活动二：议题探究，深化新知

总议题——我们为什么最自信？

（1）议题 1——中国特色社会主义道路：发展中国家的新选择

合作探究：

20 世纪 80 年代末 90 年代初，东欧剧变、苏联解体后，世界社会主义运动处于低潮。有人据此认为，资本主义战胜了社会主义，认为社会主义的历史已经终结。

请你运用所学知识，对上述观点进行反驳。

① 从人类社会发展规律来看，人类社会是不断发展和完善的，不存在“终结”这种说法。

② 从各国发展道路的选择来看，一个国家选择什么样的道路，归根到底是由这个国家的性质和国情所决定的。

③ 从社会实践来看，中华人民共和国成立70多年来取得的成就，为世界尤其是发展中国家贡献了中国智慧和中国方案。而西方资本主义近年来一系列经济、政治危机也说明了资本主义制度不是完美无缺的。冷战结束后，不少发展中国家被迫采用了西方模式，结果党争纷起、社会动荡、人民流离失所，至今都难以稳定下来。

(2) 议题 2——中国特色社会主义理论：科学社会主义的“新版本”

合作探究：

请结合初中所学的知识，从所有制、分配制度、政党制度、民族政策等角度分析中国特色社会主义理论是科学社会主义的“新版本”。

(3) 议题 3——中国特色社会主义制度：无与伦比的制度优势

合作探究：

① 中国特色社会主义具有集中力量办大事的优越性，请你举例说明。

② 中国有足够的信心和底气战胜任何困难与挑战，请你从制度层面简析这种底气和信心的来源。

(4) 议题 4——中国特色社会主义文化：中华民族的精神标识

合作探究：

《哪吒之魔童降世》于2019年7月26日在中国上映。截至2019年8月18日零点，该影片票房突破了40亿元大关，刷新了国产动画电影票房纪录。截至2019年8月31日，该影片票房达46.55亿元，超过《流浪地球》的46.54亿元票房。

①《哪吒之魔童降世》成功的因素有哪些？

这部电影是历史神话故事的传承，它改变了历史神话故事中哪吒程式化的命运，注入了现代化的元素和新时代内涵，如“我命由我不由天”等励志主题。

② 这部电影的成功对我们建设中国特色社会主义文化有何启示？

我们要以马克思主义为指导，坚守中华文化立场，立足当代中国现实，结合当今时代条件，发展面向现代化、面向世界、面向未来的，民族的、科学的、大众的社会主义文化，推动社会主义精神文明和物质文明协调发展。

设计意图：通过设置“中国特色社会主义道路：发展中国家的新选择”“中国特色社会主义理论：科学社会主义的‘新版本’”“中国特色社会主义制度：无与伦比的制度优势”和“中国特色社会主义文化：中华民族的精神标识”等子议题，使学生了解中国特色社会主义的形成过程，把握中国特色社会主义的基本内涵及其关系，增强中国特色社会主义的道路自信、理论自信、制度自信和文化自信。

教师围绕苏联解体、东欧剧变后出现的所谓"文明终结论"，引导学生探究"资本主义是不是人类文明的终结""各国应该如何选择适合自己的发展道路""各种文明之间应该如何包容互鉴"，引导学生根据具体问题进行独立思考、自主判断，比较和辨析不同的观点，通过思辨在价值冲突中深化认识，在比较、鉴别中提高认识，实现有效的价值引领。

3. 活动三：感悟分享，认识升华

教师让学生在阅读上述材料后，分享自己的感悟和心得。

小结：中国特色社会主义符合中国国情，顺应时代发展要求，所以中国特色社会主义取得了巨大的成就。未来中华民族也将以更加自信蓬勃的姿态屹立于世界民族之林。

设计意图： 通过议题的引入和讨论，引导学生主动学习、澄清概念、深化认识，在分享环节达成知识逻辑和生活逻辑相结合的目标。

（三）践行篇——牢记使命：青年学子为实现中国梦做出新贡献

小组交流：作为新时代的青年，你能为发展中国特色社会主义、实现中华民族伟大复兴做些什么？

设计意图： 通过让学生讨论并分享"青年学生能够为中国特色社会主义伟大事业做什么"，培养学生的社会责任感和担当意识，增强学生社会参与的意识和能力。

四、反思：议题式教学法带来了哪些变化？

议题式教学法遵循学生的身心特点，将政治性和学理性相结合，以序列化的活动为抓手，以议题为中心，充分调动了学生学习的主动性和参与性，提升了课堂学习效果，促进了学生"学""思""行"三者的结合，达到培养学生学科核心素养的目的，实现了立德树人的根本任务。

那么，实施议题式教学法对学生产生了哪些后续影响呢？G老师尝试在课后引导学生参与政治活动，比如：布置学生走进社区，体验社区工作者的一天；引导学生在进行志愿服务的时候更多地关注社会某一群体的需求，并学会提出提案；引导学生在社团活动中探究社会问题等。在诸多活动中，我们发现学生的政治参与热情高涨，非常乐于参与社会调研并尝试向有关部门提出建议，但是由于学生们缺乏对相关知识的储备，部分提议比较零散，缺乏系统性和科学性，这就要求思政课教师在课堂内外丰富学生的知识储备，对学生的政治行为多加以指导，引导学生多关注现实问题，这样才能满足学生日益增长的文化需求。

五、结语

中学思政课如何通过议题式教学法达到“唤思”的目的，这与思政课教师的教学设计有很大的关系。如何让枯燥的、政治性和学理性很强的政治知识生活化，就要看学生在这节课中体验了多少、收获了多少、思考了多少。G 老师多管齐下，既有课前的理论铺垫和信息收集，也有课堂上序列化的思辨性活动探究，还有议题讨论后的观点凝结，兼顾了形式和内容，处处体现了“思”的智慧，生成了“思”的观点。学生不断地在思辨中惊异，在思辨中惊奇。显然，这样的教学培养了学生更深层次的思维能力，是一种比较理想的教学状况。当然，这样的教学需要思政课教师花费大量的时间进行课前准备，如何让学生在繁重的学业负担中更为有效地开展调查研究和分析，这也是一个值得思考的现实问题。本篇仅作抛砖引玉，相信在更多思政课教师的努力下，议题式教学法将得到进一步完善，为中学思政课教学注入新的活力。

思考题

1. 中学思政课中哪些课题更适合运用议题式教学法？
2. 请你简述本案例中G老师议题式教学的实施流程。
3. 请简述你对本案例中G老师“唤思”之路的理解。
4. 请简述你心中的思政课“活课堂”是什么样子的。

案例8　构建从“议题”到“议学”活动的桥梁

（张建庆，浙江省湖州师范学院马克思主义学院教授，浙江省特级教师；
丁毅斌，浙江省湖州市第二中学教师，中学高级教师）

指向学科核心素养培育的议题式教学正在撬动思政课堂变革，《普通高中思想政治课程标准（2017年版2020年修订）》指出，要通过议题的引入、引导和讨论，推动教师转变教学方式，使教学在师生互动、开放民主的氛围中进行；要为学生创设问题情境，组织学生积极参与社会实践活动，促进学生转变学习方式，在合作学习和探究学习的过程中，培养学生的创新精神，提高学生的实践能力。这一表述明确地告诉我们，议题是统领当下思政课堂教学变革的支点和中枢，而基于议题的教与学，尤其需要思政课教师营造良好的教学氛围，通过“问题情境”和“活动参与”增强学生在学习过程中的体验感和获得感。《普通高中课程方案（2017年版2020年修订）》要求思政课教师在学科教学中应“关注学生学习过程，创设与生活关联的、任务导向的真实情境，促进学生自主、合作、探究地学习”。

活动型学科课程育人功能的达成，关键在于教师，思政课教师不仅要转变教育教学观念，更需要增强实施议题式教学的理解力和行动力。长期习惯于讲授式教学的思政课教师能否在教学中充分体现新课改的要求，自觉实现从讲授式教学向议题式教学的转型，是一个值得我们认真思考的问题。基于学科核心素养培育的教学从本质上来讲，就是要重视学生在真实情境中运用所学知识观察、分析和解决实际问题的意识和能力，“学科核心素养实际上就是一种把所学的知识和技能迁移到真实生活情境中的能力和品格”[1]。核心议题的确定是实施好议题式教学的重要前提，而情境的创设才是促使课堂“议学”活动真正发生的关键，具体而真实的情境是学生学科核心素养形成和发展的重要平台，也能够展现学生学科核心素养的真实水平。

2019年10月中旬，湖州市举行了第十二届高中思想政治青年教师优质课评比活动，本次活动确定了“议题式教学中的有效情境创设”的主题，以高中思想政治统编版教材必修2《经济与社会》第二课第一框题“使市场在资源配置中起决定性作用”为教学内容，通过同课异构的方式，对十位参赛教师的教学效果进行综合评价。由Z老师领衔的湖州市名师工作室团队推荐F老师参加比赛，并取得了优异的成绩。

Z老师是浙江省特级教师，湖州市的教学明星，他的名师工作室现有十位学员，来自湖

[1] 陈友芳．情境设计能力与学科核心素养的养成 [J]. 思想政治课教学，2016（9）：4—6.

州市的六所普通高中，学员的年龄在35岁左右，教龄大多为5到10年，其中两人拥有高级职称，八人拥有一级职称，另有省教坛新秀一人、市教坛新秀两人、市教学能手一人。这批学员一方面已经具有较为丰富的实践经验，另一方面又正处于教育理念、教学观念和教学风格的形成期。为了更好地理解新课程标准、解读新教材，Z老师带领名师工作室的全体学员以本次优质课评比活动为契机，围绕"议题式教学与有效学习情境创设的关系"这一议题，开展了为期1个月的系列研修活动。

一、问题的提出：议题式教学中的学习情境就是典型事例吗？

围绕"议题式教学中的有效情境创设"的主题，名师工作室就"使市场在资源配置中起决定性作用"这一框题的教学设计进行了第一次研讨。大家认识到，教材中的知识是"去情境化"的，知识形成的背景、过程等真实、具体、生动的细节被大大简化了，保留下来的是由特定的符号、术语所构成的概念、定理、原理，以及支撑这些概念、定理、原理的事实。[1]因此，思政课教师应当还原知识的本来面目，创设知识的真实情境。

在仔细研读了课程标准和教材之后，学员们就本课的教学提出了两个问题——本框题教学的核心议题是什么？围绕核心议题，思政课教师应该创设什么样的情境？

Z老师认为，课程标准中关于本课的核心议题是明确的，即"为什么'两只手'优于'一只手'"，本框题的教学内容也是明确的，即"使市场在资源配置中起决定性作用"。从教材内容和核心议题的关系看，第二课"我国的社会主义市场经济体制"下两个框题的内容都是围绕着同一个核心议题展开的，第一框题侧重于"市场"（无形的手），第二框题侧重于"政府"（有形的手），学生需要通过这两个框题的学习才能较为完整地把握这一议题。第一框题教学的重点和难点在于理解市场这只"无形的手"在资源配置中起决定性作用。如果对课程标准中的核心议题进行细化，那么本框题的核心议题应该是"为何要发挥市场这只'无形的手'的决定性作用"。但是议题还是一个相对比较抽象的东西，要想引导学生围绕核心议题展开学习，就需要考虑情境的创设，即如何将核心议题嵌入真实的情境中，并依托情境将核心议题设置为序列化的子议题或问题，以此推进教学活动。结合本课的教学内容、教学目标和议题式教学的一般要求，大家决定先来议一议"学习情境应如何创设"。

教学研讨议题1：围绕核心议题开展教学活动时，学习情境的创设就是选用典型事例吗？

Y老师：创设学习情境的关键是要找到一个合适的事例或素材。教师可以运用"一例到底"的方式，这也是我们比较习惯的、常用的方式，即以一个典型案例或材料为主线串联起整

[1] 高志文，罗晓章，文传福．综合实践活动课程序列开发与常态实施：以成都双流中学实验学校为例 [J]. 课程•教材•教法，2018，38（4）：80.

个教学过程，引导学生在讨论、分析典型事例的过程中理解教材知识、提升思维能力，这种方法的教学效果也是不错的。现在的主要问题是思政课教师要寻找一个比较典型的、适用于教学的材料，结合本框题中的三个核心知识点——“市场调节”“市场体系”和“市场缺陷”，将核心议题转化为三个子议题镶嵌在学习情境中逐步展开。

F老师：我们以往的教学活动基本上都是按照三个环节进行的：情景导入—情景展开—情景升华。现在我们讲的“情境”和以前的“情景”应该没有什么本质上的不同。我初步的想法是以近年来德清县民宿经济的发展这个事例作为学习情境引入本课主题，再结合价格与供求的关系进一步分析市场是如何有效配置资源的，还存在哪些缺陷。在这个过程中，思政课教师的任务主要是指导学生通过“议学”活动深入体会和理解市场的决定性作用。

D老师：我们以前的教学还是非常重视教学情景的，这和现在要考虑的“情境”似乎并不相同，这背后是不是有什么教育理念、教学观、学习观的变化？学科核心素养的培育目标决定了现在活动型课程的定位，而课程是需要通过教学来实施的，如果我们把议题式教学的“议”理解为学习活动，那么这个活动是否会在某种特定的环境中真实发生？刚才Y老师和F老师说，我们只要选好一个典型事例，然后通过分析、演绎就可以把教学目标落实了，我们传统的教学方法遵循的就是“以事说理”。中学思政课不需要思政课教师和学生讲道理，但是思政课教师总要讲得“有道理”，这就需要“借事说理”，就像中央电视台的《以案说法》栏目一样，我们通过一个事例把这节课要学习的知识梳理清楚、说明白了，似乎任务也就完成了。但是，这样做符不符合课程标准的理念呢？

以上三位教师都关注到了议题式教学需要创设学习情境，但是大家对这个学习情境的理解是有分歧的。创设学习情境就是选择一个典型事例吗？“情境”和“情景”又是什么样的关系呢？在议题式教学中，思政课教师创设学习情境的目的就是把教材上的知识和道理说清楚吗？

第一次教学研讨之后，名师工作室就“议题式教学中的情境创设是否就是考虑如何选择典型事例”这个问题进行了线上的随机调查，在收到的56份调查问卷中有39位调查对象给出了肯定的答复。这可能也是现在大多数思政课教师的共识，即无论是议题式教学，还是情景（情境）教学、合作学习、主题教学，都是需要思政课教师创设教学情境的，教学中的情境创设要考虑的就是典型事例的选择。教学情境既可以理解为一个典型事例，也可以称为情景素材。这就像学科命题一样，试题命制的三个要素是题干（情境材料）、设问和题肢（答案），课堂教学也是如此。思政课教师首先引入一个典型事例或一段教学素材，可以是视频、文字、图片、音乐，其次再结合教学内容、教学目标设计相关问题（大多数思政课教师理解的议题即是问题），最后在课堂上通过实施设计好的教学环节（一般以思政课教师讲解或者师生问答的方式出现）完成教学任务。

Z老师建议大家先把这个问题搁置一下，他认为大家首先需要反思的是议题式教学和传统的教学方式有什么区别。从表面上来说，教学情境似乎和教学素材、教学案例、教学情景并无差别，但是它们背后的理念应该有很大的不同。传统的教学关注的是"讲"，思政课教师的任务是把知识和道理讲清楚、说明白；议题式教学关注的是"议"，是师生双方在"议中学"，"议"既是学习活动的过程，也是学习活动的场景和氛围。无论是情境的创设，还是核心议题的确立，关键是要让学生在课堂上能够"议起来"，而不是无话可说。像"社会主义市场经济"这样重大的理论问题怎样才能让学生议得起来？这确实需要思政课教师认真考虑。要想营造一种让学生能够参与进来、能够"议一议"的氛围，思政课教师不仅要找到一个典型事例将各个教学环节串联起来，还要通过这种情境或氛围的营造让学生能够成为参与者，而不是一个"知识的旁观者"，使学生的学习活动真正得以发生。因此，思政课教师很有必要对"什么是情境""什么是有效的学习情境""典型事例和情境创设是什么关系"这些问题进行深入思考。

第一次教学研讨之后，在团队的协作下，D老师和F老师以"市场是如何有效配置资源的"作为本课教学的核心议题，围绕德清县民宿经济的发展共同进行了教学设计。

二、教学改进：如何创设有效的学习情境？

两天之后，D老师和F老师就同一教学设计方案进行了同课同构教学活动，课后，大家对这两节课进行了评议。

（一）同课同构教学活动课后评议

F老师首先介绍了本节课教学设计的基本思路。

核心议题：市场是如何有效配置资源的？

（1）环节一：看一看我们德清县的变化

学习情境：教师播放一段关于德清县经济社会发展的视频。

学习任务：德清县近年来取得发展的主要原因有哪些？

（2）环节二：议一议我们德清县的发展优势

学习情境：德清县有着丰富的自然资源、独特的区位优势、深厚的文化底蕴，近年来也培育了一批具有市场竞争力的产业（具体材料略）。

学习任务：大家说一说德清县有哪些比较有特色的产业。

（3）环节三：找一找我们德清县还有哪些不足

学习情境：德清县的民宿经济"遍地开花、一哄而起"，导致德清县节假日人满为患，平时关门打烊。德清县的部分民宿卫生和安全不达标，缺乏规范的消毒、安全防范措施；个体民宿相互模仿、逐渐趋同、单打独斗，甚至产生恶性竞争……

任务设计：市场是存在缺陷的，我们该如何推动德清县民宿经济的健康、可持续发展呢？（分角色讨论，请学生分别从消费者、生产者、监管者的角度思考问题）

由于D老师和F老师的教学经验、教学风格、教学理解各有不同（F老师参加工作刚满5年，D老师是本市的教学能手），同样的教学内容，同一教学设计，两位教师的课堂教学呈现的氛围和效果存在着较为明显的差距。在聆听了两位授课教师的反思之后，学员们开始各抒己见。

结合本次优质课评比活动的主题，大家的意见和建议主要可以归纳为以下三个方面：

第一，德清县的民宿经济和旅游产业的发展确实是一个比较好的事例，因为考虑到这次评比活动是在德清县的一所中学举行的，这个事例学生应该比较熟悉。德清县近年来在民营经济、民宿经济的发展方面还是很有亮点的，这样的素材很接地气，也符合新发展理念，容易激活学生的情感和思维。

第二，这节课的素材还是单薄了一些，仅仅停留在就事论事的层面上，德清县民宿经济的发展和社会主义市场经济之间的关系似乎还没有被充分挖掘出来。在教学过程中，“事”和“理”之间似乎没有得到有机整合。我们还需要进一步思考，近年来德清县经济社会发展的背后是不是折射了整个时代的变化，反映了改革开放40多年来中国社会的变化。而这种变化的根源就是在中国共产党的领导下，通过全面推进改革开放，建立了社会主义市场经济体制。我们要积极引导学生观察自己的家乡近些年的变化，感悟社会主义市场经济体制迸发出的活力。同时，教师也可以通过本课框题中的“使”字引导学生思考“谁使市场在资源配置中发挥决定性作用”。

第三，在课堂上，F老师通常还是在按照自己预设的流程走，整个教学过程中虽然也有提问和形式上的小组合作学习，但是“议学”的氛围是比较欠缺的，接下来的优质课评比活动是借班上课，思政课教师在面对不太熟悉的学生时，如何把“议学”的氛围营造起来，这是非常关键的，也很考验思政课教师的临场应变能力和课堂驾驭能力。

（二）围绕“有效的学习情境的创设”的研讨

在第一次教学研讨中，Z老师希望大家能够就“什么是情境”“什么是有效的学习情境”等问题再做进一步的阅读和思考。因此，本次教学研讨的重点是理解“情境”的概念和内涵。

教学研讨议题2：什么是情境？什么是有效的学习情境？

名师工作室的学员们就事先收集的有关“情境”的材料进行了分享，其中有几个特别值得关注的地方：

1.“情景”与“情境”有必要加以区分

《汉语大词典》对“情境”的解释为:(1)情景;(2)环境。对“情景”的解释为:(1)感情与景色;(2)犹情形,情况。从《汉语大词典》的解释来看,“情境”的含义要比“情景”更加丰富,“情境”不仅包括“情景”,还有“环境”之义。[1] 在教育心理学中,“情境”一般被认为是事物发生并对机体行为产生影响的环境条件。北京师范大学李晓东老师提出,从教学意义上来说,情境是教师在教学过程中创设的环境、氛围的统称,此环境是经过人为优化的环境,是使学生能动地活动于其中的环境。[2]

2. 典型事例与情境创设是不能等同的

美国心理学家乔纳森认为:“情境是利用一个熟悉的参考物,帮助学习者将一个要探究的概念与熟悉的经验联系起来,引导他们利用这些经验来解释、说明、形成自己的科学知识。”[3]宁波大学张光陆认为:“基于学生核心素养的学习不是简单学习,而是深度学习,学习成为一个批判性思维和问题解决的过程,既要根植于情境,又要超越具体情境的限制,迁移到不同的情境之中。”[4]如果我们把情境创设等同于“单独地引入一个现实生活中的事件”,那么这种理解可能是片面的。

3. 情境是一个世界

华南师范大学陈友芳教授认为:“情境是若干条件综合在一起构成的一个世界”[5],“好的教学情境应该真实性与结构性并存,具有典型性与普遍性,富有启发性与思考性,开放性与封闭性得宜,问题及其解决条件内生其中,能激发学生的学习兴趣”[6]。如果说课堂教学就是一个世界,那么这个世界也可以理解为“情境”。如果我们将“情境”一词理解为“情+境”,那么“情境”就是一个有了人的活动的世界。

通过以上研讨,大家就上述问题达成了初步共识。Z老师就此归纳了以下三个方面:

第一,从理念上来看,培育学科核心素养需要打通教材知识(理论)与学习活动(实践)的关系。理论联系实际是中学思想政治学科教学中最重要的原则,但是对于这个原则我们应该如何理解?在以往的教学中,我们习惯于以教授学科知识为主,突出理论的优先地位。所谓理论联系实际,是指思政课教师在课堂教学中努力寻找合适的典型事例或生活素

[1] 罗竹风.汉语大词典:中卷[M].缩印本.上海:汉语大词典出版社,1997:4314.

[2] 李晓东.教学情境与命题情境的区分及其意义:基于《普通高中思想政治课程标准》的文本分析[J].中国考试,2020(1):47.

[3] 曹阳.教学情境创设的优化策略[J].中学政治教学参考,2018(6):45.

[4] 张光陆.学生核心素养视角下的教师知识:特征与发展[J].课程·教材·教法,2018,38(3):64.

[5] 陈友芳.情境设计能力与学科核心素养的养成[J].思想政治课教学,2016(9):4—6.

[6] 李岚,唐翠萍.优化情境创设 培育政治认同[J].中学政治教学参考,2017(34):13.

材以佐证理论。华南师范大学于世华批评道:“传统教学的尴尬是明明知道知识,非要假模假样地搞一个情境探究来生成知识,知识呈现在前,教学情境设计在后,即找些事例来论证已知知识,走了一条与人的实践认知相反的路径。”[1]这就像写议论文,论点是已经预设好的,论点先行,写作的要领在于如何论证。培育学科核心素养的目的在于培养学生将来应对复杂社会问题的能力,这就需要思政课教师在教学中创设真实的情境,将学习任务、学习目标与生活中的复杂问题关联起来。学科核心素养是在学生的学习活动和社会生活的实践中培育并涵养起来的,“可以说,学科核心素养是学科知识与学科活动交织而产生的‘化学结晶’”[2]。这就意味着,我们要坚持理论联系实际,认真考虑如何运用理论来帮助并引导学生参与社会生活。教学的目的不是为了加深学生对理论的理解,而是通过对理论的学习来加深他们对现实生活和真实情境中的复杂问题的理解。也就是说,理论并非学习的最终目的,而只是促进学生学科核心素养涵育的手段或介质,正是在这个意义上,我们才能真正理解“学科核心素养实际上就是一种把所学的学科知识和技能迁移到真实生活情境的能力和品格。要养成这种素养,意味着学生的学习应该是在一个又一个基于真实生活情境的主题或项目中通过体验、探究、发现来建构自己的知识,发展自己的能力,养成自己的品格”[3]。

第二,传统情景教学中的“情景”与议题式教学中的“情境”应该是不同的。情景侧重于学习者与现实世界中的现象、事件、问题的关系,情景的引入是为了帮助学生去思考、分析这些现象和问题所关联的学科知识是什么;而情境则侧重于学习者之间的相互交往、合作,更强调的是一种学习环境、学习氛围的营造,更加重视教学双方作为学习共同体中的成员,通过对现实生活中各种问题的分享、交流,在共同参与中实现自我发展和共同成长。情景是相对静止的,一般只是作为主体的认知对象而存在;而情境是运动的,是通过主体之间的交往而形成的一种氛围。情景是服务于教的,是为了佐证理论、知识、观点的材料;而情境是服务于学的,是创生知识、观念的过程。从这个意义上来看,情境就是一个学习活动展开的过程,是一个突破了课堂时空的限制而呈现出来的不断变化的世界。

第三,我们在传统教学中确实特别重视素材和典型事例的选择,但需要反思的是,在很多课堂上事例只是呈现在学生面前的被观望的场景片段,学生只是作为旁观者出现,只有当学生参与到某个场景中,场景才能真正地运行起来,才能使“情景”向着“情境”转化。在教学中引入一个典型事例的确是十分重要的,尤其是在课堂导入环节。但是,典型事例本身并不等于学习情境,而只是使学习情境得以发生的“支架”。一个典型事例被引入课堂教学活动中,应该起到催化剂的作用,能够激活学生学习的情绪和氛围,这就需要思政课教师“放出眼光,自己来拿”,学会精准选材、科学用材。这就像一个高明的摄影师,在他的镜头下,

---

[1] 于世华.把握时代话题:思想政治课的教学自觉[J].思想政治课教学,2020(2):10—11.

[2] 张彩云.构建活动型学科课程的“三题二意”向度:以“源远流长的中华文化”为例[J].思想政治课教学,2019(2):37.

[3] 陈友芳.情境设计能力与学科核心素养的养成[J].思想政治课教学,2016(9):4.

相同的世界所呈现的景色格外能引起他人的兴趣。一个典型事例如果能让学生觉得有意思，那么这个“情境”，即学生们可以共同进入的那个世界也就开始形成了。

（三）优化情境功能，改进教学设计

《普通高中思想政治课程标准（2017年版2020年修订）》在第六部分“实施建议”中提出，要“优化案例，采用情境创设的综合性教学形式”“应力求凭借相关情境的创设，提供综合的视点，提升综合的能力”，而“优化案例的关键在于优化情境的功能”。

结合第一次试教后的反思研讨，D老师和F老师再一次对本课的教学设计进行了修改，Z老师特别提出，要想优化情境的功能，既要帮助学生建构学科的核心概念和基本观念，更要指导学生学以致用，使学生能够运用所学的概念、知识去分析和解决现实问题，这就需要我们把情境作为一个世界来考虑。当我们在教学中引入一个典型事例时，学习活动就已经启动了，课堂作为一个世界就开始形成了，但是课堂的世界不是孤立的、封闭的，在课堂中引入典型事例能够将课堂小世界和现实大世界联结起来。要想真正做到这一点，我们需要把典型事例所蕴含的具有育人价值的丰富信息充分挖掘出来，这就需要思政课教师在两个方面下功夫：一方面是挖掘典型事例背后更为广阔的现实世界，例如在德清县民宿经济发展的背后是我们时代和社会的大背景，在小市场的背后是中国的大市场，乃至世界的大市场。另一个方面是挖掘典型事例所处的历史文化背景。社会主义市场经济体制的建立和完善是一个历史过程，离开了这个过程，学生们就很难真正地理解当下的资源配置方式、经济运行机制。在进行教学设计的时候，思政课教师需要把这些要素充分地考虑进去，只有这样，原来只是作为情景的典型事例才能转化为学习情境。

F老师综合考虑了多种因素，经过反复修改之后，形成了一个相对比较合理、有效的教学设计：

核心议题：是什么使中国经济活起来了？

（1）环节一：忆过去，雄关漫道

第一次议学活动：

学习情境：重温中华人民共和国成立70多年来走过的历程（播放国庆70周年阅兵视频片段）。

学习任务：从经济视角来看，如果我们把中华人民共和国走过的历程划分为两个阶段的话，你觉得可以怎么划分？你是依据怎样的标准划分的？

（2）环节二：看今朝，人间正道

第二次议学活动：

学习情境：德清县地方不大、人口不多，但是德清县人民却有着大志向、大梦想、大格局。这里有着丰富的自然资源、优越的地理位置、深厚的文化底蕴，也孕育了独特的产业。

学习任务：大家来说一说德清县有哪些比较有特色的产业。

第三次议学活动：

学习情境：10多年前，德清县的仙潭村是个穷山沟，村里人大多数时间靠外出务工谋生，背靠的这座青山几乎“一分钱不值”。从2014年起，一批又一批的返乡创业青年投身仙潭村的乡村振兴建设。2019年，该村共130多家民宿，其中30多家为高端民宿，村内八成以上村民从事与民宿相关的工作。德清县民宿协会副会长介绍说，虽然现在竞争激烈，但这恰恰会推动我们的民宿“练好内功”，走个性化发展之路。

学习任务：四人为一个小组，议一议市场是如何吸引一批批返乡创业青年投身民宿经济的。

第四次议学活动：

学习情境：如果我在德清县开办一家民宿……

学习任务：如果你想在德清县开办一家民宿，你需要和哪些市场打交道？这些市场之间有什么联系？

（3）环节三：展未来，长风破浪

第五次议学活动：

学习情境：德清县的民宿经济“遍地开花、一哄而起”，导致德清县节假日人满为患，平时关门打烊。德清县的部分民宿卫生和安全不达标，缺乏规范的消毒、安全防范措施；个体民宿相互模仿、逐渐趋同、单打独斗，甚至产生恶性竞争……

学习任务：市场是存在缺陷的，我们该如何推动德清县民宿经济健康、可持续发展呢？（分角色讨论，请学生分别从消费者、生产者、监管者的角度思考问题）

【听课教师评价】

本节课的教学遵循“过去—现在—未来”的时空顺序来设计序列活动。特别值得关注的是，上述序列活动将学生已有的学习经验（包括生活经验和学科经验）、未来的境遇与市场经济的学科知识相衔接，学生根据自己的经验背景参与“议学”互动，既建构了自己的知识体系，也促进了他人对知识的建构。其次，这种递进式的教学设计充分考虑了学生在认知方面的发展特点，循着“市场优点—市场缺陷—完善市场体系”的脉络，为学生的“议”界定了合理的边界，既保证“议”的深度不被过度散乱的思维所左右，又能减少非核心知识的干扰。最后，这些嵌套于真实情境的学习活动需要学生们不断地整合团队的思路，并逐步形成比较完善的“议学”成果，为积极主动的生成性学习创造了条件，使学生在汲取不同的见解后实现知识创生与融会贯通，从而提升学生的高层次思维能力、问题解决能力和合作能力。

（四）有效的情境创设让学生真正“议起来”

2019年10月14日，在德清县举行的第十二届高中思想政治青年教师优质课评比活动中，F老师表现出色，尤其是教学过程中对情境的活化和优化，激活了课堂的学习氛围。考虑到执教班级的学生中有不少家庭都经营乡村民宿，而且节假日到民宿旅游休闲也是在当地很常见的生活方式，F老师在教学活动的第二个环节特意设置了一个现场的临时调查，调查的三个主要问题是：

（1）你们家或者自己的亲戚朋友中是否有开设家庭民宿的？你们是什么时候开始经营的？经营状况如何？你们有哪些值得分享的体会和经验吗？

（2）近些年德清县民宿经济的发展有哪些值得关注的地方？你知道政府出台了哪些支持民宿产业发展的好政策吗？

（3）本课结束之后，全班同学以小组为单位，对自己家开设的民宿或者熟悉的一家民宿做一次简单的访谈，以小组为单位列出访谈提纲。

学生分组“议学”的氛围很好，课堂上，F老师邀请两位家里开设民宿的同学向大家介绍民宿的经营现状和自己的感受。其中一位同学的家就在仙潭村，他简单介绍了村里的变化，还特别提到：“这些年村里的变化不仅使大多数村民都过上了幸福的生活，而且大家也切身感受到改革开放带来的巨大变化，是市场经济让我们村的绿水青山变成了金山银山。我已经想好了，自己上大学要学习经济管理方面的专业，毕业之后就回村里，自己当老板，把家里的民宿经营得更好，到时候也欢迎大家来我家的民宿旅游度假。”

通过学生的这次分享，我们可以感受到学生在无形之中对于社会主义市场经济体制产生了深切的、真实的认同感，这正是我们所期盼的效果。

F老师执教的这节课最后获得了本次优质课评比活动的一等奖，依据这节课撰写的教学设计在核心期刊《思想政治课教学》杂志社举办的“新教材·新设计”活动中获得了优秀教学设计奖。Z老师对这节课进行了点评，他认为这节课中依托有效学习情境而开展的“议学”活动有以下三个值得借鉴并需要进一步思考的地方：

1. 学科知识的背景是“历史的、文化的、现实的”

思想政治学科的教材文本所涉及的基本知识往往是某种具有特定意识形态的概念、观念和社会制度，思政课教师要引导学生理解这些概念、观念，认同这些制度，尤其需要关注其形成过程中的历史背景、文化背景，以及在现实生活中所发挥的作用。本节课的第一个教学环节从历史维度引导学生体会“从计划经济转型为市场经济”的必然性；第二个教学环节则从现实的维度上，围绕德清县民宿经济的发展，让学生理解市场在调节资源配置中发挥的积极作用。在这节课上，思政课教师通过历史与现实的互动为学生领会学科知识创设了一个丰富的知识背景。

2. 学习活动的场景是“师生的、生生的、对话的”

议题式教学的关键在于如何呈现“议学”的过程，学生之间围绕某个议题的深入交流，既是教的展开，也是学的活化。在此过程中，思政课教师尤其需要依托特定的情境，将核心议题转化为具体的问题链。在本课的教学中，F老师以“德清县民宿经济的发展”为真实情境，通过“说一说”“想一想”“议一议”等几组学习任务的设计，经由学生合作学习而层层深入、步步推进，使学生具有很强的代入感，符合学生的认知规律，较好地激活了学生的学习兴趣和思维张力。

3. 学生未来的前景是“个人的、社会的、世界的”

日本学者佐藤学认为学习是意义的关联与建构。学科核心素养的培育在一定意义上就是建构学科知识与学生真实生活世界的关联，这种关联不仅是历史的、当下的，更是面向未来的、具有生长性的。社会主义市场经济体制也是在不断变化和完善的，这种变化与我们每个人的未来发展有着深刻的关联。本节课的最后一个环节，F老师围绕“市场是存在缺陷的，应如何推动德清县民宿经济的健康、可持续发展”，组织学生进行三种角色（消费者、生产者、监管者）的换位思考，并鼓励他们提出自己的意见和建议。这样的活动具有生活性、开放性、生长性，让学生在学习与任务情境的持续互动中，在解决问题、创生意义的过程中提升学科核心素养，很好地体现了课程标准的理念。

三、教后反思：议题式教学应该追求“议境”

优质课评比活动结束之后，为继续思考议题式教学与学习情境的关系，Z老师推荐名师工作室的学员们阅读佐藤学的《学习的快乐——走向对话》，建议大家带着问题从阅读中汲取养分，借助理论对已有问题进行反思。Z老师提出，对于我们现在正在尝试的议题式教学，不仅需要我们积累实践经验，更需要我们带着行动研究的眼光，自觉提高反思的水平和质量。我们对于自身教学行为的反思，必然会碰触自身原有的教育教学观念，如果不进行自我审视和自我批判，我们在行动上就很难做出改变。

一周之后，名师工作室举办了以“议题式教学与有效学习情境创设”为主题的读书论坛活动，名师工作室的学员们结合近期的阅读（不局限于佐藤学的理论）畅谈各自的体会和心得。借助佐藤学的“三位一体学习理论”[1]，Z老师再一次带领大家对“议题式教学与有效学习情境创设的关系”这一问题进行了思考。

佐藤学为我们提供了一种全新的“解释性理解”的学习观。他认为，所谓学习，是同事

[1] 佐藤学．课程与教师 [M]. 北京：教育科学出版社，2003：377.

物（客观世界、教材）的对话，同他人（朋友、教师）的对话，同自身的对话。这是一种文化的、社会的、伦理的实践。通过这三种对话的实践，我们能够建构知识和经验的意义，建构人际关系，形成自己内心世界的意志、思考和情感。[1]借助佐藤学的这一理论，我们可以从“三种对话性实践”的角度对议题式教学之“议”加以阐释。

第一，要思考“议什么”的问题。我们所关注的议题应该是在学科内容与现实生活的基础上形成的，如果脱离了现实生活，那么“议什么”也就失去了基础，这就需要我们在教学中有意识地引入现实生活的素材作为议题生成的现实背景，引导学生学会与现实生活的对话。

第二，要关注“谁来议”的问题。一个人是“议”不起来的，“议学”活动一定是发生在教师与学生、学生与学生之间的，这也体现了课堂这一特定环境中所形成的不同主体之间的交互作用，每个人正是通过同他人之间的对话才能彰显自己存在的意义和价值。

第三，要解决“为何议”的问题。我们希望学生能够通过“议学”活动达成学科核心素养目标，这也可以理解为每个个体通过与自身的反思性对话，使自己从现实性走向可能性，从而实现自我的超越，由“个体之我”走向“社会之我”。学科核心素养的培育就在于帮助学生在生命成长过程中实现政治认同、社会认同、文化认同。从这样的角度来看，议题式教学正是通过课堂的“议学”活动，实现着意义的关联与建构，这个过程既是意义生成的过程，也是情境创设的过程。

教学情境的创设不是简单地引入一个典型事例或教学素材，从社会建构主义理论的视角来看，教学情境在本质上是教学双方在共同学习的过程中创生的环境，即学习氛围、学习场域的生成过程。议题式教学所要追求的境界，我们也可以称之为“议境”，我们可以通过图8-1理解议题式教学中诸要素之间的内在关系。

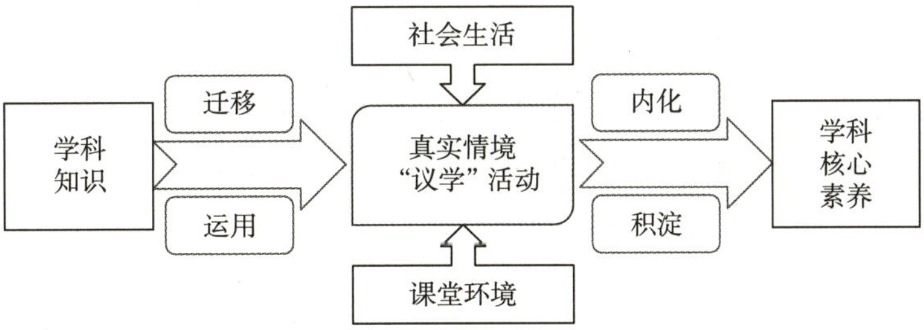

图8-1 议题式教学中诸要素之间的内在关系

四、结语

围绕“使市场在资源配置中起决定性作用”这一框题的教学设计、教学反思、教学研

[1] 佐藤学．课程与教师 [M]. 北京：教育科学出版社，2003：377.

讨，Z老师带领的名师工作室在对“议题式教学与有效学习情境创设的关系”的认识上经历了三个阶段。第一个阶段，在讨论本课的教学设计时，成员们对大多数思政课教师所认为的“情境创设就是确定典型事例”的观点进行了反思，认为典型事例的引入只是有效学习情境创设的一个起点或要素。第二个阶段，成员们将思考转向对“情境”“有效的学习情境”等概念内涵的理解，认为情境创设不仅仅是典型事例的选用，还包括课堂教学环境的建构。第三个阶段，成员们阅读了相关的图书，进一步整合原有认知，并形成了议题式教学应该追求“议境”的新认识。

“情境是学生认知的桥梁，是知识转化为素养的桥梁。”[1]议题式教学作为一种全新的教学样态，正在从应然走向实然，而撬动这种变化的重要杠杆是我们对于学习情境理解的“破”与“立”。情境不仅是建构从“议题”走向“议学”的桥梁，而且也是实现从传统教学走向议题式教学的桥梁，从这种意义上来说，正是因为我们对于学习情境的关注和深入，才使这座桥梁把两个本来相互分离的世界整合为一个统一的世界。而思想政治课堂正是在这样的一个世界中得以展现出新的面貌，昭示着新的未来。

思考题

1. 议题式教学中的“议境”与讲授式教学中的“情境”有何不同？

2. 在议题式教学中，如果说思政课教师是情境的创设者，那么学生又起到了什么作用？

3. 什么是真实的学习情境？虚构的故事或事例可否作为创设真实学习情境的重要素材？

4. 在本案例中，围绕“使市场在资源配置中起决定性作用”这一框题的内容，思政课教师通过创设学习情境助推“议学”活动的展开，这对你有哪些启发？

[1] 余文森．核心素养导向的课堂教学 [M]. 上海：上海教育出版社，2017：193.

案例9　环扣式活动教学在高中思政课中的应用探究

（封军伟，浙江省平湖市当湖高级中学教师，嘉兴市学科带头人，中学高级教师）

党的十九大报告中指出："我国经济已由高速增长阶段转向高质量发展阶段，正处在转变发展方式、优化经济结构、转换增长动力的攻关期。"建设现代化经济体系是党中央从党和国家事业全局出发，着眼于实现"两个一百年"奋斗目标、顺应中国特色社会主义进入新时代的新要求作出的重大决策部署。"建设现代化经济体系"是高中思想政治统编版教材必修2《经济与社会》第三课第二框题的内容。高中思想政治教材具有强烈的时代性，很多涉及国家方针政策、战略部署的内容都会及时在教材中呈现。高中思政课的目标是什么？对于思政课教师来说，对教材中有关国家方针政策等方面的内容进行课堂教学设计是一个巨大的挑战。

习近平总书记强调，思政课是落实立德树人根本任务的关键课程。伴随着中国特色社会主义进入新时代，我国在政治、经济、文化等领域呈现出全方位的变革，不同社会群体的价值取向呈现出多样化趋势。在这样的背景下，公民往往对国家的方针政策和社会中存在的问题持有不同的观点和立场。对于当前社会中存在的复杂的、有争议的公共问题，需要我国公民理智分析、理性看待。进入新时代，我国公民需要具备三种能力：第一种能力是能够认同社会主义核心价值观和当代中国的社会政策和外交政策；第二种能力是提出问题和解决问题的能力；第三种能力是掌握关于当代政治、经济、文化、社会等方面的理论和知识，了解中国在政治、社会和经济等各领域的问题。高中思政课承担着培育新时代公民的重大使命。

然而，转型中的思政课由于存在忽视学生认知特点和学习规律等方面的问题，学科核心素养目标基本停留在教案之上、概念之中，课堂教学要么是"满堂灌"，要么是从"满堂灌"转化为"满堂问"，忽视学生学习的思维过程，排斥学生的求异思维，课上学生表达观点和辨析讨论的时间与空间极为有限。

D学校是浙江省一级重点中学，浙江省二级普通高中特色示范学校。该校的政治教研组由一名省特级教师领衔，该教研组在教学改革以及科研方面一直处在该市较为领先的位置。教研组由六名高级教师、四名一级教师组成，其中还有两名区学科带头人、三名市县级名师。整个教研组的科研力量较强，长期致力于课堂转型方面的课题研究，勇于尝试多种教学方式，比较注重学生学科核心素养的培育。

《普通高中思想政治课程标准（2017年版2020年修订）》力求构建学科逻辑与实践逻

辑、理论知识与生活关切相结合的活动型学科课程。与传统的思想政治课相比，活动型思想政治课聚焦学科核心素养的培育，其实施使活动设计成为教学设计的重要形式。课程标准在第六部分“实施建议”中指出，“政治认同”关乎学生的成长方向和理想信念的确立，也是“科学精神”“法治意识”和“公共参与”具有中国特色的共同标识。因此，学生对国家发展战略的认同是培育学生学科核心素养的关键。“建设现代化经济体系”这部分内容具有强烈的时代性，内容抽象且覆盖面广，一线思政课教师对这样的内容相对陌生，备课过程中所花的心思也不多。那么，究竟该如何转变这样的现象呢？

一、困惑：“建设现代化经济体系”是否需要让学生认同？

为了落实有关建设现代化经济体系的教学内容，D学校政治教研组的思政课教师们普遍认为要先对本部分的知识内容做好梳理。本部分内容主要包括三大问题：(1) 什么是现代化经济体系？(2) 为什么要建设现代化经济体系？(3) 如何建设现代化经济体系？但是，思政课教师在落实这三个方面知识的方式和学生需要掌握的深度上还存在较大的分歧。

关于第一个问题——“什么是现代化经济体系”，教材正文介绍了现代化经济体系的内涵：现代化经济体系是由社会经济活动各个环节、各个层面、各个领域的相互关系和内在联系构成的一个有机整体。

教材在相关链接中提到现代化经济体系包括七个方面的内容：

(1) 创新引领、协同发展的产业体系；

(2) 统一开放、竞争有序的市场体系；

(3) 体现效率、促进公平的收入分配体系；

(4) 彰显优势、协调联动的城乡区域发展体系；

(5) 资源节约、环境友好的绿色发展体系；

(6) 多元平衡、安全高效的全面开放体系；

(7) 充分发挥市场作用、更好发挥政府作用的经济体制。

由此可见，现代化经济体系的内容非常丰富，既具有理论性，又具有时代性，其所包含的产业体系、市场体系、收入分配体系、城乡区域发展体系、绿色发展体系、全面开放体系和经济体制共同构成了现代化经济体系的基本内容。但是，由于这部分内容比较抽象，因此很多思政课教师在课上并没有展开讲解，学生对这部分内容也比较模糊。

关于第二个问题——“为什么要建设现代化经济体系”，教材正文没有直接涉及。

关于第三个问题——“如何建设现代化经济体系”，教材第十课重点介绍了建设现代化经济体系的三个举措。而事实上，十九大报告中关于建设现代化经济体系的举措包括以下六个方面的内容：

（1）深化供给侧结构性改革；
（2）加快建设创新型国家；
（3）实施乡村振兴战略；
（4）实施区域协调发展战略；
（5）加快完善社会主义市场经济体制；
（6）推动形成全面开放新格局。

在这些战略措施中，每一个都是学生学习的难点，尤其是深化供给侧结构性改革，学生对此很难理解。建设现代化经济体系、深化供给侧结构性改革，这些国家发展战略和发展举措是否需要让学生认同？学生不理解这些知识，又如何认同？

究竟要如何落实这部分知识？无论是高一的新授课教师，还是高三的复习课教师，每个人都有自己的想法。

A老师：这部分内容抽象难懂，让学生彻底理解不太可能，为了应付考试，教师可以直接采用灌输式教学法。处理方式就是把正文中关于现代化经济体系的概念、三个举措在书上画一画，让学生朗读一下，考试之前让学生再背一背。教材的内容尽量简单化处理，没必要一一展开解释，况且教师也还没有吃透这些内容。

B老师：活动化对应的是静态化和惰性化。教师要让学科知识和学生的思维活起来，让学生动起来。求知不是静坐、死记硬背，而是实践、体验、感悟。离开了个人的体悟，知识是无法转化为素养的。这部分内容虽然抽象，离学生的生活较远，但教师还是应该设计教学活动，加强学生的活动体验，才能落实学科核心素养。

C老师：建设现代化经济体系包括七个方面的内容，涵盖面广，与其有关的考点还包括“分配制度”“市场经济”“宏观调控”以及“对外开放”等核心知识点。教师可以找到“供给侧结构性改革”与相关知识的内在联系，突破难点，在环扣式的活动教学中落实学科核心素养。

D老师：在《浙江省普通高校招生选考科目考试说明（2019版）》中，建设现代化经济体系是c等级的知识点，要求学生运用所学知识观点和方法分析问题。学生要想考高分，就得把教材内容一字不差地背下来。复习课没有时间设置议题和情境，背下来就是王道。

F老师作为大市学科带头人，曾获得大市高质量高效率课堂一等奖，在核心期刊发表了多篇论文。F老师长期致力于活动教学法的实践探究，试图改变思政课“满堂灌”或者“满堂问”的现状，努力构建既有活动形式又有活动内容的课堂，力求能够上出具有震撼力的中学思政课。F老师就学生对建设现代化经济体系的学习情况进行了问卷调查，80%以上的学生认为这个内容比较抽象，不好理解，尤其对“供给侧结构性改革”似懂非懂。国家为什么要进行供给侧结构性改革？什么是供给侧？什么是结构性改革？为什么把供给侧结构性改革放在建设现代化经济体系的突出位置？现代化经济体系到底是一个什么样的系统？学生认为这些知识很难理解。在问卷调查中，F老师发现学生在碰到相关的综合性试题时更是没有思路，答题基本上就是把背的内容写一写。高中思想政治课追求的目标是什么？学科核心素养如何落地？为了解决心中的困惑，了解省内思政课教师处理相关知识的方式，F老师作为本校特级教师L老师省名师工作室的学科带头人，利用名师工作室这一平台开展了关于建设现代化经济体系的课堂研修活动。

《普通高中思想政治课程标准（2017年版2020年修订）》对于思想政治学科的定位是：“高中思想政治课程是落实立德树人根本任务的关键课程，以培育社会主义核心价值观为目的，是帮助学生确立正确的政治方向、提高思想政治学科核心素养、增强社会理解和参与能力的综合性、活动型学科课程。”思想政治学科核心素养，主要包括政治认同、科学精神、法治意识和公共参与，这四个核心素养紧密联系、相互作用。政治认同是指人们在社会政治生活中对一定社会制度与意识形态的认可和赞同，具体包括对政治体系的认知、情感、评价和政治参与。国家观念是政治认同的主要内容，培育具有国家观念的中国公民是高中思想政治学科当仁不让的价值担当。因此，建设现代化经济体系作为国家发展的战略部署，需要新一代青年的理解与认同。

二、探索：如何让学生对现代化经济体系产生认同感？

在省名师工作室导师的分工安排下，三位学科带头人挑战自我，以“贯彻新发展理念，建设现代化经济体系”为教学内容，选择不同的教学方式来设计这节课。三位思政课教师均执教高三一轮复习课，并安排三个平行班级进行教学，以便对教学效果进行比较。表9-1是《浙江省普通高校招生选考科目考试说明（2019版）》关于本框题的考试范围与要求。

表9-1　本框题的考试范围与要求

十、新发展理念和中国特色社会主义新时代的经济建设	▲ 1. 中国经济发展进入新时代 新时代的社会主要矛盾 ▲ 2. 贯彻新发展理念 建设现代化经济体系 ① 坚持新发展理念 ② 建设现代化经济体系	 c c c

（一）A老师：头脑风暴满堂问（新授课）

1. 研究真题，归纳题型

近几年来，浙江省高中学业水平考试和普通高校招生选考科目考试中的主观题中都涉及了“贯彻新发展理念，建设现代化经济体系”方面的内容（参见表9-2），由此可见本框题的重要地位。

表9-2　相关试题的题目、考查角度和考点

时间	试题题目	考查角度	考点
2020 年 1 月	新时代我国的社会主要矛盾是什么？（2 分）	体现类	社会主要矛盾
2020 年 1 月	结合材料，从“建设现代化经济体系”的角度说明如何解决新时代的社会主要矛盾。（6 分）	措施类	建设现代化经济体系
2021 年 1 月	从“走进社会主义市场经济”的角度说明浙江如何实现绿色发展。（6 分）	措施启示类	市场配置资源； 社会主义市场经济
2021 年 1 月	写出青年学生在日常生活中践行绿色发展理念的两项具体做法。（2 分）	半开放型措施类	绿色发展理念

2. 整理真题、模拟试卷中不同题型涉及的考点问题

（1）新时代我国的社会主要矛盾是什么？

（2）创新发展理念解决的是什么问题？如何解决这一问题？

（3）绿色发展理念解决的是什么问题？如何解决这一问题？

（4）共享发展理念解决的是什么问题？如何解决这一问题？

（5）协调发展理念解决的是什么问题？如何解决这一问题？

（6）开放发展理念解决的是什么问题？如何解决这一问题？

（7）产业体系包括哪些内容？

（8）收入分配体系包括哪些内容？

（9）城乡区域发展体系包括哪些内容？

（10）绿色发展体系包括哪些内容？

（11）全面开放体系包括哪些内容？

（12）什么是实体经济？实体经济的地位是什么？如何发展实体经济？

（13）“三农”的地位是什么？如何实施乡村振兴战略？

（14）如何实施区域协调发展战略？

（15）新发展理念与建设现代化经济体系之间是什么关系？

【听课教师评价】

研究真题以及模拟试卷中不同题型涉及的考点是很有必要的，问题式的教学方法能够有针对性地唤起学生对知识点的记忆，是一种非常有效的教学方式。呈现问题后，教师可以通过默写的方式激励学生进行有效记忆，学生知道教师可能会提问或者默写，就会比较自觉地在课后复习并背诵知识点。记忆是高考考查的一项重要能力，也是得分的基础。但是，如果学生通过这种方式获取知识，遗忘的速度会非常快。

（二）B老师：热点知识系统梳理（复习课）

1. 知识结构梳理

根据《浙江省普通高校招生选考科目考试说明（2019版）》对“建设现代化经济体系”这部分考点的考查要求高，该考点属于c等级的知识点，要求学生运用所学的思想政治学科的知识、观点和方法，分析、探究经济、政治、文化等现象，并加以论证。B老师认为该部分考点考试要求等级高，带领学生进行系统的知识梳理就非常重要，该考点的知识结构如图9-1所示。

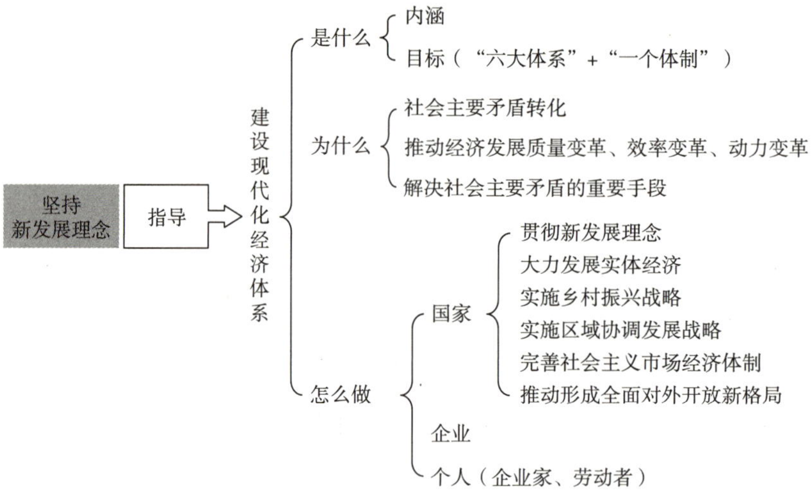

图 9-1 “建设现代化经济体系”知识结构图

2. 比较供给侧与需求侧

教师带领学生比较供给侧与需求侧的区别（参见表 9-3）。

表9-3 供给侧与需求侧的区别

角度	供给侧	需求侧
从要素看	劳动力、土地、资本、创新四大要素	投资、消费、出口三驾马车
从原因看	基于生产对消费的决定作用	基于消费对生产的反作用
从内容看	强调产品的质量和效用	需求不足导致产出下降，所以需要政策刺激来拉动经济增长，提高总需求

3. 时政热点与知识点相结合

判断下列举措中有哪些有利于推动供给侧结构性改革。

（1）政府简政放权；

（2）清理僵尸企业；

（3）全面实施城乡居民大病保险制度；
（4）完善股票市场，助力企业融资；
（5）降低生产成本，盘活资源；
（6）激发市场活力，优化市场要素配置；
（7）实施结构性减税，支持企业扩大出口；
（8）实施创新驱动发展战略，加快产业结构优化升级。

【听课教师评价】

思政课教师在复习课中注重在考点的指导下进行知识整合，进而提高复习的有效性。这种方式对于加强知识点之间的内在联系很有帮助，但是学生在课堂上依然缺少活动和情感上的体验。

（三）C老师：环扣式活动教学（新授课）

C老师根据课程标准的要求采用了环扣式活动教学，把学科活动分解为几个相互联系的环节，每个环节对应结构化的学科内容，并将序列化的活动设计贯穿于教学全过程。

1. 环节一：议题设计

（1）议题设计的具体要求。

第一，议题应包含学科课程的具体内容，与教学内容相契合，符合时代要求和学生的实际情况。

第二，议题应具有可议性，能够展示价值判断的基本观点。

第三，议题应具有开放性、引领性。

第四，议题可以是多层次的，可大可小，可复杂，可简单。

第五，议题应体现教学重点，针对学习难点。

第六，议题的设计应围绕学科核心素养的培育。

（2）议题设计的具体操作。

第一步，教师可以通过讲述一个历史事实或一个具体政策，让学生观看一些有关价值冲突的视频，或让学生讨论身边发生的事情，以此来呈现某个情境。

第二步，教师通过概括事件的情节来引导学生了解事件，确立探究议题后，教师带领学生分析在这个事件中谁做了什么，以及事件发生的原因，或把有争议的地方提炼出来，引导学生进行分析和讨论。

（3）本框题案例议题设计。

以“如何建设现代化经济体系”为议题，探究深化供给侧结构性改革的必要性、意义和途径。

2. 环节二：创设情境，明确价值冲突

（1）情境创设的具体要求。

第一，情境应与教学内容相契合。

第二，情境应与议题相匹配。

第三，情境应符合时代要求和学生的实际情况。

第四，情境应具有实践性、开放性、可议性。

第五，情境可以是多层次的，可大可小，可复杂，可简单。

第六，情境的创设应围绕学科核心素养的培育。

（2）情境创设的具体操作。

第一，应立足于当今信息化环境下学习的新特点和学生接受信息的渠道明显增多的新态势。

第二，要着眼于学生思想活动的独立性、选择性、多变性、差异性和高中阶段学生成长的新特点，为学生提供开放的、辨析式的学习路径，使学生能够理性地面对不同的观点。

（3）本框题案例情境设计。

情境设计1：

随着我国居民收入水平的不断提高，消费者对高品质农产品、高端制造品和高质量服务的需求更加强烈，但国内还不能很好地满足消费者对美好生活的需要，导致越来越多的优质农产品需求、高端制造品需求、高品质服务需求转向海外市场。

情境设计2：

《长三角洲区域一体化发展规划纲要》颁布后，各项利好因素释放，引发连锁效应。《纲要》中明确："规划建设南通新机场，成为上海国际航空枢纽的重要组成部分。"南通的楼市也闻风而动，3年间新房均价涨幅达到57.63%。

情境设计3：

《长三角洲区域一体化发展规划纲要》将"城乡区域协调发展格局基本形成"作为发展目标之一，并进一步提出"上海服务功能进一步提升，苏浙皖比较优势充分发挥……城乡融合、乡村振兴取得显著成效。到2025年，中心区城乡居民收入差距控制在2.2∶1以内，中心区人均GDP与全域人均GDP差距缩小到1.2∶1，常住人口城镇化率达到70%。"

3. 环节三：依托活动设计，编制问题

（1）活动设计的具体要求。

第一，围绕议题展开的活动设计，包括提示学生思考问题的情境、运用资料的方法、共同探究的策略，教师还需要为学生提供表达和解释的机会。

第二，活动设计应有明确的目标和清晰的线索，统筹议题涉及的主要内容和相关知识，并进行序列化处理。

第三，教师要了解学生对议题的认识状况和原有经验，以提高教学的针对性、实效性；教师还要了解议题的实践价值，创设丰富多样的教学情境，引导学生正确面对生活中的各种现实问题。

（2）编制问题的具体要求。

第一，问题应与教学内容相契合。

第二，问题应与情境、议题相匹配。

第三，问题应符合时代要求和学生的实际情况。

第四，问题应具有开放性和可议性。

第五，问题可以是多层次的，可大可小，可复杂，可简单。

第六，编制的问题应有利于学科核心素养的培育。

（3）本框题的活动设计思路。

第一，学生可通过查阅资料的方式，了解当前我国经济所处的发展阶段及其基本特征，并思考为什么要以供给侧结构性改革为主线。

第二，可以让学生收集实体经济和虚拟经济的相关资料，带领学生探讨为什么要把发展经济的着力点放在实体经济上。

第三，教师可以针对建设制造强国、发展先进制造业、发展现代服务业等现代化经济体系建设中的某个方面，组织学生调研或参观，撰写报告，提出对策和建议。

第四，教师可以就“如何成为知识型、技能型、创新型劳动者”组织学生开展讨论，并要求他们结合自己的实际情况拟订学习计划。

（4）本框题的活动设计方案。

活动设计 1：小组讨论。

问题设计：建设现代化经济体系为什么要进行供给侧结构性改革？分析楼市、股市繁荣的利与弊，思考能否将“以钱生钱”的虚拟经济作为一国经济的立身之本。

活动成果：

建设现代化经济体系，要大力发展实体经济，筑牢现代化经济体系的坚实基础。

① 地位：实体经济是一国经济的立身之本，是财富创造的根本源泉，是国家强盛的重要支柱。

② 措施：要深化供给侧结构性改革，加快发展先进制造业，推动互联网、大数据、人工智能和实体经济深度融合，营造脚踏实地、勤劳创业、实业致富的发展环境和社会氛围，增强我国经济质量的优势。

活动设计 2：请参考长江三角洲区域一体化发展的规划目标及其落实情况，设计促进城乡区域协调发展的规划蓝图（侧重于国家政策角度）。

活动成果①：

建设现代化经济体系要实施乡村振兴战略。

地位：农业、农村、农民问题是关系国计民生的根本性问题，必须始终把解决好“三农”问题作为全党工作的重中之重。

措施：要坚持农业、农村优先发展，按照产业兴旺、生态宜居、乡风文明、治理有效、生活富裕的总要求，建立健全城乡融合发展体制机制和政策体系，加快推进农业、农村现代化。

活动成果②：

建设现代化经济体系要实施区域协调发展战略。

措施：加大力度支持革命老区、民族地区、边疆地区、贫困地区加快发展，强化举措推进西部大开发形成新格局，深化改革加快东北等老工业基地振兴，发挥优势推动中部地区崛起，创新引领率先实现东部地区优化发展，建立更加有效的区域协调发展新机制。

4. 环节四：辨析式探究，表达立场

（1）辨析式探究的具体要求。

第一，要把握过程与结论的关系，既关注过程，也不忽略结论。

第二，要掌控导向性与开放性的关系，学生的观点各不相同，需要教师的合理引导。

第三，要处理好思想内涵与辨析形式的关系，遵循意义优先、兼顾形式的原则。

第四，要强化辨析，给予学生积极的价值引领。

（2）辨析式探究的具体操作。

第一，教师应该让学生的讨论持续一段时间，给学生充足的获取相关信息、反思自己的观点的时间，鼓励学生勇敢地表达自己的观点和立场。在活动探究中，当学生选择了一种立场，教师可以提出问题挑战这种立场。

第二，教师应在提出问题前认真思考，从而引导学生对自己的观点加以反思，帮助他们学会思考。

（3）案例辨析设计。

有人认为，解决农村投融资难的问题，要着力发展虚拟经济。请你用一个最恰当的矛盾观评析此观点。

（4）案例操作。

第一步，发现差异。让学生从其他同学对虚拟经济的不同认识中发现自己的判断与他人判断的区别。

第二步，表达观点。引导学生在交流中了解别人的观点，并陈述自己的观点和理由。

第三步，作出判断。引导学生对不同的观点进行比较，讨论哪些观点更有合理性，哪些观点可以求同存异，哪些观点能够达成共识。

第四步，行为选择。结合辨析过程带领学生进行反思，校正自己行为的偏差。这个环节是课堂的重心，要求学生通过活动探究表明对问题的看法，讲清楚自己所持的立场。

5. 环节五：稳固价值立场，增强价值认同

（1）具体要求。

第一，从对立方的角度考查学生的立场，进一步明确和稳固正确的政治立场，增强价值认同。

第二，鼓励学生重新陈述他们的立场，进一步检验学生所持立场背后隐含的事实假设。

第三，帮助学生判定自己的立场在最极端的情况下能否站得住脚。

（2）具体操作。

第一步，要求学生确认哪一点违反了价值标准。

第二步，通过类比明确价值冲突。

第三步，要求学生预测持某种立场可能出现的后果。

第四步，面对多种价值标准，教师应要求学生选择其中的一种。

（3）案例操作。

教师：如果支持“解决农村投融资难的问题，要着力发展虚拟经济”这一观点，其实就是否认了实体经济是人类社会赖以生存和发展的基础，否认了实体经济是一国经济的立身之本、是财富创造的根本源泉、是国家强盛的重要支柱。

此时，教师再让学生比较实体经济与虚拟经济的地位与作用，进而推断出发展实体经济有助于供给侧结构性改革，是建设现代化经济体系的重要举措。建设现代化经济体系也是解决新时代我国社会主要矛盾的必然选择。

【听课教师评价】

C老师的教学设计将抽象的学科内容通过思维活动的方式加以呈现，通过一系列活动及其序列设计，把整个课堂构建成一个有机联系的系统，使学科核心素养能够在环环相扣的活动教学中得到推进和落实。

这种教学方式需要思政课教师在课前收集资料，创设情境并设计活动。思政课教师投入的精力越多，课堂交给学生的时间越多、空间越大，就越有助于学科知识的落实，更好地促使学生认同国家的发展战略，也能进一步促进学生对课本知识的深度学习和理解。

三、探究：活动教学法能否促进学科核心素养落地？

A、B、C三位教师以“贯彻新发展理念，建设现代化经济体系”为教学内容进行了教学设计。A老师的教学侧重于通过分析题型和问题式教学加强学生对知识的记忆；B老师侧重于知识的系统整合，找到知识之间的内在联系；C老师采用环扣式活动教学，让学生在“做中学”。C老师为学生创设了一个真实的情境，借助情境中的真实问题，引导学生一步步地思考解决问题的方法，并检验自己的想法，这样的思维活动过程更有助于学生对国家的政策产生认同感。

为了进一步验证实际的教学效果，这三位思政课教师分别从任教的班级中随机选择了几位学生参加座谈，请他们谈谈这几节课的收获。以下是部分学生的体会：

学生1：研究题型很有必要，不同的题型都有自己的解题思路，而且在研究题目的过程中可以梳理出主观题涉及的高频考点，有针对性地列举问题，这能够很好地帮助我们强化记忆。但是考完之后我们很容易忘记这些知识点，很难留下深刻的印象。

学生2：系统地梳理知识是很重要的，现在高考的主观题对逻辑思维的要求很高，我们必须要找到知识之间的内在联系。只是这样的课似乎缺少一些情境材料的依托，容易让人感到乏味。

学生3：老师经常会让我们整理题型、梳理知识，但是偶尔也会上一些很有趣的课，让我们分小组讨论并探究问题，使我们有机会展示自己的观点，给我们辩论的机会，在活动中我们有时会发现自己的知识漏洞和思维断层。在准备的过程中我们也会查阅很多资料，这些资料无形中帮助我们增强了对知识的理解。

通过对学生们的访谈我们可以发现，每个学生都有自己的喜好，但是对高三的学生来说，他们已经具有较为理性地评价课堂的能力。他们普遍认为问题式的教学模式、系统地梳理知识对思政课的学习都很有帮助，但学生们也希望思政课能为他们提供更多活动和体验的机会。有没有一种教学方式能够让看似枯燥的理论知识和抽象、高深的教学内容触动他们的神经，离他们的内心更近？

四、结语

习近平总书记在学校思想政治理论课教师座谈会上的讲话中强调，思政课教师的思维要新，要创新课堂教学模式，给学生深刻的学习体验。同时，《普通高中思想政治课程标准（2017年版2020年修订）》指出，思政课的教学要“运用多种方式、方法，引导学生自主学习、合作学习和探究学习，强调学生的活动体验是其思想政治学科核心素养发展的重要途径”。F老师所在的浙江省名师工作室的三位思政课教师通过同课异构的方式，展示了各自的教学风采。环扣式活动教学的优势在哪里？这种教学方法是否能够促进学科核心素养的落地？这种教学方法是否能够进行推广？从学生可持续发展的角度考虑，思政课还有哪些提升空间？如何发挥思政课立德树人的作用？新时代的思政课教师如何练就本领，成为一名政治强、情怀深、思维新、视野广、自律严、人格正的思政课教师？这些问题还有待进一步研究与思考。

思考题

1. 在本案例中，有关国家方针、政策的内容在教材中是怎样编排的？如果由你来执教这节课，你会选择运用何种方式？

2. 简述你对案例中A老师采用的“头脑风暴满堂问”的教学方式的理解。

3. 简述你对案例中B老师采用的“热点知识系统梳理”的教学方式的理解。

4. 简述你对案例中C老师采用的“环扣式活动教学”的教学方式的理解。

5. 在本案例中，A、B、C三位思政课教师的教学设计给你带来了哪些启示？

【本案例系浙江省嘉兴市2021年度教育科学规划立项课题“指向高中生深度学习的政治议题式教学策略研究”（课题编号：JC216B155）的阶段性研究成果】

案例10　高中思政课培养学生科学精神的“四个遵循”

（丁立均，江苏省东台市教师发展中心研训员，中学高级教师；
张志红，江苏省盐城市亭湖区教师发展中心教研员，江苏省正高级教师，江苏省特级教师）

在全球化时代，科学精神在综合国力的竞争中居于重要地位，为个人的成长和进步提供了巨大的精神力量。在复杂多变的国际环境中，要想解决未来发展中的不确定性问题，离不开科学精神、科学态度和科学方法，而科学精神尤为重要。中国特色社会主义进入新时代，传承和发扬科学精神理应成为新时代的最强音。

弘扬科学精神可以汇聚起向上向善的强大精神力量。在《中共中央关于坚持和完善中国特色社会主义制度、推进国家治理体系和治理能力现代化若干重大问题的决定》中提到，要弘扬科学精神和工匠精神，加快建设创新型国家。《中小学德育工作指南》也特别重视对学生科学精神和逻辑思维能力的培养。《普通高中思想政治课程标准（2017年版2020年修订）》指出，高中思政课要构建以培育思想政治学科核心素养为主导的活动型学科课程，紧密结合社会实践，培育政治认同、科学精神、法治意识与公共参与等学科核心素养，帮助学生形成正确的世界观、人生观、价值观。课程性质的变化意味着高中思政课教学进入了一个崭新的阶段，它呼唤着教育理念、教学方式的大变革。

中小学阶段是学生世界观、人生观、价值观形成的关键时期。讲好中小学思政课，引导中小学生扣好人生第一粒扣子，是每位思政课教师的神圣职责和光荣使命。近年来，思政课一体化建设成效显著，但也面临着一些问题与挑战。部分思政课教师缺乏钻研精神，不重视专业技能和专业素养的提升，有的思政课教学模式陈旧，教学内容不够鲜活，教学效果有待提升。因此，思政课需要积极推进案例式、探究式、体验式和互动式等教学改革，为有效培育学科核心素养进行积极的探索。

新冠肺炎疫情暴发以来，我国坚持人民至上、生命至上，因时因势不断调整防控措施，疫情防控取得重大战略成果。各行各业的人们坚守岗位、守护家园，这些最美“逆行者”用他们的责任与担当，为打赢这场战役筑起了一道道“防火墙”。这次疫情防控也是对人们科学精神的一次“拉练”，遵循理性、服从管控是每一个公民应有的价值自觉。面对突发事件，每个公民都应有较高的科学精神素养。

A学校是江苏省四星级高中，连续多年荣获盐城市普通高中有效教学一等奖。A学校积极推进课堂教学改革，积极开展活动型学科课程的研究。该校的政治教研组是盐城市先进教研组，由六名高级教师、三名中级教师组成。其中有一名市级学科带头人、三名市级教学能手、两名县级学科带头人，一名市教坛新秀。该校政治教研组积极利用教研活动和集体备课进行新课改的理论学习和课例研究。他们坚持以立德树人为己任，注重对学生科学精神等学科核心素养的培育。该政治教研组于2018年12月就开始对省级课题“高中思政课培养学生科学精神的课例研究”进行积极探索。

一、厘清：科学精神的内涵和落实学科核心素养的基本遵循

高中思政课教学要重视培育学生政治认同、科学精神、法治意识与公共参与等学科核心素养。在这四个学科核心素养中，政治认同、法治意识和公共参与的内涵相对比较直观，而科学精神的内涵就相对比较抽象，甚至容易与数学、物理、化学、生物等学科中的科学精神混为一谈，因此，科学精神是其中比较难以把握和理解的。新的课程标准对科学精神的解释是：“我国公民的科学精神，就是在认识世界和改造世界的过程中表现出来的一种精神取向，即坚持马克思主义的科学世界观和方法论，能够对个人成长、社会进步、国家发展和人类文明作出正确的价值判断和行为选择。”其中有两个关键词，一个是价值取向，另一个是价值判断和行为选择，但是究竟该选择什么样的价值取向，而后作出怎样的价值判断和行为选择，课程标准中的表述却并不明确。思政课教师如不做深入研究，就很难深刻而准确地理解科学精神的内涵，也就无法构建有意义、有价值的思政课堂，无法使科学精神素养落地。

A学校的D老师是一位工作了20多年的教师，曾获县教学基本功大赛和优质课大赛二等奖，具备较高的教学素养和教学能力，他善于教学研究，并发表了多篇思政课教研论文。作为本校思想政治学科的带头人，他在对高中思想政治统编版的四本必修教材的研究中发现，这四本必修教材中的不少课例都包含了科学精神素养方面的内容，但科学精神素养的培育主要体现在必修4《哲学与文化》部分。为了全面推进科学精神素养的落实，D老师成立了一个研究小组，从必修4《哲学与文化》这本教材开始研究，兼顾其他教材和其他素养。该小组由参加工作10多年的L老师、参加工作10年并取得市教学基本功竞赛一等奖的G老师，以及参加工作5年的Z老师组成。该小组以必修4《哲学与文化》为研究对象，开展了一系列课例研究和教学研讨活动。

（一）研讨问题1：科学精神的具体内涵是什么？

1916年1月，中国科学社社长任鸿隽在《科学》第2卷第1期上发表了《科学精神论》一文，科学精神首次在中文文献中得到系统论述。该文的内容侧重引导人们崇尚理性，反对迷信和愚昧。当然，每一个时代都有独属于它的精神，当中国进入新时代，这个时代的科学精神也就有了它新的使命。

1. 科学精神是一种理性精神

科学精神表现为理性精神，科学精神要求人们用马克思主义基本立场、观点和方法，观察事物、分析问题、解决矛盾，坚持对理性的追求与坚守，是人们在实践活动、思维活动中表现出来的独立、辩证、批判的品质和行为特征。从这点来说，亚里士多德做到了。他曾说："吾爱吾师，吾更爱真理。""爱吾师"，意味着对老师的尊敬；"爱真理"，是指要把追求真理作为学习的目标，不因对老师的尊敬而不敢质疑老师的观点，而是秉承客观、理性、严谨的态度去追求真理。但是，有一种情况是违背科学精神的，那就是带着偏见看待人与事；如果一个人不知道事件的本质和真相，可以通过不断地实践和探索去发现事物发展的规律；可是，如果一个人在做事时总是带着偏见，往往难以发现本质和真相，做事也会事倍功半。

2. 科学精神是一种崇实精神

科学精神要求学生解放思想、实事求是，对经济、政治、文化、社会和生态文明建设的实践作出科学的解释，作出正确的判断和合理的选择，遵从实证的精神，强化精准思维，杜绝"差不多"。有人坐高铁，错过了发车时间，还殴打工作人员，这些人之所以这么做是因为他们认为自己就晚了几分钟。有人在高铁上强行霸占他人的位置，认为你坐我的，我坐你的，没什么区别。在疫情期间，有人明明去过高风险区，却为了一己私利，矢口否认自己去过，对疫情防控工作造成严重不良影响。他们之所以这么做，就是缺乏实事求是的品质，这是一种缺乏科学精神的表现，而科学必须崇尚严谨，正所谓"差之毫厘，谬以千里"。

3. 科学精神是一种进取精神

科学的永恒性就在于坚持不懈地寻求，它要求人们以锐意进取的态度和负责任的行动推动社会的发展。一个人应当用100%的热情去做1%的事，如果一个人没有热情和进取精神，就永远不可能在自己所处的领域中立足和成长。深入分析每一个成功者的经历，我们就会发现，他们的成功绝不是从天而降的。要想培养学生的科学精神，就要通过情境创设和活动体验来培养他们的进取精神。

4. 科学精神是一种察微精神

发扬科学精神，需要告别形式上的认真，告别浮夸、马虎，用心对待所做的每一件事，将每一个细节做到极致。英国作家查尔斯·狄更斯在《一年到头》里写道："天才就是注意细节的人。"如果人们能坚持把身边的小事做好，多一点科学精神，多一点严谨的态度，就会比不具备这种态度的人拥有更大的优势，就会比原来的自己更加优秀。

5. 科学精神是一种创新精神

当代中国正在进行宏大而独特的实践创新，科学精神既是社会变革和实践创新的时代要求，也是实现创新发展的必由之路。科学精神要求人们打破思维的枷锁，敢于突破思维的定式，不再墨守成规，在遵循科学的基础上去创新，去开拓新的境界。在面对一些无法用常规模式解决的问题时，我们应发挥想象力，用创新的思维、独特的方式去解决问题。如果循着别人走过的路，往往很难留下自己的脚印，只有勇敢地去质疑和实践，树立创新意识，才能在未知的领域收获不一样的精彩。

（二）研讨问题 2：为什么要让学生成为一个具有科学精神的人?

一个具有科学精神的人会以更可靠的方式找到问题的答案，选择更好的方法解决问题，使自己在社会中更具竞争力，视野也会更加开阔。具有科学精神的人会变得与众不同，这种与众不同的气质不会让人感到讨厌，只会让人刮目相看。更重要的是，具有科学精神的人会成为一个独立思考的人，能够不断地去审视、反思自己，理性、冷静地对待问题，敢于批判，善于去打破常规。同时，具有科学精神的人往往具有开放和进取精神，能够最大限度地激活思维，培养自己的创新品质，降低错误发生的可能性。

（三）研讨问题 3：在教学过程中如何让科学精神素养落地生根?

科学精神素养在高中思政课教学的每个环节都有所呈现，但其主要体现在必修4《哲学与文化》中。必修4《哲学与文化》重在让学生系统地学习马克思主义哲学，其中的哲学道理比较抽象，学生不易理解，学起来会感到索然无味。由此可见，如何推进课堂改革，构建有意思、有意义的课堂，帮助学生理解知识，进而培养学生的科学精神素养，成为摆在思政课教师面前的一个重要课题。政治教研组通过教学实践、反复研讨、归纳总结、反思提升，最后一致认为科学精神素养的培养应该遵循以下四个原则：

1. 回归生活，设计真问题

基于学科核心素养的教学从本质上来讲就是在真实的生活情境中，引导学生独立思考并解决问题。在教学活动中，思政课教师要创设生活化的情境，坚持议题导向，在教学中引入生活中的真情境和真问题，在一定程度上使教学活动从学生的学习需要出发，体现教学过程的认知因素与情感因素，尽可能符合学生的生活逻辑，唤醒学生的求知欲望。思政课教师只有让学生进入思考的状态，学生的学习才有实际意义。科学精神应该有丰富多样的表现形式和具体样态，体现学生的思维张力。

2. 优选议题，组织活动

构建活动型学科课程是培育学科核心素养的根本举措，它将成为引领高中思政课教学改革的引擎，助力学科核心素养的培养。随着学生认知水平的提高，学生的理性思维不断增强，思政课教师可以通过创设可议可谈的问题，引导学生积极思考、参与讨论、展示成果，培养学生的独立判断能力，进而提升学生的学科核心素养。当前，议题式教学成为高中思想政治活动型学科课程实施的重要抓手，是维系学科知识与相关活动的纽带。这就提醒思政课教师在教学设计和教学活动中不仅要有“议”的问题，更要能在议中解决问题。学科内容应当是在议题的引领下，在活动的轨道上生成的。同时，议题要有议的内容，要基于学生的经验和已有的认知水平设计议题。在学科内容的知识框架下，思政课教师应采用内容与活动相结合的方式开展教学活动，进而实现思政课的价值引领功能。

3. 注重理解，灵活运用

情境也好，活动也罢，如果只是流于形式，那么新一轮课程改革又将出现公开课热闹非凡，而常态课却枯燥无味的现象。思政课教师在教学过程中要为促进学生的理解而教，让学生透彻地理解基本概念、基本原理和基本知识，建构活动、思维与素养之间的内在联系，让学生熟练地运用知识去分析问题、解决问题，从而实现学科核心素养的落地生根。

4. 反思提升，回归素养

上好思政课的关键在于教师，思政课教师对自己的评价实际上就是教学反思，这种反思是思政课教师对自身教育教学实践的再认识、再思考，是基于教学行为做出的优化。在培养学生科学精神素养的教学实践中，思政课教师要反思教学情境的创设是否合理，选择的议题是否恰当，学生的活动是否有效，素养的落实是否生硬，价值的引领是否顺畅等。思政课教师要使反思成为一种常态，将课堂改革坚持到底，让素养培育体现在每节课中，这不仅有助于思政课教师活动设计水平和教学能力的提升，也必将提升思政课教师教书育人的成就感和幸福感。

二、探索：如何推动以培育科学精神素养为导向的课堂改革？

高中思政课有时会出现公开课上热火朝天，学生课后一无所获的现象。有的思政课教师上完公开课后，甚至会将新上的课再重新讲一遍，以帮助学生重新理解相关知识，而常态课又变成知识的简单再现、方法的机械总结、题目的重复训练。高中思政课是一门活动型学科课程，思政课教师要坚持在议题的引领下，以情境为依托，组织学生开展活动，重视学生对知识的理解，培育学生的学科核心素养。科学精神素养的培育是对思政课教师教学智慧的考验。思政课教师不仅需要教学技能方面的充分准备，而且还需要在教学策略方面充分发挥探究精神。政治教研组成员围绕科学精神素养的培育，精心备课、反复修改、不断实践。D老师以必修4《哲学与文化》的第四课第二框题“在实践中追求和发展真理”为例，分享了在课程改革过程中培育学生科学精神素养的一些想法和做法。

（一）问渠那得清如许，唯有充分准备之

1. 对教学内容的思考

培育学生的科学精神素养首先要对教学内容做深入的思考和分析。本框题重在帮助学生理解“真理”这一核心概念，把握真理的特点，形成科学的认识，坚持主观与客观、理论与实践的统一，懂得追求真理是一个永无止境的过程，坚持与时俱进、开拓创新，在实践中认识和发现真理，在实践中检验和发展真理。思政课教师要引导学生对“有用的就是真理”这一命题进行分析和质疑，从而理解真理的具体内涵，培养学生的理性精神、质疑精神和创新精神。思政课教师可以引导学生对“欧几里得定理是不是真理”这一问题进行讨论，帮助学生正确地理解真理的条件性和具体性，培养学生的崇实精神和辩证思维。此外，思政课教师还可以依托教材中的名言警句来讨论认识的反复性、无限性和上升性等特点，例如“实践、认识、再实践、再认识，这种形式，循环往复以至无穷，而实践和认识之每一循环的内容，都比较地进到了高一级的程度”，从而培养学生的实践意识和创新精神。

2. 对课堂导入的思考

课堂导入的方式多种多样，可以是视频导入、图片导入、漫画导入、寓言故事导入、音乐导入，也可以是直接导入，这些导入方式在新授课中比较常见。例如，思政课教师可以将2019年庆祝中华人民共和国成立70周年大会上群众游行活动中“关键抉择”方阵的一段视频作为导入，让学生走出教室收集身边有关改革开放伟大成就的素材，获取第一手资源，增强切身体验，开拓学生的视野，用大时政、小情境组织教学，激发学生学习的兴趣，调动学生学习的积极性。

3. 对情境创设的思考

在众多的情境中，D老师最终将改革开放的伟大成就作为背景材料。D老师主要是从以下几个方面考虑的：

一是在观看2019年庆祝中华人民共和国成立70周年大会时，群众游行中的“关键抉择”方阵在D老师的脑海中留下了深刻的印象。D老师生于20世纪70年代，作为改革开放的同龄人，他深切地感受到改革开放给中国带来的深刻变化，这样的画面引起了他的共鸣，让他十分感动。

二是对于改革开放的历程，学生也有基本的认知，高中历史统编版教材《中外历史纲要（上）》的第十单元“改革开放与社会主义现代化建设新时代”比较系统地介绍了党的十一届三中全会作出实行改革开放的战略决策等相关知识。在高中思想政治统编版教材必修1《中国特色社会主义》第三课第一框题“伟大的改革开放”中，也有对相关内容的讲解。

D老师选择这样的素材，也是考虑到新旧教材的衔接。基于情境的教学设计能够帮助

学生挖掘其中的有效信息，在问题的解决中巩固所学的知识，理解教材中抽象的道理，拓宽了学生的知识面，提升了学生的能力。在本节课的最后，D老师设计了师生同唱《春天的故事》这一环节，增强学生的科学精神素养和政治认同意识，培养他们的家国情怀。

4. 对素养落地的思考

学科核心素养的培育目标是促进人的发展，包括人文积淀、人文情怀和审美情趣。思政课教师可以将学生分成几个小组，让他们走向社会，撰写调查报告，从而培育学生的科学精神素养、人文素养和公共参与素养，培养学生的理性精神、批判思维和勇于探究的品质。

（二）纸上得来终觉浅，课堂教学多实践

1. 课前导入，激发兴趣

D老师播放“关键抉择”方阵的视频作为课堂导入，以改革开放为背景，以“人的正确思想是从哪里来的”为议题，带领学生学习“在实践中追求和发展真理”的相关知识。课前，教师请宣传报道组呈现学习成果。

设计意图：以改革开放作为大情境进行课前导入，能够增强学生的政治认同。D老师让学生走出课堂，收集身边鲜活的资料，通过学生的课堂展示，精彩呈现改革开放的伟大成就。这样能够有力地激发学生的参与热情和学习兴趣，使他们能集中精力参与到活动和课堂中来。D老师所构建的开放课堂，锻炼了学生的实践能力，在潜移默化中培养了学生的科学精神、公共参与等学科核心素养。

2. 精选情境，巧设问题

创设情境：在党的十一届三中全会上，党作出实行改革开放的历史性决策，是基于对社会主义革命和建设实践的深刻总结。在中国特色社会主义伟大实践中，道路、理论、制度、文化等方面不断得到丰富和发展。正如习近平总书记所言：“我们积极探索共产党执政规律、社会主义建设规律、人类社会发展规律，不断开辟马克思主义中国化新境界。”

学生合作探究：上述材料说明了辩证唯物主义认识论的哪些道理？

D老师和学生们针对上述材料展开了热烈的讨论，以下是师生讨论的具体内容。

学生1：改革开放的历史性决策是基于对社会主义革命和建设实践的深刻总结，这说明实践是认识的基础，实践是认识的来源。在实践中，中国特色社会主义道路、理论、制度、文化不断丰富和发展，说明了实践是认识发展的动力。积极探索马克思主义中国化新境界，表明实践是认识的目的。这要求我们树立实践第一的观点，积极投身到实践中去。

D老师：好，既然实践是认识的来源，那么我们获得认识只需实践，不需要读书吗？

学生对这个问题兴趣浓厚，争先恐后地发表自己的意见。D老师适时生成辩题——“实践重要，还是读书重要”，学生们展开了热烈的讨论。

学生2：在实践中，中国特色社会主义道路、理论、制度、文化不断得到丰富和发展，不断开辟马克思主义中国化新境界，这表明认识具有反复性、无限性和上升性。

D老师：为什么认识具有反复性？

学生3：这要从两个方面来分析：一是从认识的主体来看，人们对事物的认识会受到多方面的影响，受到实践水平、立场、观点、方法、知识水平、思维能力、生理等条件的限制；二是从认识的对象来看，认识的对象往往也是复杂多变的，其本质的暴露需要一个过程。因此，人们对一个事物的正确认识往往要经过从实践到认识，再从认识到实践的多次反复才能完成。

D老师：好，那现在咱们回到议题，人的正确思想是从哪里来的呢？

学生交流后，D老师进行总结：人的正确思想是从天上掉下来的吗？不是。是自己的头脑里固有的吗？也不是。人的正确思想从实践中来，经过“实践—认识—再实践—再认识”的多次反复才能形成。

学生4：改革开放的历史性决策是基于对社会主义革命和建设实践的深刻总结，这说明真理是具体的、有条件的，这要求我们坚持主观与客观、理论与实践的具体的历史的统一。

D老师：好，这个不太好发现。那么，我们应该如何理解真理的含义以及真理的客观性、具体性和条件性？

学生回答后，D老师进行总结：真理是标志主观和客观相符合的哲学范畴，是人们对客观事物及其规律的正确反映。真理的客观性是指真理的内容是客观的，而形式是主观的。检验真理的唯一标准是实践，实践具有客观物质性，真理也就有了客观性。不同的人对同一个事物虽然可以有不同的认识，但真理只有一个，真理面前人人平等，这表明真理具有客观性。真理的具体性是指真理是相对于特定的过程来说的，如材料中改革开放的决策是基于社会主义革命和建设实践作出的，体现了真理的具体性。真理的条件性是指任何真理都有自己适用的条件和范围，如材料中改革开放这一历史性决策是基于对我国国情的深刻把握作出的。

在学生对课本中的基本概念有了一定理解的基础上，教师引导学生在课堂上深入讨论以下几个问题：

（1）有用的观念是真理吗？

（2）真理是有条件的，那么欧几里得定理还是不是真理？

（3）“实践—认识—再实践—再认识”是一种怎样的循环？

学生分组讨论，形成对本节课易混知识的真实理解，这有助于学生构建知识、思维与素养之间的内在联系，让学生学会运用知识去分析问题、解决问题，让学科核心素养落地生根。

设计意图：依托学生收集的素材，思政课教师进行重新整合，创设情境，设计问题，引发学生的思考。这样不仅有助于学生对知识的理解，而且更容易激发起学生的参与热情，使学生产生共鸣，愿意表达。在师生互动、生生互动和生本互动中，学生能够理解并区分相关知识，为学科核心素养的培育奠定了基础。在情境的创设中，既有对上一节课内容“人的认识是从何而来”的复习，也包含了新课教学所需的情境，这有助于学生形成对本部分内容的整体构建。辩题“实践重要，还是读书重要”的设计，将课堂变成辩论场，学生可以开启兴趣之门，打开智慧之窗，擦出思维的火花，从而引导他们在实践中追求和发展真理，认识到追求真理是一个永无止境的过程，培养他们与时俱进、开拓创新的品质，树立在实践中认识和发现真理、在实践中检验和发展真理的信念。本节课的问题设计具有思维的张力，使学生能表达且愿意表达，学生的回答不再是对教材内容的简单再现，而是需要学生分析情境、思考问题、阅读教材、联系生活、讨论交流，并形成学生个性化的思考，这有助于培养学生的科学精神、公共参与等学科核心素养。

3. 精选试题，提升素养

（1）选题分析。

江苏省中小学教研室的G老师在2020年的全省新教材培训会上谈道：“教学要做减法，比如一节课打算训练六道试题，我们要思考能不能少讲一道，甚至更少。我们要通过试题的训练和评讲做到举一反三，让学生理解试题的来龙去脉，捕捉试题中的有效信息，结合课本中的知识，使学生自然而然地解决类似的问题，也就是我们常说的触类旁通，依托试题的情境和问题的分析来培养学生的学科核心素养。”基于以上考虑，试题的选择就要体现基础性、综合性和应用性三者的有机统一。学生已经有了一定的思维基础，思政课教师要剔除那些没有思维含量的试题。D老师从相关的试题库中首先选择了六道试题，自己先进行练习，分析其中考查的知识要素、能力要求和素养落实情况，再进行二次筛选，留下四道试题。D老师又找了同组的教师做题、析题，从中再删去两道试题，最终选择一道选择题、一道分析题，与学生一起进行研讨。

（2）方法探究。

[问题1] 信息科学在高速发展，但信息安全的发展举步维艰，量子通信是迄今唯一被严格证明为无条件安全的通信方式。10多年来，潘建伟团队一直在为此努力并取得了重大突破，为国家重要的政治活动提供了信息安全保障。这段材料说明（　　）。

① 追求真理是循环往复的过程　　② 真理是具体的、有条件的

③ 实践是有目的、有意识的活动　　④ 实践是认识发展的动力

A.①②　　B.①③　　C.②④　　D.③④

[问题2] 改革没有完成时，2019年8月18日，中共中央、国务院发布了《关于支持深圳建

设中国特色社会主义先行示范区的意见》。深圳在先行示范区上已经走在了全国前列，从“试验田”到“示范区”，深圳就是要为中国特色社会主义打造一个面向未来的典范，一个可供参考、复制的样板。

请运用认识论的相关知识，分析在深圳建设中国特色社会主义先行示范区的必要性。

为什么选择这两道试题呢？D老师主要是从知识、方法和素养三个方面考虑的。问题1是一道改编题，重在方法层面的理解和思考。在问题1的材料中，一方面，潘建伟团队一直在为此努力，表明实践是有意识、有目的的活动；另一方面，信息安全的发展举步维艰，潘建伟团队取得重大突破，表明实践是认识发展的动力。而材料中未涉及真理是具体的和有条件的，追求真理是循环往复的过程这一表述是错误的，所以选项D是正确答案。在分析本题的过程中，学生只有透彻地理解相关知识才能选对答案。本题是在江苏省高考题的基础上改编的，本题包含的知识点在本课也都有所涉及，保证了试题的科学性、时代性和综合性。

问题2以《关于支持深圳建设中国特色社会主义先行示范区的意见》为背景，考查学生获取和解读信息的能力，以及调动和运用知识的能力。学生首先要透过“试验田”读出其中包含了实践的相关知识，并进一步分析出从“试验田”中收获了很多的科研成果，表明实践是认识的来源，实践是检验真理的唯一标准。从“试验田”到“示范区”的变化，说明了实践是认识发展的动力。深圳在先行示范区上走在全国前列，表明实践是认识的目的。从“试验田”到“示范区”的变化，表明认识具有反复性、无限性和上升性。通过对材料的阅读与分析，学生能够感受到国家发展深圳的决心，从而使学生对国家未来的发展充满信心和期待。这样的训练过程激发了学生的思维，触发了学生的“最近发展区”，使学生在知识分享、思维展示、情感互动的活动中发现、体验和感悟，实现价值引领，培育学生的学科核心素养。

4. 构建框架，同唱一首歌

本节课的最后，D老师依然重视知识体系的构建，这样做有利于学生真正地理解本课的知识，为知识的运用和科学精神素养的落实打下基础。最后，师生同唱《春天的故事》这首歌，这一环节培养了学生的道路自信和文化自信，使科学精神、政治认同等学科核心素养得到了落实。

（三）路漫漫其修远兮，吾将上下而求索

1. 优选资源，创设情境

教学情境的创设和教学资源的选择是上好一节思政课的关键。在备课的过程中，D老师体会到“书到用时方恨少”。一名思政课教师，既要紧抓时代的脉搏，积累最新的时政资

源，又要善于从长效热点中挖掘资源并进行改编，还应关注学生的日常生活，从学生的生活实际出发选择素材，为学生带来有意思、有意义、有价值的思政课。

2. 比较分析，提升能力

在课堂教学中，D老师紧扣“帮助学生理解”这个关键，采用比较分析的方法帮助学生理解主干知识，在理解分析中提升学生的关键能力。为帮助学生理解辩证唯物主义认识论主要原理，即“实践是认识的基础”“真理的具体性和条件性”“认识的反复性、无限性和上升性”，教师创设情境并设计了“上述材料说明了辩证唯物主义认识论的哪些道理”这一探究问题。要想解答这个问题，学生需要理解三条主要原理并结合材料运用以上原理。学生们分别从三个维度对材料进行了分析，有的学生还帮助其他学生理解了“实践是认识的来源、实践是认识发展的动力、实践是认识的目的、实践是检验认识真理性的唯一标准”这一难点。这样的教学设计可能会让课堂冷场，但这能够让学生在描述、交流、比较、分析、论证中掌握本课的主干知识，既使学生加深了对相关知识的理解，又能在比较分析中提升学生的关键能力和学科核心素养。

3. 勇于尝试，不断创新

新一轮的课程改革使思政课的教学目标和教学方式都发生了很大的变化，本节课为此做出了一些尝试，力求为新授课的有效教学建模，实现立德树人的目标，培育新时代学生应有的科学精神等学科核心素养。思政课教师对教学内容进行了深入分析，去粗取精，有的放矢，抓住了重点知识，实现了学科核心素养的培育，优化了学习内容。在课前准备上，思政课教师让学生参与素材的收集和整理，将课堂引入社会，树立了开放的课程意识。同时，思政课教师在课堂上引导学生在情境和材料中理解知识，看似没有知识的讲解，实际上是将知识与材料结合，实现了学以致用，帮助学生更好地理解知识，从而为学生能力的提升和素养的落地生根打下基础。最后，思政课教师精心设计了练习题，深化了学生对所学知识的理解，这既是对课堂知识的复习、巩固、提升，又使科学精神等学科核心素养得到了落实，从而增强了学生思维的张力，优化了教学结构，形成了“知识—情境—活动—素养”的教学范式。

4. 组织活动，落实素养

D老师查阅了相关资料，分析了本节课的知识目标、能力目标和素养目标。通过分析，最终确定本节课的素养目标是以培养学生的科学精神素养为主，兼顾培育学生的政治认同、公共参与等其他学科核心素养。本节课，D老师让学生走出教室，收集身边有关改革开放伟大成就的素材，并撰写调查报告，这有利于培育学生的科学精神、政治认同和公共参与等学科核心素养。通过比较、分析，D老师引导学生进行思考、交流、讨论并展示活动成果，加深了学生对知识的理解，在师生互动、生生互动和生本互动中水到渠成地生成本课的知识，使学生在活动中提高理解能力和表达能力，启迪学生思考，让学生在课堂上产生思维的碰撞，形成科学认识。在复习“实践是获得认识的来源”后，D老师适时生成辩题“实践重要，还是读书重要”，使课堂变成了辩论场。在本节课的最后，D老师精选了练习题，引导学生充分地思考和交流，鼓励大家积极参与讨论并勇于质疑，擦出了思维的火花。

三、结语

新一轮教学改革已全面展开，教学改革永远在路上。这就需要思政课教师不断地加强课程研究和培育科学精神等学科核心素养的路径研究，彰显思政课应有的育人价值。思政课教师要力求在每一节思政课上让学生摆脱死记硬背，让思政课堂变成充满思辨魅力和思想活力的课堂。当然，思政课教师在研究中往往会遇到诸多困难，但“千淘万漉虽辛苦，吹尽狂沙始到金”，只要思政课教师用心、努力、敢为、巧为，加强理论学习，不断地尝试和创新，就一定会有所作为，成为新时代有理想信念、有道德情操、有扎实学识、有仁爱之心的“四有”好教师。

思考题

1. 学科核心素养中的科学精神素养在思想政治的四本必修教材中是如何编排的？
2. 如果请你来执教“在实践中追求和发展真理”一课，你会如何进行教学设计，并在课堂上有效落实培育学生科学精神素养的目标？
3. 你对本案例中D老师的教学有怎样的理解和评价？
4. 简述你对本案例中“知识—情境—活动—素养”的理解。
5. 以“科学精神素养的培育”为落脚点的教学设计给你带来了哪些启示？

【本案例系江苏省中小学教学研究课题“互动式情境设计：高中政治课培养学生理性精神的课例研究”（课题编号2017JK12-L189）的阶段性研究成果】

案例11 高中思政课宪法教育的浸润之路

（陈美兰，江苏师范大学马克思主义学院教授；
潘海东，江苏省南京市燕子矶中学教师，江苏省正高级教师）

党的十八届四中全会审议通过的《中共中央关于全面推进依法治国若干重大问题的决定》指出："把法治教育纳入国民教育体系，从青少年抓起，在中小学设立法治知识课程。"为了贯彻落实党的十八届四中全会精神，推动法治教育纳入国民教育体系，提高法治教育的系统化、科学化水平，教育部、司法部、全国普法办于2016年6月印发了《青少年法治教育大纲》。2017年8月，教育部发布的《中小学德育工作指南》再次指出，高中学段要教育和引导学生热爱中国共产党、热爱祖国、热爱人民，拥护中国特色社会主义道路，弘扬民族精神，增强民族自尊心、自信心和自豪感，增强公民意识、社会责任感和民主法治观念，并要求中小学德育工作向课程育人、文化育人、活动育人等方面转变。《普通高中思想政治课程标准（2017年版2020年修订）》指出："高中思想政治课程是落实立德树人根本任务的关键课程，以培育社会主义核心价值观为目的，是帮助学生确立正确的政治方向、提高思想政治学科核心素养，增强社会理解和参与能力的综合性、活动型学科课程。"关于如何推动思想政治理论课的改革创新，习近平总书记在学校思想政治理论课教师座谈会上也特别提出，要坚持灌输性和启发性相统一、显性教育和隐性教育相统一，这些都为高中思政课宪法教育改革提供了理论与实践指导。

D老师所在的Y学校是江苏省四星级高中，学校连续13年荣获南京市普通高中教育发展性评估综合奖、教学质量优秀奖、教学管理奖，连续6年荣获南京市教育质量突出贡献奖，是江苏省首批普通高中学科教学研究基地。Y学校贯彻国家教育方针，积极推进课堂教学改革，大力推动项目式学习试验。D老师是大市级学科带头人，同时也担任Y学校政治教研组组长。该教研组有六名高级教师、三名一级教师、一名二级教师，其中还有一名区学科带头人、一名市优秀青年教师。政治教研组的学习风气浓厚，教师们经常利用教研时间进行理论学习和课例研究。他们坚持以立德树人为己任，注重学生学科核心素养的培育，尝试项目议题式教学法，注重对学生进行宪法教育的浸润。

"浸润"是相对"灌输"而言的，"灌输"一词出自《史记·卷六·秦始皇本纪》的"以水银为百川江河大海，机相灌输"[1]，本义是把流水引到需要水的地方，后引申为将思想观念

---

[1] 司马迁撰，裴骃集解，司马贞索引，张守节正义．史记：第1册[M]．点校本二十四史修订本．北京：中华书局，2014：337.

灌输给他人。“浸润”一词出自《史记·卷一一七·司马相如传》的“怀生之物有不浸润于泽者，贤君耻之”[1]，本义是滋润。本案例中提到的“浸润”是指让法治理念持久地影响学生，其特点是缓和而持久，不具有对抗性，就和水滴石穿、润物无声的道理一样，在潜移默化中对学生的心智产生影响。“灌输”与“浸润”这两种教育方式的背后有着不同的教育理念，虽说教无定法、贵在得法，然而这两种教育方式应用在宪法教育中往往会产生不同的效果。尽管不少教师认同浸润式的教育模式，但在实际教学中仍是“灌输”常见、“浸润”难觅。为什么会出现这种现象呢？

一、困惑：宪法教育方式是否需要改进？

为了解宪法教育的实施情况，政治教研组的D老师以高中思想政治统编版教材必修3《政治与法治》为研究对象，调查了本市市区部分思政课教师。受调查的思政课教师有三种类型：一是参加高中思政课教学工作不足5年的中学二级教师；二是工作10年左右的中学一级教师；三是工作15年左右的高级教师。这三类教师的反馈如下：

反馈1：必修3《政治与法治》讲的就是宪法内容，好多知识学生在初中都学过了，所以上课不用花太多的时间，相关内容可以直接灌输。

反馈2：必修3《政治与法治》的重点就是对学生进行宪法教育，我们都知道宪法教育的重要性。但是，学生不还是要参加考试吗？该背的还是要背的，考不出成绩什么都是虚的，上课可以讲练结合、以练代讲，关键是要提高学生的应试能力。

反馈3：法律本来就是硬性规定的条文，没有什么好讲的，学生记住就行，教师可以利用法律条文来强化学生对宪法的认识。

反馈4：我们也知道灌输这种方式的效果不一定好，我们也搞过创新，但是实施起来难度太大了。因为这对教师的要求很高，比如说课程标准里提到的议题式教学法。议题该怎么选？一节课是选一个议题还是选几个议题？小组合作讨论中总有些学生的参与度不高，教师该怎么办？开展议题式教学后，课堂是活了，但考试成绩却下来了，没办法，教师只好又回到灌输的老路上去了。

在教学实践中，一线的思政课教师虽然认识到了宪法教育的价值，但在宪法教育的实施过程中仍以灌输式的教学模式为主。信息时代的大数据、人工智能、AR等技术呈现融合发展的态势，高中生的主体意识也随着时代的进步而不断增强，他们受到了多元文化的冲击，受同辈群体的影响较大。因此，目前的思政课教学既面临着机遇，也面临着挑战。如何

[1] 司马迁撰，裴骃集解，司马贞索引，张守节正义．史记：第9册[M]．点校本二十四史修订本．北京：中华书局，2014：3697.

用恰当的方式加强对高中生的宪法教育，引导高中生发自内心地拥护新时代中国特色社会主义制度，坚定制度自信，坚定走社会主义道路，正确行使公民权利，自觉履行公民义务，爱党、爱国、爱社会主义，把高中生培养成为新时代中国特色社会主义事业合格的建设者和可靠的接班人，这已然成为一线思政课教师无法回避的重要议题。

D老师是一位工作了20多年的教师，曾荣获南京市高中政治教师基本功大赛一等奖，具备一定的教学技能。他擅长教学研究，有多篇思政课教研论文在全国中文核心期刊上发表。作为学校政治学科的带头人，他在对必修3《政治与法治》进行研究后认为：该部分内容基本上都与宪法教育有关，可以安排组内的思政课教师选择“人民代表大会制度”这一专题来探讨宪法教育的有效路径。

为了全面了解思政课教师对必修3《政治与法治》宪法教育的教学意见，D老师成立了一个研究小组。该研究小组由工作2年的A老师、参加工作10年并取得市基本功竞赛一等奖的B老师，以及参加工作15年的市学科带头人C老师组成。该研究小组以第五课第二框题“人民代表大会制度：我国的根本政治制度”为课题开展了系列教学研讨活动。

（一）研讨问题1：必修3《政治与法治》涵盖了哪些宪法内容？要求学生树立哪些宪法意识？

A老师：必修3《政治与法治》中与宪法有关的内容涉及中国共产党的领导、我国的国家性质、我国的根本政治制度和基本政治制度，以及依法治国等。教材多处直接引用了宪法的法律条文，增强了学生对宪法的直观感受。

B老师：必修3《政治与法治》将原来政党制度中与党的领导有关的内容单列为一个单元，强调“坚持党的领导”这部分内容在宪法教育中的重要地位。教材在编写上突出了生活化的理念，辅助文的设计贴近学生的生活实际，这要求我们在教学中要坚持贴近学生、贴近生活、贴近实际的“三贴近”原则。

C老师：对学生宪法意识的教育要注意以下四个方面：一是宪法和法律至上的意识，所有法治国家都必须崇尚宪法和法律的权威；二是契约意识，契约意识是法治国家建立的基础；三是规则意识，法治从一定程度上说就是一种规则，宪法和法律是所有社会成员的根本行为准则；四是权利与义务意识，权利与义务是政治与法治的基本内容，公民既享有法定的权利，同时也必须履行法定的义务。

最后，三位教师都认为必修3《政治与法治》的主体内容就是宪法，宪法条文体现在教材之中，这对于学生宪法意识、国家意识、公民意识的培养具有重要意义。

（二）研讨问题2：思政课教师在教学中应采用什么方式对高中生加强宪法教育？

经过研讨，大家一致认为必修3《政治与法治》对于增强学生的政治认同，培养学生的宪法意识具有重要作用。但是，思政课教师怎样才能用好教材，加强对学生的宪法教育呢？三位教师展开了讨论。

A老师：教材大量引用了宪法条文，对于增强教材文本的权威性有一定的作用。思政课教师在教学中可以再现法条文本，让学生直观地感受宪法。思政课教师可以按宪法的体例对教材中宪法的相关内容进行整理，以方便学生记忆，增进学生对宪法知识的了解。

B老师：教材中的好多宪法内容都是明文规定的，思政课教师没什么好讲的，只要布置学生阅读、自学，然后通过练习加以巩固即可。在练习中，思政课教师可以增加一些相关的背景材料，以促进学生对宪法的理解。简单点说，就是思政课教师可以以练代讲、讲练结合，让学生在学宪法的同时也能提高应试能力。

C老师：教材编写既然体现了新课程的理念，那么我们在教学中就应该坚持新课改的理念，教学设计就要贯彻课程标准的要求，开展项目议题式教学。这种教育方式有助于让学生在活动中逐渐加深对宪法的认识，逐渐提高学生对我国政治制度的认同感，增强学生的宪法意识。

二、探索：宪法教育应如何进行教学设计？

经过商议，三位教师决定以第五课第二框题“人民代表大会制度：我国的根本政治制度”为教学内容，选择不同的教学方式来设计这节课。三位教师均执教高一年级，他们分别在三个平行班级进行教学，以便对教学效果进行比较。

（一）A老师：宪法条文＋思维导图

A老师安排学生带着问题有目的地阅读宪法相关文本。

阅读思考题：

（1）我国的国体与政体分别是什么？它们之间有什么关系？

（2）人民代表大会制度的组织和活动的原则是什么？

（3）人民代表大会制度的基本功能是什么？为什么说它是我国的根本政治制度？

（4）人民代表大会制度的优势是什么？

A老师组织学生在阅读和思考的基础上绘制思维导图（参见图11-1），并展开知识竞赛（略）。

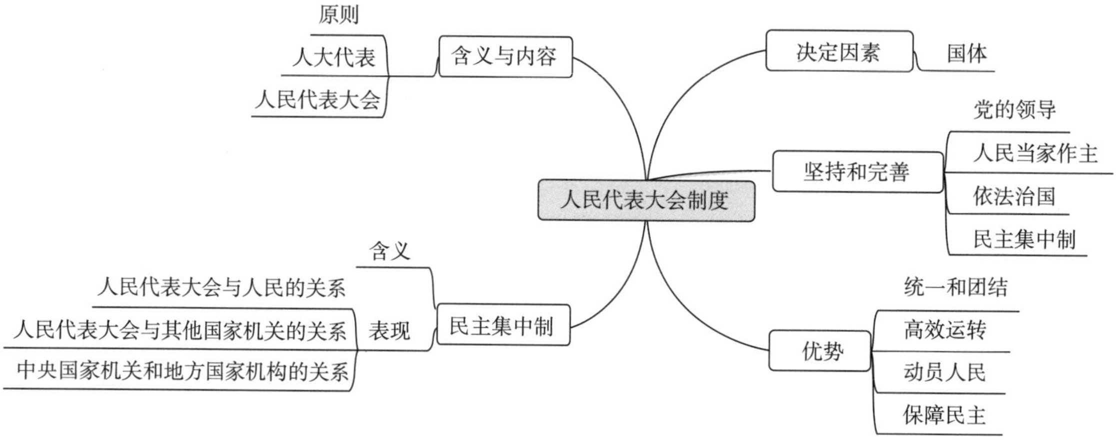

图11-1 “人民代表大会制度：我国的根本政治制度”一课的思维导图

【教学反思】

本框题的知识点非常琐碎，易混点较多，学生不易掌握。由于本框题的知识性较强，思政课教师应当让学生阅读宪法条文，这样学生对相关内容就有了比较直观的认识，再自学教材也就不那么吃力了。思政课教师还可以引导学生将不同的知识点用思维导图的方式串起来，帮助学生系统地掌握相关知识，厘清知识之间的内在逻辑关系。在课上开展知识竞赛也可以进一步巩固学生对知识的记忆，激发学生的学习兴趣。

本框题设计的缺陷在于过于侧重知识层面的掌握，缺少能力方面的训练。如果能结合生活化的材料加强能力方面的训练，则有助于学生进一步理解宪法的内容，提高学生对知识的运用能力。

【学生评价】

这样的教学可以提高我们的自学能力。阅读宪法条文让我们能近距离地接触宪法，画思维导图可以帮助我们梳理出知识的结构。我们最喜欢的是知识竞赛，同学们的积极性都很高，知识竞赛不但检验了我们对知识的掌握情况，而且还调动了大家的学习热情，增强了合作学习的意识。

【听课教师评价】

A老师的教学设计能调动学生的学习积极性，有助于培养学生的学习自觉性，但本节课过分注重基础知识的灌输，缺乏能力提升和价值引领。这样的教学设计对学生学科核心素养的培育明显是不能达标的。

提高学生的宪法意识，靠学习法律条文、画思维导图、搞知识竞赛显然是不够的。如何帮助学生将知识转化为能力，真正做到知行合一？带着这个问题，B老师与C老师进行了以下尝试。

（二）B老师：背景材料试题讲练

1. 学生自学并思考以下问题，然后完成学案上的相关练习题

（1）我国的国体与政体分别是什么？它们之间有什么关系？
（2）人民代表大会制度的组织和活动的原则是什么？
（3）人民代表大会制度的基本功能是什么？为什么说它是我国的根本政治制度？
（4）人民代表大会制度的优势是什么？

2. 教师检查学生的练习情况，并讲解相关知识点和易错点

B老师要求学生将每道题的相关知识点记录在学案上，在课堂讨论中相互质疑，并对学习中的疑点和难点进行记录。在课堂导入环节，B老师选取了以中华人民共和国成立70周年为背景的试题，结合五个考点，以练代讲，通过试题讲评和点睛来进行人民代表大会制度具体内容的教学，最后通过主观题的练习加强前后知识的联系，实现知识的迁移运用。下面是“人民代表大会制度的优势”“人民代表大会制度的组织和活动原则——民主集中制”“人民代表大会与其他国家机关的关系”这三个考点的教学说明。

（1）考点1：人民代表大会制度的优势。

中华人民共和国成立70多年来，我国经济社会发展取得了举世瞩目的辉煌成就。历史已经证明，也必将继续证明，中国发展奇迹背后的“政治动因”，在于新时代中国特色社会主义道路所彰显的政治优势。这种政治优势体现在（　　）。

① 以人民当家作主为根本保证
② 中国共产党是领导我们事业的核心力量
③ 国家机关之间彼此制衡、互相监督
④ 实行人民代表大会制度

A. ①③　　B. ①④　　C. ②③　　D. ②④

讲评：我国的政治优势在于以保证人民当家作主为根本目的，所以①是错误的。中国共产党的领导是党和国家的根本所在、命脉所在，中国共产党是领导我们事业的核心力量，我国的政体是人民代表大会制度，所以②和④符合题意。我国国家机关之间并不是彼此制衡的，人民代表大会与其他国家机关之间是监督与被监督的关系，不是互相监督，所以③是错误的。故正确选项为D。

点睛：人民代表大会制度的优势在于保障了人民当家作主，动员了全体人民投身于社会主义建设，保证了国家机关协调高效运转，维护了国家统一和民族团结。

（2）考点2：人民代表大会制度的组织和活动原则——民主集中制。

2019年10月21日，《中华人民共和国生物安全法（草案）》首次提请十三届全国人大常

委会第十四次会议审议。针对我国法律对前一时期发生的生物技术误用等行为和事件缺乏相应处罚规定的问题，草案明确了相应的责任和处罚，填补了法律空白。《中华人民共和国生物安全法》的制定程序是（　　）。

① 全国人大常委会对《中华人民共和国生物安全法（草案）》进行初审

②《中华人民共和国生物安全法（草案）》通过全国人大网向社会公开征求意见

③ 国务院常务会议讨论通过《中华人民共和国生物安全法（草案）》

④ 全国人大常委会审议通过《中华人民共和国生物安全法》

A. ③→①→②→④　　B. ③→④→①→②

C. ④→①→②→③　　D. ④→②→①→③

讲评：根据题意，《中华人民共和国生物安全法》的修改首先要由国务院常务会议讨论通过《中华人民共和国生物安全法（草案）》，故③排第一。有了草案以后，全国人大常委会对《中华人民共和国生物安全法（草案）》进行初审，故①排第二。全国人大常委会对《中华人民共和国生物安全法（草案）》进行初审之后，再通过全国人大网向社会公开征求意见，故②排第三。经过征求意见、修改完善等过程，最后由全国人大常委会审议通过《中华人民共和国生物安全法》，故④排第四。因此，正确的排序是③→①→②→④，故选项A正确。

点睛：人民代表大会制度的组织和活动原则是民主集中制。民主集中制是民主基础上的集中和集中指导下的民主相结合的制度。它主要表现在三个方面：人民代表大会与人民的关系；人民代表大会与其他国家机关的关系；中央和地方国家机构的关系。

（3）考点3：人民代表大会与其他国家机关的关系。

为充分发挥基层国家权力机关的作用，某县人大常委会实行工作评议制度，任期内完成了对县政府全部组成部门的评议，有力推进了环卫体制改革创新、学前教育的资源投入等方面的工作，得到了社会各界的好评。该县人大常委会评议政府工作的意义主要表现在（　　）。

① 强化了县人大常委会的监督工作

② 改变了县人大常委会的职权范围

③ 行使了县人大常委会对县域事务的决定权

④ 是推进县人大常委会工作的制度探索

A. ①②　　B. ①④　　C. ②③　　D. ③④

讲评：②是错误的，县人大常委会的职权范围没有改变。③的表述与题意不符，该县人大常委会对政府工作进行评议强化了县人大常委会的监督工作，这也是推进县人大工作的制度探索，故正确选项是B。

点睛：人民代表大会是人民选举产生的国家最高权力机关，是人民代表大会制度的组织形式；人民政府是国家权力机关的执行机关，是管理国家事务的行政机关。

【教学反思】

本框题的内容较多，学生不易掌握，尤其是对民主集中制的理解比较困难。教材内容涉及了不少宪法条文，但是只学习宪法条文是解决不了问题的。所以，我以练代讲、以讲促练，这样可以在练习中提升学生的答题技能，在试误中强化他们对人民代表大会制度这部分知识的理解与运用，这样也可以大大节省教学时间，学生的学习效率会比较高（如图11-2所示）。

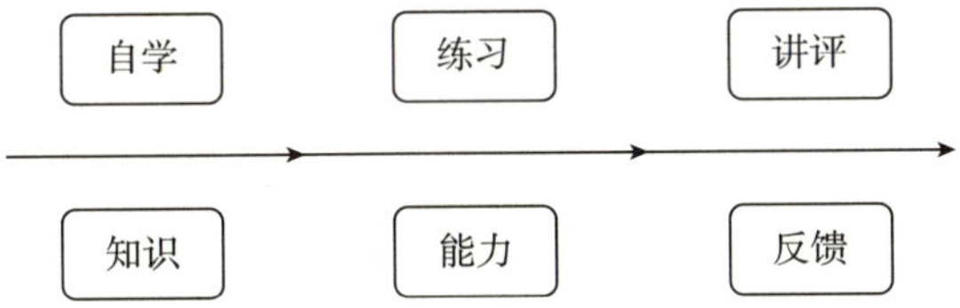

图11-2 “背景材料试题讲练”教学模型

本节课的不足之处是学生一直处于紧张的练习状态，教学方式比较机械、呆板，缺乏新意。而且在讲解过程中，学生缺乏对知识的系统掌握，知识结构没有很好地建立起来。

【学生评价】

这样的课具有一定的挑战性，我们先自学、后自练，再共同进行讨论，这样可以大大提高我们的做题能力，提高我们的考试成绩。

【听课教师评价】

Y学校的思政课教师在集体评课时出现了不同的声音：一部分思政课教师认为这样的课具有实用性，有助于提高学生的学习成绩。另一部分思政课教师却认为这样的课的确注重了“双基”训练，提高了学生的应试能力，但学生的宪法意识和学科核心素养目标如何落地还是个问题。能不能在“双基”的基础上提高学生的学科核心素养，使眼前利益与长远利益、局部利益与整体利益结合起来？

（三）C老师：项目议题式教学法

在现有宪法教育的基础上怎样开展宪法教育的启发式和隐性教育，开启高中思政课宪法教育的浸润之旅呢？C老师进行了积极的尝试。

C老师在研读《普通高中思想政治课程标准（2017年版2020年修订）》和钻研教材的基础上，运用议题式教学方法，结合Y学校正在推行的项目化学习，创设具有冲突性的教学情境。C老师将学生分成不同的学习小组，引导学生开展项目探究，把宪法教育寓于项目议题中，从而实现润物细无声的浸润效果。

以下是部分课堂实录：

议题：为什么我国的人民代表大会制度比西方的议会制度更具优越性？

（1）项目一：透过两会看政体。

2022年3月5日至11日，第十三届全国人民代表大会第五次会议在北京召开。会议听取和审议了国务院总理李克强所作的政府工作报告，听取和审议了最高人民法院工作报告和最高人民检察院工作报告。此外，会议表决通过了2021年国民经济和社会发展计划执行情况与2022年国民经济和社会发展计划的决议。

讨论：为什么“一府两院”要向全国人民代表大会作报告？

（2）项目二：课堂激辩悟优势。

当美国总统特朗普在河内与朝鲜最高领导人金正恩举行历史性会谈时，美国国内正在举行一场针对特朗普的“大批判”。先是众议院否决了特朗普的“紧急状态令”，紧接着特朗普的前律师、“通俄门”的重要证人科恩在众议院听证会上大肆“揭发”特朗普的种种不堪，甚至有人推测这正是美朝会谈没有达成共识匆匆收场的原因之一。

特朗普自上任以来就一直受到国内政治精英的排挤，一场场党派争斗的闹剧不仅让美国人民感到糟心，更让世人开始思考被认为能够确保民主制度有效运行的三权分立体制到底出了什么问题。

辩论：我国的人民代表大会制度与西方的议会制度到底哪个更具优越性？

（3）项目三：制度自信需坚持。

当前，我国的人民代表大会制度也存在一些问题，如人大代表的选举及其人员组成结构、人民代表大会的议事规则和会期制度，以及人民代表大会及其常委会对“一府两院”的监督制约机制等还存在不少需要改进的地方。

申论：面对我国人民代表大会制度存在的问题，我们如何才能增强制度自信？请从宪法教育的角度撰写250个字左右的发言稿。

【教学反思】

本节课以议题为统领，以项目为抓手，教学设计简约而又富有内涵。通过对教学内容进行项目化设计，为学生打造了一个活动型课堂，激发了学生的学习兴趣，通过讨论、辩论、申论，丰富了学生的知识储备，检验了学生知识的迁移运用能力（如图11-3所示）。

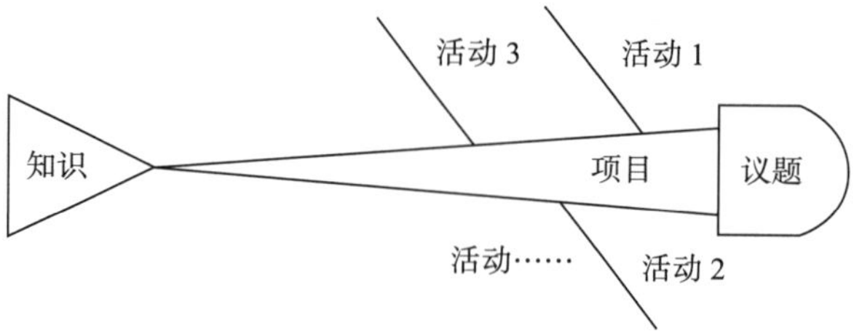

图11-3 “项目议题式教学法”教学模型

在活动中，学生提高了对宪法的认识，提高了他们的法治意识和公共参与的学科核心素养。尤其是“课堂激辩悟优势”这一活动环节的设计，不再是教师让学生画教材或直接向学生灌输我国的人民代表大会制度具有巨大的优越性，而是让学生通过学习活动去领悟我国的人民代表大会制度保障了人民当家作主，动员了全体人民投身于社会主义建设，保证了国家机关协调高效运转，维护了国家统一和民族团结，体现了我国社会主义民主政治的鲜明特点，是全面建成小康社会、实现中华民族伟大复兴的可靠保障。这体现了高中思政课宪法教育的启发性和浸润性。

【学生评价】

这节课的挑战性太强了，我们感觉自己学的知识不够用。为了辩论，我们还要查阅相关资料，撰写辩论稿。再也没有同学上课时打瞌睡了，大家的积极性都很高。我们感觉这节课对我们很有用，就是不知道考试能不能考好。

【听课教师评价】

这样的课在教学设计上整体感很强，注重学生学习能力和学科核心素养的培养，符合新课程的理念。宪法意识和政治认同等学科核心素养在项目议题式教学中得到了很好的浸润。学生们不是被动地接受知识的灌输，而是积极主动地去探究和获取知识，学生的主体地位得到充分体现。

三、讨论：“灌输”与“浸润”的教学效果有何不同?

A、B、C三位思政课教师都从自身的教学理念和教学经验出发，对“人民代表大会制度：我国的根本政治制度”这一框题进行了个性化教学设计。这三位思政课教师的教学方式在思政课渗透宪法教育的实践中具有一定的代表性。

A老师侧重于学生对知识的记忆，缺乏对知识的深层挖掘，同时也缺乏能力训练，很难在学生的脑海中留下多少印记。

B老师以应试为目标，注重学生的答题训练，以练代讲，虽然这在一定程度上能提高学生的应试能力，但学生对知识的理解和掌握是片段式的、碎片化的，整节课的设计只有知识讲解和习题讲评，忽视了对学生宪法意识和高阶思维的培养。

A、B两位思政课教师尽管做到了先学后教，有别于其他思政课教师的直接灌输，但这两节课在教学方式上仍属于灌输式教学模式，只不过由教师课堂直接灌输改为学生先灌、教师后灌，教学仍停留在“双基”层面，缺乏对学生的价值引领和学科核心素养的观照。这样的课堂很难实现学生对我国宪法和国家制度的认同，宪法意识和学科核心素养的培养也就无从谈起。

C老师运用项目议题式教学法，对问题进行项目化设计，激发了学生的学习兴趣，促进课堂的动态生成，课堂指向学生学科核心素养目标的落实，学生在思辨中运用科学精神进行理性分析，增强了学生对宪法的理解，宪法意识在活动中得到了潜移默化的浸润。

为了进一步验证实际教学效果，这三位思政课教师分别从所任教的班级中随机选取了五位学生参加座谈，请他们谈谈本节课的收获。以下节选了部分学生的体会：

学生1：我比较喜欢自学，但我不喜欢看法律条文，这些法律条文没有温度，学起来冷冰冰的。我还是比较喜欢思维导图的学习方式。

学生2：这节课我感觉时间很紧张，我要在规定的时间内看书、找重点、做练习，做完了还要比较正确率，不但要纵向比较，还要横向比较。说实话，我做题的正确率的确比以前提高了不少，但这样的课我是真心不太喜欢。

学生3：我感觉光学不练没有用，只有练习才能提高能力。我初三就是从题海中走出来的，所以我比较喜欢做题的感觉。

学生4：我感觉课堂上老师可以借鉴一些综艺节目，中央电视台就有不少类似的节目，比如“中国诗词大会”“中国汉字听写大会”之类的，这些形式寓教于乐，效果真不错。

学生5：我认为我们高中生应该加强自己的思维训练，不能过度娱乐化。今天这节课的三个项目使我们的思维得到了头脑风暴式的训练。这样的课比较有内涵、有价值。我们不但学到了知识，而且还加深了对宪法和国家制度的理解，这对我们形成正确的三观很有帮助。

学生6：刚开始时我们感觉今天的课好难啊，但是我们通过小组合作，运用集体的智慧，比较快地解决了问题。

学生7：在我来看，我希望能找到一种适合自己的学习方式。可能每个人的特点都不一样，每个人的学习方式也不一定一样，老师的教学是不是也要考虑学生们的不同特点呢？

学生们对课堂教学的评价虽然不一定全面和正确，但我们还是能从中了解到他们所期待的课堂的模样。“学生第一”是思政课教师需要坚持的一个总的原则，在将宪法知识融入高中思政课的过程中，思政课教师要重视宪法教育对培养学生宪法精神的重要价值，不能认为其可有可无。思政课教师要不断地创新教育教学方法，充分发挥学生的主体作用，积极关注同行和学生对教学评价的反馈。

四、结语

高中思政课的宪法教育是选择“灌输”还是“浸润”，其背后体现了不同的教育理念。D老师带领的研究小组的三位思政课教师分别采用了“宪法条文+思维导图”“背景材料试题讲练”以及“项目议题式教学法”等教学模式，呈现了三种不同样态的宪法教育课。通过案例比较，我们发现适应新课改需要的议题式教学法更有利于宪法教育的浸润。然而，如何针对不同的宪法教育内容运用“灌输”与“浸润”这两种教育方式？高中思政课宪法教育方式如何改进更有效？对这些问题的探讨在一定程度上丰富了思政课教学理论，也提升了Y学校思政课教师的教学能力和研究素养。当然，研究并没有结束，一切才刚刚开始。“灌输”与“浸润”是完全对立的吗？长久地“灌输”是不是就是“浸润”？如果采用“浸润”的教育方式，那么思政课教师应该如何处理好应试与发展、知识与素养的关系？高中生通过初中道德与法治课的学习，已经具备了一定的知识基础，思政课教师又该如何对学生进行宪法教育的深度浸润呢？这些问题还有待我们进一步思考与研究。

思考题

1. 宪法教育方面的内容在高中思想政治教材中是如何编排的？如果由你来执教宪法方面的内容，你会选择哪部分内容？你会运用何种方式来开展教学？

2. A老师的“宪法条文+思维导图”的宪法教育方式存在哪些问题？A老师应该如何进行优化？

3. B老师采用的“背景材料试题讲练”的宪法教育方式，其应试痕迹较重，为何还能得到学校和学生的认可？作为思政课教师，你觉得应如何将宪法教育的应试与素养培育有机结合起来？

4. 简述你对C老师采用的“项目议题式教学法”的理解。你认为该方式是如何体现宪法教育的浸润之路的？

5. 本案例中，A、B、C三位思政课教师的教学设计分别给你带来哪些教学启示？

【本案例入选教育部“中国专业学位教学案例中心案例库”（编号：202004510092）】

案例12　利用优秀传统文化培育学生科学精神素养的实践探索

（赵昆，江苏省宿迁市青华中学教师，江苏省正高级教师，江苏省特级教师；
侍青，江苏省宿迁市教师发展学院主任，江苏省正高级教师）

2014年3月，教育部印发的《完善中华优秀传统文化教育指导纲要》指出，加强中华优秀传统文化教育，是深化中国特色社会主义教育和中国梦宣传教育的重要组成部分，是构建中华优秀传统文化传承体系、推动文化传承创新的重要途径，是培育和践行社会主义核心价值观、落实立德树人根本任务的重要基础。《普通高中思想政治课程标准（2017年版2020年修订）》指出，思想政治学科核心素养主要包括政治认同、科学精神、法治意识和公共参与。其中，我国公民的科学精神，“就是在认识世界和改造世界的过程中表现出来的一种精神取向，即坚持马克思主义的科学世界观和方法论，能够对个人成长、社会进步、国家发展和人类文明作出正确的价值判断和行为选择”。2019年3月，习近平总书记在学校思想政治理论课教师座谈会上发表重要讲话时提出，推动思政课改革创新要坚持灌输性和启发性相统一、坚持显性教育和隐性教育相统一。如何创新思政课堂，促进学科核心素养落地生根？笔者根据以上的理论指导，结合自身的教学实践作了如下思考与探索。

一、困惑：如何利用优秀传统文化培育学生的科学精神素养？

新课程实施以来，Q学校高中政治教研组Z老师围绕“利用优秀传统文化培育学生科学精神素养”这一主题，对本市市区的部分高中思政课教师进行了调研。他们的反馈如下：

反馈1：思政课教师可以在哲学教学中融入优秀传统文化，使学生通过对优秀传统文化的研读和领悟，获得精神的充盈，激发他们生命的活力；学生的情感、态度和价值观会随着优秀传统文化所倡导的价值观潜移默化地发生变化，这样情感、态度和价值观才会内化为学生的优良品格。

反馈2：学科核心素养形成的主要载体是学科知识，所以知识的传授尤为重要。在掌握知识的前提下，思政课教师应该强化对学生的习题训练，提高学生的应试能力，这样才能提高教学的实效性。

反馈3：在新课程的背景下，利用好优秀传统文化对培育学生的科学精神素养尤为重要，但是这对思政课教师的要求很高，真正实施起来难度较大。思政课教师可以优秀传统文化为依托，开展活动型学科课程教学，如确立议题、设计活动等，这对培育学生的科学精神素养是十分有效的。但是这样的教学形式能否提升学生的学业测试成绩，还有待进一步考察。因此，用优秀传统文化培育学生的科学精神素养还任重而道远。

由此可见，在教学实践中，一线思政课教师虽然认同利用优秀传统文化培育学生的科学精神素养，但是他们并没有找到行之有效的方法并加以落实。为了进一步探索优秀传统文化对培育学生科学精神素养的实施路径，Z老师在本校成立了一个研究小组，并开展了以下教学研讨活动。

1. 研讨问题1：高中思想政治统编版教材必修4《哲学与文化》中的哲学部分，有哪些内容是通过渗透优秀传统文化来培育学生的科学精神素养的？学生应该具有哪些科学精神？

A老师：必修4《哲学与文化》的第一课引用了《周易》中的观点，第二课引用了《周易》《尚书》《坛经》《孟子》中的相关观点和老子的朴素唯物主义观点等，第三课引用了史伯、老子、孔子、孙武、荀子、张载的名言和一些成语等，第四课引入了老子、庄子、荀子的观点和唐代诗人孟浩然、宋代诗人陆游的诗句等，第五课引用了《管子》中的观点，第六课引用了唐代诗人李约的诗句等。

B老师：必修4《哲学与文化》第一单元的综合探究部分引用了老子、韩非子、董仲舒、郭象等人的思想和观点，第二单元的综合探究部分引用了清代诗人龚自珍的思想和观点。这说明哲学和文化是相互融合的，哲学思想深深根植于优秀传统文化之中，优秀传统文化又因蕴含丰富的哲学思想而更具有魅力。

C老师：教材中引用了很多优秀传统文化素材，这就要求我们利用好这一宝贵资源。它不仅丰富了我们的教学资源，而且还能诠释深刻的哲学道理，同时又带给学生深刻的人生启迪，有利于引导学生坚持马克思主义的科学世界观和方法论。

通过研讨，三位教师达成共识：教材中的优秀传统文化所内蕴的道德情操、人文精神和正确的价值观念等，有利于培养学生实事求是、与时俱进、自强不息、脚踏实地、勇于创新等科学精神。

2. 研讨问题2：在教学过程中，思政课教师应该采用什么方式借助优秀传统文化培育学生的科学精神素养？

A老师：思政课教师可以采用点题教学法进行教学，即围绕教材中的知识点，结合优秀传统文化，以问题为中心、训练为主线，师生通过分析、探讨来理解重难点。通过相关习题的训练，学生既可以感悟到优秀传统文化中所蕴含的哲学道理，又能提高自己的应试能力。教师可以通过对优秀传统文化知识的拓展，培育学生的科学精神素养。

B老师：教材中涵盖了不少优秀传统文化，丰富了教学资源，对引导学生阅读、赏析起到了一定的作用。因此，思政课教师可以采用篇章结构式教学模式，将优秀传统文化素材嵌入篇章中，每个篇章以标题统领，围绕优秀传统文化来设计有思维含量的问题。在思政课教师的引导下，通过人与知识、人与他人、人与自我的对话，学生能够深刻理解优秀传统文化所包含的哲学道理，科学精神素养也会随着学生对优秀传统文化的深刻感悟而落地生根。

C老师：秉持新课程理念，我们可以进行议题式教学。议题的设计要围绕优秀传统文化，要具有开放性、引领性，要体现学习重点、针对学习难点，要围绕议题开展活动型学科课程教学，要让学生在平等、民主的氛围中开展活动，通过活动内化知识、涵养情感。这样更有利于培育学生的科学精神素养。

二、探索：利用优秀传统文化培育科学精神素养的教学实践

经过商榷，三位思政课教师决定以必修4《哲学与文化》的第三课第二框题“世界是永恒发展的”为教学内容，选择不同的教学方式进行教学。

（一）A老师：以优秀传统文化为素材的习题讲练

1. 学生自学

学生课前自学以下问题，并完成导学案上的相关习题。

（1）发展的实质是什么？

（2）什么是新事物和旧事物？判断新旧事物的标准是什么？

（3）量变和质变的含义、特点是什么？

（4）量变和质变的辩证关系是什么？

（5）如何理解事物发展的前途是光明的，道路是曲折的？

2. 习题讲练

A老师在学生自学的基础上，围绕以优秀传统文化为素材的习题，以练代讲，通过习题点评和优秀传统文化知识的拓展，实现对学生科学精神素养的培育。

（1）发展的实质。

《诗经》中有“周虽旧邦，其命维新”的论述。下列诗句与其所蕴含的哲理相近的是（　　）。

A. 谁挥鞭策驱四运？万物兴歇皆自然

B. 卧看满天云不动，不知云与我俱东

C. 沉舟侧畔千帆过，病树前头万木春

D. 耕田欲雨刈欲晴，去得顺风来者怨

点评：选项A中的诗句出自唐代诗人李白的《日出行》，它主要说明自然界中春夏秋冬的

变化是有规律可循的，规律是客观的。选项B中的诗句出自宋代诗人陈与义的《襄邑道中》，这句诗体现了运动和静止的关系，即人和船的运动是以河岸、飞花等为参照物，而静止则是以天空中的云彩为参照物。选项C中的诗句出自唐代诗人刘禹锡的《酬乐天扬州初逢席上见赠》，诗人通过生动形象的比喻，说明发展的实质是新事物的产生和旧事物的灭亡。选项D中的诗句出自宋代苏轼的《泗州僧伽塔》，这句诗说明任何事物都存在矛盾，人们要用一分为二的观点看问题。故正确的选项是C。

拓展：“周虽旧邦，其命维新”这句话出自《诗经》，说的是周文王登位后，革故鼎新，励精图治，国家焕发出新气象。这句话说明了改革创新对国家发展的重要意义。创新不仅体现了发展的实质，而且体现了辩证否定的实质是扬弃。“周虽旧邦，其命维新”启示我们要培养创新精神。

（2）量变和质变的辩证关系。

下列选项中与“不积跬步，无以至千里；不积小流，无以成江海”所蕴含的哲理相近的是（　　）。

A. 兵强则灭，木强则折

B. 为山九仞，功亏一篑

C. 单则易折，众则难摧

D. 蓬生麻中，不扶自直

点评：量变达到一定程度才会引起质变，质变是量变的必然结果。题干中的这句话启示我们要培养脚踏实地、持之以恒的精神。选项B符合题意。

拓展：“兵强则灭，木强则折”说明了强与弱在一定条件下的转化。“为山九仞，功亏一篑”比喻做事情只差最后一点没能完成，说明要成就大事业必须重视量的积累，只有量变达到一定程度才会引起质变。“单则易折，众则难摧”这句话强调了整体的重要性，部分是离不开整体的。“蓬生麻中，不扶自直”意指蓬草长在麻地里，不用扶持也能挺立住，强调了环境对人的重要性。

（3）事物发展的前途是光明的，道路是曲折的。

唐代诗人李贺在《致酒行》中写道：“少年心事当拏云，谁念幽寒坐呜呃。”这句诗给我们的哲学启示是（　　）。

A. 事物发展的道路是曲折的，要直面困难和挫折

B. 事物发展的方向是前进的，要悉心保护新事物

C. 量变是质变的必要准备，要从点滴小事做起

D. 质变是量变的必然结果，要抓住时机促成质变

点评：“少年心事当拏云，谁念幽寒坐呜呃”这句诗告诉我们，少年应当有凌云壮志，怎能一蹶不振，老是唉声叹气呢？人生总会遇到各种困难和挫折，只有发扬奋发进取的精神去

战胜困难和挫折，才能实现人生目标。选项B、C、D均不符合题意，故正确的选项是A。

拓展：一个年轻人应当具有上天撷取彩云的高昂斗志，怎么能听凭客观环境的摆布，坐在那里长吁短叹呢？我们应当批判形形色色的宿命论，克服“这也不可能，那也办不到”的无所作为的思想，立下志向，充分发挥自己的主观能动性，实现人生理想。

【教学反思】

本框题以优秀传统文化为依托，激发了学生的参与意识。从教学效果来看，学生通过自学和练习，以及对传统文化的解读，能够比较准确地理解教材的内容，达到了以练代讲、以讲促练之效，提升了学生的答题能力。从教学目标来看，学生的能力得到了提高，情感、态度、价值观得到了有效提升。但是，由于学生对一些优秀传统文化的背景和意蕴了解不够或理解不清，所以我不得不花时间进行拓展提升。

图 12-1 展示了本节课的具体教学流程。

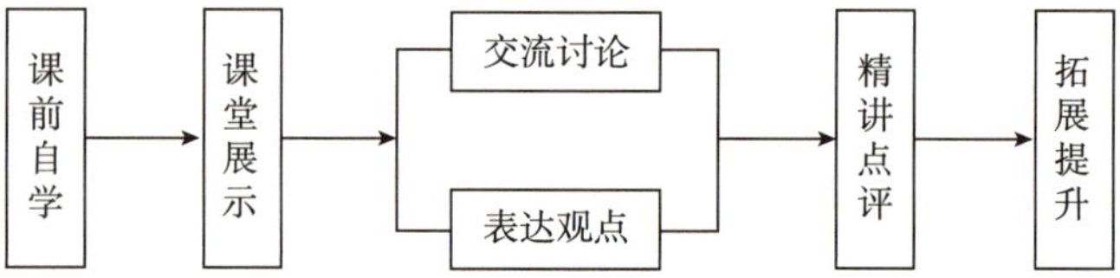

图 12-1　A老师的教学流程

【听课教师评价】

本节课以习题的方式呈现优秀传统文化，可谓新意十足。学生在感悟优秀传统文化中掌握了知识，在训练中提高了应试能力，在拓展环节又给予学生正确的价值引领，三维目标得到了体现。不过，本节课的教学方式单一，容易导致学生对知识的掌握不够系统，知识结构很难建立起来。同时，这节课更多是让学生在记忆中接受知识，学生没有养成深度思考和质疑的习惯，知识很难转化成学科核心素养，而实现“知识课堂”向“素养课堂”的转型才是我们的教育追求。

（二）B老师：篇章结构式教学

1. 第一篇：脚踏实地，实现自我

经典再现：

莫道谗言如浪深，莫言迁客似沙沉。
千淘万漉虽辛苦，吹尽狂沙始到金。
——[唐]刘禹锡《浪淘沙（其八）》

问题导思：

（1）“千淘万漉虽辛苦，吹尽狂沙始到金”这句诗主要体现了什么哲学道理？

（2）上问中的这句诗对我们个人的成长有何指导意义？

学生1：“千淘万漉虽辛苦，吹尽狂沙始到金”说明了量变是质变的前提和必要准备，质变是量变的必然结果。

学生2：只有经过千遍万遍的过滤，历尽千辛万苦，最终才能淘尽泥沙，得到闪闪发光的黄金。这启示我们做任何事情都要从一点一滴的小事做起，脚踏实地，埋头苦干，重视量的积累，为实现事物的质变创造条件。

B老师：这句诗启示我们，在个人成长的道路上，要坚持不懈，迎难而上，不但要创造条件，更要抓住时机，这样才能实现人生的飞跃和发展。

2. 第二篇：明辨方向，坚信自我

经典再现：

形气者，亦受于天者也，非人之能自有也；而新故相推，日生不滞如斯矣。

——[明末清初]王夫之《尚书引义·太甲二》

问题导思：

（1）“而新故相推，日生不滞如斯矣”是否表明新事物的发展是一帆风顺的？

（2）结合对“而新故相推，日生不滞如斯矣”这一观点的理解，请你解读“辩证的否定是联系和发展的环节”。

学生1：“而新故相推，日生不滞如斯矣”表明新旧事物的交替变更不会随着时间的变化而停滞不前，也表明了事物发展的前途是光明的，道路是曲折的。新事物总要经历一个由小到大、由不完善到比较完善的过程，旧事物又总是极力扼杀新事物。因此，新事物的发展不可能一帆风顺。

学生2：王夫之的观点告诉我们，新事物产生于旧事物，它总是吸取、保留旧事物中积极的因素作为自己存在和发展的基础。因此，辩证的否定是联系和发展的环节。

B老师：“而新故相推，日生不滞如斯矣”体现了发展的实质、辩证否定的实质等哲学道理。虽然新事物的发展不是一帆风顺的，但是事物发展的方向是前进的、上升的，所以我们要对新事物充满信心。当然，人生的道路也不是一帆风顺的，因此，我们要坚定信念，不断克服前进道路上的困难，从而不断走向成功。

3. 第三篇：自强不息，超越自我

经典再现：

莫言下岭便无难，赚得行人错喜欢。

正入万山圈子里，一山放出一山拦。

——[南宋]杨万里《过松源晨炊漆公店》

问题导思：

（1）杨万里的这首诗主要体现了什么哲学道理？

（2）这首诗启示我们应该具有什么样的科学精神？

学生1：这首诗告诉我们，人生其实就像翻山越岭一样，会遇到各种各样的困难，你刚刚爬过一座山，另一座山立刻将你阻拦。这说明事物发展的方向是前进的、上升的，道路是曲折的、迂回的。

学生2：我们要不断克服前进道路上的困难，勇敢地面对挫折与考验，要有积极进取、自强不息的科学精神。

B老师：诗人借助景物描写和生动形象的比喻告诉我们，人就是要不断地与各种困难作斗争，无论顺境或逆境，我们都应保持警醒，不可懈怠，这样才能不断超越自我。

4. 制作思维导图

在赏析诗词和回答相关问题的基础上，师生共同制作本课的思维导图（如图12-2所示）。

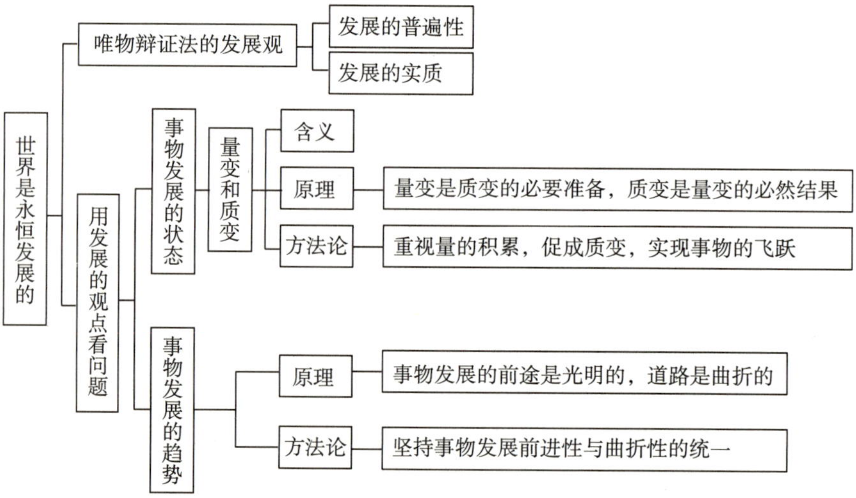

图12-2 “世界是永恒发展的”一课的思维导图

【教学反思】

在教学中引入刘禹锡、杨万里的诗词和王夫之的观点，激发了学生的学习兴趣。经过师生共同探讨，学生比较容易理解以上优秀传统文化所蕴含的哲学道理。学生通过对相关问题的思考，懂得了人生只有不断地进取，才能突破自我，实现人生目标。从教学效果来看，本框题的教学设计使枯燥的概念生动化，使深奥的道理浅显化，学生的辩证思维能力得以提升，学生的科学精神素养随着对优秀传统文化的感悟而自然达成。

【听课教师评价】

B老师的三个教学篇章设计新颖、主题突出，起到了提纲挈领的作用。在教学中，学生的参与度较高，达成了预设与动态生成的统一。学生不但理解了抽象的哲学原理，而且还懂得了知识背后的价值和意义，有效地实现了优秀传统文化与科学精神素养的有机统一。当然，作为一节特色鲜明的课，这节课突出了育人、化人的功能，但就新课程理念的实施来看，这节课还有所欠缺，议题式教学没有得到充分体现，学生的深度学习不够。

（三）C老师：议题式教学

C老师在研读课程标准和新教材的基础上，围绕教材内容设计议题，引导学生开展议学活动，从而实现对学生科学精神素养的有效培育。

议题：如何用发展的观点看问题？

1. 议学活动一

经典赏析：

清末民初时期的著名学者王国维曾经引用三首宋词中的词句，形象地说明了做学问的三个阶段。

第一个阶段是“昨夜西风凋碧树，独上高楼，望尽天涯路”。

第二个阶段是“衣带渐宽终不悔，为伊消得人憔悴”。

第三个阶段是“众里寻他千百度。蓦然回首，那人却在，灯火阑珊处”。

议题导思：

从做学问的三个阶段来看，事物的发展是如何实现量变和质变的统一的？

学生1：以上三个阶段主要说明做学问要冥思苦索、艰辛探求，只有经过长期的努力和积累，最后才会取得丰硕的成果。事物的发展总是从量变开始，量变是质变的必要准备。所以，我们在学习的过程中要注重知识的积累，为实现人生理想而不懈努力。

学生2：做学问的三个阶段表明，事物的发展就是这样由量变到质变，又在新质的基础上开始新的量变，如此循环往复，实现量变和质变动态的统一。这启示我们在人生发展的重要节点上，当量变已经达到一定程度时，要抓住时机促成质变，实现人生的飞跃。我们要锲而不舍、坚持不懈，不断攀登新的高峰。

C老师：所有有所成就的人，从“不知”到“知”，从“知之不多”到“知之较多”，无不经历了“望尽天涯路”“衣带渐宽终不悔”“众里寻他千百度”等阶段。正因为有了这种量的积累，有朝一日才能够一触即发，一通百通，豁然开朗。可见，任何事物的发展都是量变和质变的统一。因此，在个人发展的过程中，我们既要注重量的积累，又要善于抓住机遇，不断实现自我发展。

2. 议学活动二

经典赏析：

十岁裁诗走马成，冷灰残烛动离情。
桐花万里丹山路，雏凤清于老凤声。
——[唐]李商隐《韩冬郎即席为诗相送因成二绝》

议题导思：

结合对李商隐诗句的理解，谈谈我们应如何用发展的眼光看待新事物。

学生1：诗句中的“雏凤”喻指新事物，而“老凤”喻指旧事物。新事物是符合客观规律、具有强大生命力和远大的发展前途的事物。所以，新事物的发展前途是光明的。

学生2：雏凤虽然具有老凤所不可比拟的优越性，但是雏凤作为新事物不可避免地存在着弱点和不完善的地方，人们对它的认识也有一个过程。可见，新事物发展的道路是曲折的。

C老师：诗中所提到的少年才思敏捷，年仅10岁就能像奔跑的马一样飞速地即席赋诗。在梧桐花盛开的丹山路上，那雏凤的鸣声肯定比老凤更加清亮、动听。这首诗旨在说明后来者居上，年轻人必将超过老一辈，拥有远大前程。所以，我们要支持并悉心保护新事物，促使其成长、壮大。

3. 议学活动三

经典赏析：

清代著名的文学家、画家郑板桥自述画竹的体会：“江馆清秋，晨起看竹，烟光日影露气，皆浮动于疏枝密叶之间。胸中勃勃遂有画意。其实胸中之竹并不是眼中之竹也。因而磨墨展纸，落笔倏作变相，手中之竹又不是胸中之竹也。”[1]

议题导思：

从郑板桥画竹的过程来看，我们应该如何用辩证否定的观点看待个人发展？

学生1：郑板桥的艺术创作分为“眼中之竹—胸中之竹—手中之竹”三个阶段。由“眼中之竹”到“手中之竹”的过程，体现了他思维过程中的辩证否定，这是一个扬弃的过程，是一个不断超越的过程。

学生2：郑板桥画竹的过程启示我们要学会自己否定自己，自己发展自己。对原有的学习方法、思维方法，既不能简单肯定，也不能简单否定，要克服落后、消极的方法，保留其中积极合理的因素，这样才能不断进步。

C老师：“眼中之竹”是竹子的现实形态，对“眼中之竹”加以揣摩，弃其原始外形，得其神韵，便成为“胸中之竹”。“胸中之竹”只是一种观念，“手中之竹”克服了“胸中之竹”外形不足的缺点，

---

[1] 杜占明．中国古训辞典 [M]. 北京：北京燕山出版社，1992：696.

以绘画的形式将“胸中之竹”转化为艺术形象。“胸中之竹”对“眼中之竹”、“手中之竹”对“胸中之竹”既肯定又否定，即辩证的否定。这说明任何事物都要经历肯定、否定，再到否定之否定的辩证发展过程。这要求我们摈弃因循守旧、墨守成规的传统思维方式，要用发展的眼光看问题。青年学生除了在学习方法上要不断更新外，还要在思想上敢于质疑，在行动上勇于探索，这样才能在瞬息万变的时代潮流中与时代同行。

【教学反思】

本节课以优秀传统文化为切入点，以议题为统领，以活动为抓手，体现了活动型学科课程的特色，调动了学生参与的积极性。议题的设置检验了学生知识的储备和迁移能力，活动的开展使学生敢于表达不同的见解，敢于针对不同的问题提出相应的解决方案。学生通过对优秀传统文化的感悟，懂得了深奥的哲学道理，树立了科学的世界观、人生观和价值观，并能对个人成长作出正确的价值判断和行为选择，从而有效地培育了学生的科学精神素养。

从整个教学流程来看，学生在丰富的情境和民主平等的氛围中活动，通过活动内化知识、涵养品格、升华情感，体现了优秀传统文化对培育学生科学精神素养的应有价值。

图 12-3 展示了C老师的议题式教学的具体流程。

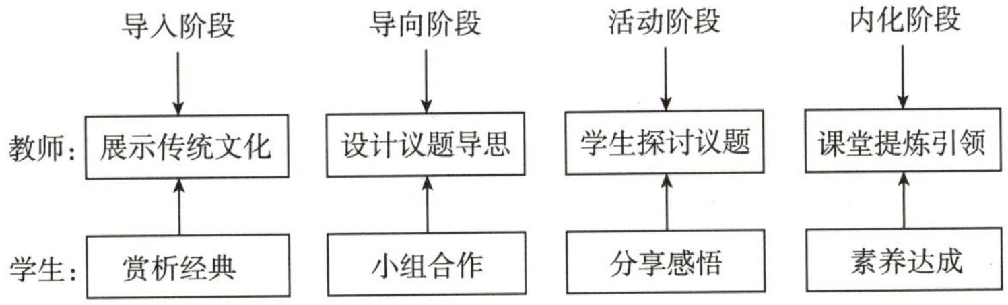

图 12-3　C 老师的教学流程

【听课教师评价】

Q 学校的思政课教师在课后的教学研讨中认为，这节课在教学设计上体现了新课程的理念。议题的设计紧扣教材，体现了优秀传统文化和知识主线的有机统一，议题体现了教学重点和学习难点，对议题的探讨提升了教学活动的品质。随着学生对优秀传统文化的解读、思考，科学精神素养已深深烙印在学生的心田，流淌在他们的血液里。

三、讨论：优秀传统文化能否有效达成对学生科学精神素养的培育？

为了进一步验证实际的教学效果，三位教师分别从任教的班级中随机选择了六位学生参加座谈，以下是他们的体会：

学生 1：以古诗词为题材的习题给我们耳目一新的感觉，老师将古诗词融入习题中，不仅让我们感受到优秀传统文化的魅力，而且还能提高我们的应试能力。但是，我们所掌握的知识比较零散，不够系统。

学生2：优秀传统文化进课堂让我们感到亲切，三个篇章就像一篇文章，让我们领略到了一种结构美。在这样的情境中，我们的思绪很自然地徜徉在古诗词的世界里，这些古诗词让我明白了很多生活哲理。

学生3：老师以优秀传统文化为依托设计的三个议学活动，促进了我们对表层知识的深度理解，同时也丰富了我们的知识体验和人生阅历。老师借助哲理带领我们感悟人生，培养了我们锲而不舍、勇于探索的精神，有利于我们形成正确的价值取向和道德定力。

学生4：古诗词进课堂，提高了我们的辩证思维能力，培养了我们健康向上、乐观进取的人生态度。我们学会了用马克思主义基本立场、观点和方法，观察事物、分析问题、解决矛盾。所以，我们希望优秀传统文化与议题教学相结合的课堂能一直继续下去。

学生5：我感觉老师可以在课堂上借鉴一些综艺节目，比如中央电视台的“中国诗词大会”“中国成语大会”，这样更能激发我们的活力，丰富我们的想象力。这些形式有利于促进中华优秀传统文化创造性转化、创新性发展。

学生6：赏析古诗词能够让我们的课堂超越具体的物象、事件、场景，进入无限的时间和空间，即所谓“胸罗宇宙，思接千古”[1]。在情景交融中，我们通过反观自身的现实境遇，获得了一种对人生的哲理性感悟。

通过学生对课堂教学的评价，思政课教师可以从中了解到他们所期待的课堂的模样。

四、结语

思政课教师可以采取不同的教学方式，将优秀传统文化融入高中思政课之中，从而培育学生的学科核心素养。Z老师研究小组的教师分别采用了“以优秀传统文化为素材的习题讲练”“篇章结构式教学”“议题式教学”这三种不同的教学方式，呈现了三种不同样态的素养教育课。虽然这三节课都指向学科核心素养，即科学精神素养的培育，但是从案例的比较来看，我们发现议题式教学更适合新课程实施的需要，更有利于培育学生的科学精神素养。

高中思政课应如何借助优秀传统文化这一宝贵资源达成对学生学科核心素养的培育？思政课教师该怎样处理好应试与发展、知识与素养的关系？Z老师的教研团队一直在探索中。

[1] 叶朗．美学原理[M]. 北京：北京大学出版社，2009：193.

思考题

1. 高中思想政治教材融入了很多优秀传统文化素材，如果由你来执教，你会选择什么内容？你会运用何种方式来培育学生的学科核心素养？

2. A老师的“以优秀传统文化为素材的习题讲练”的教学方式应试痕迹较重，你认为应该怎样转变这种教学方式，实现“知识课堂”向“素养课堂”的转型？

3. B老师的“篇章结构式教学”存在哪些问题？你认为B老师应该如何进行优化？

4. 简述你对C老师通过“议题式教学”培育学生科学精神素养的理解。你认为该教学方式是如何将优秀传统文化与科学精神素养的培育有机结合起来的？

5. 本案例中，三位思政课教师借助优秀传统文化创设情境，培育学生的科学精神素养。他们的教学设计给你带来了哪些教学启示？

【本案例系江苏省教育科学“十三五”规划立项课题“高中政治教学中传统文化对培育学科核心素养的实践研究”（课题编号：D/2016/02/292）的阶段性研究成果】

案例13　如何上出一节有“冲击力”的思政课?

（刘茹，江苏省徐州市第一中学教师，中学一级教师）

2019年可以说是思政课改革创新的重要一年。习近平总书记在学校思想政治理论课教师座谈会上指出，思政课是落实立德树人根本任务的关键课程，强调推动思想政治理论课改革创新应准确把握“八个相统一”，即坚持政治性和学理性相统一，坚持价值性和知识性相统一，坚持建设性和批判性相统一，坚持理论性和实践性相统一，坚持统一性和多样性相统一，坚持主导性和主体性相统一，坚持灌输性和启发性相统一，坚持显性教育和隐性教育相统一。这对思政课教师提出了新要求，思政课教师既要在增强理论的解释力、说服力上下功夫，以透彻的学理分析回应学生，以彻底的思想理论说服学生，用真理的强大力量引导学生，寓价值观引导于知识传授之中，向学生传导主流意识形态，又要敢于直面各种错误的观点和思潮。要想上好思政课，思政课教师需要在“放盐”的技术和艺术上多琢磨，让思政课“有知有味”。

“冲击力”是一个物理概念，原指在碰撞或是打击的过程中，物体之间先突然增大而后迅速消失的力，又称冲力或碰撞力。上一节具有“冲击力”的思政课是打一个比方，一堂有“冲击力”的思政课需要思政课教师精心设计，在有限的课堂教学中形成使学生知识、思想、情感乃至心灵产生碰撞的力量，使学生在教学互动中迸发出思维和情感的火花，从而促进学生的学习，达成学科核心素养目标。那么，有“冲击力”的思政课应该是什么样的？尽管思政教育界目前还没有一个统一的说法，但在一些方面大家还是有共识的，比如：教学目标指向政治学科核心素养的培育；教学内容丰富、生动、新颖、典型；教学活动有学生真正的体验和参与；教学问题充满思辨，能充分调动学生参与学习的热情；教、学、评具有一致性；思政课教师具有教学激情，能在知识、思想、情感和价值观层面触动学生的心灵；等等。如果能满足上述要求，那就一定是有“冲击力”的思政课。新课改以来，基于案例、情境、问题的思政课教学研究取得了不少成果，但重讲授、信息量少、缺乏思辨和“冲击力”的课堂并不少见，这在一定程度上影响了思政课学科育人功能的发挥。

L老师是江苏省徐州市的一位高中思政课教师，L老师所在的政治学科组共有教师十二人，其中有特级教师一名，高级教师七名。Y中学连续3年思想政治学科的高考成绩位列全省排名前5%。Y中学是四星级高中，经过中考选拔，集中了本市的一批优秀学生。L老师大学所学的专业是思想政治教育专业，如今是一位有着十多年教龄的思政课骨干教师，曾经获得过徐州市高中思政评优课一等奖。她热爱思政教育，致力于课堂教学改革实践，喜欢把时政新闻中的热点问题带进课堂与学生一起探讨。在上完“文化创新的途径”这节大市公开课后，市政治教研员给予了充分肯定，但同时也指出这节课还缺少点“冲击力”。那么，到底什么是有“冲击力”的思政课？这次课堂教学实践与有“冲击力”的思政课的差距在哪里？L老师带着这个疑问对“文化创新的途径”这一课的教学设计进行了反思。

首先，L老师对教材进行了认真解读。“文化创新的途径”是旧版高中思想政治教材必修3《文化生活》第二单元第五课的内容，在第四课“文化的继承性与文化发展”的基础上学习这节课，符合知识的内在逻辑和学生的认知规律。中华文化博大精深、源远流长，新时代背景下中华优秀传统文化如何发展，这是她一直在思考的教学问题。教材首先明确了社会实践是文化创新的根本途径，强调任何真正意义上的文化创新都离不开对传统文化的批判和继承，强调文化创新必须批判地继承传统文化，文化创新应该表现为优秀传统文化与时代精神的结合，从而得出“文化创新要继承传统、推陈出新”这一结论。面对世界文化，特别是西方一些发达资本主义国家的文化带来的影响，我们应该如何进行借鉴和吸收？这是摆在每个人面前的重要课题。

教材在谈到文化创新的第二个基本途径时，强调了不同民族文化之间的交流、借鉴与融合，这既是文化创新必经的过程，也是文化创新的重要途径。一方面，要以世界优秀文化为营养，充分吸收外国文化的有益成果；另一方面，在学习和借鉴其他民族优秀文化成果时，要做到以我为主、为我所用。教材由此得出文化创新的第二个基本途径——面向世界，博采众长。

坚持文化创新的正确方向，关键在于把握当代文化与传统文化、民族文化与外来文化的关系。教材最后提到，文化创新要坚持正确的方向，必须克服两种错误倾向：一是克服“守旧主义”和“封闭主义”；二是克服“民族虚无主义”和“历史虚无主义”。党的十九大报告指出，要坚定文化自信，建设中国特色社会主义文化要秉承中国的文化价值理念，坚守中国的文化立场，立足于当代中国的文化发展现状，思考和解决当代中国人关心的文化问题，提出中国的文化方案。这要求我们在继承和发扬传统文化的过程中不断创新，开辟符合中国国情的文化发展途径。由此可见，文化创新在必修3《文化生活》这本教材中具有非常重要的地位。

其次，L老师对学情进行了仔细研判。她认为，高一的学生正处于十五六岁的年纪，这个年龄段的学生正处于从青春期走向成人的过渡阶段。他们的思想处于半成熟状态，容易受到外界各种因素的影响，波动较大，世界观、人生观、价值观正处于形成的关键时期。他们的生活条件一般较为优越，所处的社会环境多元、开放，接收各种信息的渠道非常广泛，通过网络他们每天都能接触到大量的信息。面对多姿多彩的外部世界，学生们向往并渴望融入外部世界，但面对令人眼花缭乱的信息，他们缺少准确的判断能力，他们的观点有时会比较偏激。此外，由于初中道德与法治教材中并没有涉及文化相关的内容，学生到了高中，对这些知识的储备较少，对文化现象的关注不多，往往社会上流行什么，学生就关注什么，至于这些文化是否健康，这些文化从哪里来，这些文化现象的背后有怎样的故事，他们通常不会去主动了解。中国文化的世界影响力与一些国家相比相对有些薄弱，所以有的学生对我们自己的文化缺乏自信。L老师认为，思政课教师应该针对学生存在的问题进行适时引导。一方面，学生应认识到五千年的中华文化绵延不断、内涵丰富，这是世界上任何一个国家都无法比拟的，中华儿女应对本民族的文化充满自信；另一方面，学生应认识到外来文化中也有糟粕，因此要坚决反对一味地推崇外来文化和全盘西化。

一、初次尝试：教学效果差强人意

有“冲击力”的思政课应当能激发学生的思考热情，激起学生的探究欲望，让学生产生强烈的共鸣和震撼，在学生的心中留下深刻、持久、难忘的印象。如何才能上出一节有“冲击力”的思政课？L老师以“文化创新的途径”一课为例，进行实践探索。

L老师设计了以下三个活动：

活动一：围绕故宫文创产品的成功之处总结文化创新的第一个基本途径——继承传统，推陈出新。

活动二：围绕故宫文创产品的海外销售情况总结文化创新的第二个基本途径——面向世界，博采众长。

在以上两个环节的基础上总结文化创新的根本途径——立足于社会实践。

活动三：运用所学知识，立足校园文化，设计一款校园文创产品。这一活动的设计将教学与学生的社会实践相结合，符合活动型学科课程的要求，重视学生的活动体验。

L老师的初次教学尝试如下：

1. 新课导入

今年暑假，我和家人一起去了北京，参观了故宫博物院，在离开前想去买点纪念品。我本以为故宫博物院里的纪念品应是深沉而厚重、古典而严肃的，没想到呈现在我面前的却是这样的文创产品。（教师展示一些有趣的文创产品的图片，并对图片进行简单介绍。）

今天我们一起透过这些充满时代气息的文创产品，学习第五课第二框题“文化创新的途径”。

2. 活动一：穿越千年的旅行

谈到故宫博物院的文创产品，不得不提到一个人，他叫单霁翔，是北京故宫博物院原院长。我们一起来看看单院长在一次会议上对故宫博物院文创产品的介绍。（教师播放视频）

教师提问：故宫博物院的文创产品为什么受到人们的喜爱？

（1）小组交流，形成统一的意见（讨论时间为3分钟）。

（2）每个小组推选代表进行发言。

根据学生对活动一的讨论和回答，教师进行总结归纳：

（1）文化创新的根本途径——立足于社会实践。

（2）文化创新的基本途径——继承传统，推陈出新。

教师向学生们展示中国文创产品海外市场占比图。

教师提问：观察图表，针对中国文创产品海外市场的贡献率不到1%的情况，想一想我们可以采取哪些措施来解决这个问题。

故宫博物院的做法：2019年6月，第38届美国国际授权博览会在拉斯维加斯举行，该博览会是全球影响力最大的品牌授权博览会之一。故宫博物院的故宫口红、“千里江山”系列文创产品等也亮相此次博览会。典雅高贵的东方气韵让许多海外授权业同行了解并爱上了中国的文创产品，他们纷纷表示愿意和故宫博物院合作洽谈。时任故宫博物院经营管理处处长的杨晓波表示，故宫博物院找代理商容易，但是找到符合要求的并不容易。

【听课教师评价】

活动一的设问太过简单，缺少冲突和矛盾，学生回答得非常轻松，教师很容易就得到了想要的答案。总的来说，这个问题的设计思维含量不足，欠缺思辨性，冲击力不够。

3. 活动二：漂洋过海给你看

教师提问：我们为什么要推广故宫博物院的文创产品？

故宫博物院在进行品牌海外授权洽谈时，你认为对方要符合哪些要求？为什么？

（1）小组交流，形成统一意见（讨论时间为3分钟）。

（2）推选小组代表进行发言。

根据学生对活动二的讨论和回答，教师总结文化创新的基本途径——面向世界，博采众长。

【听课教师评价】

从课堂的结构上来看，教师把文化创新的两个基本途径分开进行教学，存在课堂教学环节过多、理论知识被割裂、学生的讨论不充分、设计的问题过于简单等弊端。同时，教学围绕故宫博物院的文创产品展开，陷入了就产品论产品的泥潭，没有很好地体现文化创新的主题，没有妥善地处理好背景与主旨的关系。

4. 活动三：悠悠一中情

教师展示本校的老照片，并告知学生他们即将告别现在的校区，前往新校区，这不仅是载入校史的大事件，而且也将成为每一位同学最难忘的回忆。教师请学生以校园文化为背景，设计一款符合校园文化特色的文创产品。

（1）小组交流，形成统一意见（讨论时间为 6 分钟）。

（2）小组代表发言，并详细说明设计理念和依据。

根据学生对活动三的讨论和回答，教师进行总结：

在设计文创产品的时候，大家基本上能够把我们学校的优良传统和“三风一训”融入其中，做到了立足我校实际，立足校情、学情和实践，做到了继承传统、推陈出新，同时也做到了博采众长。大家设计的文创产品比较好地传承和发扬了我们学校的校园文化。

【听课教师评价】

学生对校园文创产品的设计有着浓厚的兴趣，学生的参与热情非常高涨，这个活动极大地调动了学生的创造热情。学生设计的校园文创产品种类很丰富，也很有意义，但是学生过于注重设计文创产品本身了，而没能深入思考设计的理论依据，所以这个活动未能使学生充分应用所学的理论知识，没有恰当地处理好理论与实践二者之间的关系，使教学活动还是局限在文创产品的设计本身。

5. 课堂总结

习近平总书记曾说：“要让收藏在博物馆里的文物、陈列在广阔大地上的遗产、书写在古籍里的文字都活起来。”文物是一个国家的底蕴，文化底蕴是否深厚，不仅在于我们曾经拥有多少优秀文化，更在于我们今天还能感受到多少优秀文化。只有让我们的文物都活起来，才能不断地丰富中国人民的精神世界，不断地铸就中华文化新的辉煌。

6. 课后延伸

教师让学生在课后观看《上新了•故宫》，并思考我们应当如何对传统文化进行创新性发展。

二、再次尝试：课堂教学遭遇困境

L老师新的总体教学思路是把原来的三个活动合并为两个活动，将原来的活动一和活动二进行合并，以故宫博物院文创产品的设计和推广为背景进行教学活动设计，得到文化创新的两个基本途径，并在此基础上总结出文化创新的根本途径。这样的教学设计可以把原来割裂的课堂环节整合起来，保持整节课的流畅和完整。同时，活动三由原来的设计一个校园文创产品改为设计一个文化创意活动，这样既跳出了文创产品这个单一的形式，也能打开学生的思路，充分挖掘学生的潜力。此外，L老师对新课导入等部分内容也进行了修改。

1. 新课导入

教师询问班级中有哪些同学去过故宫博物院,并让大家说说对故宫博物院的总体印象。

教师在肯定了学生的回答后谈了谈自己从故宫博物院带回来的文创产品是什么样子的,同时展示了一系列又萌又可爱的文创产品的图片。

【听课教师评价】

通过学生的回答和教师的图片展示,前后形成反差和对比,形成了较大的视觉冲击力,也形成了思维冲击力,在课堂一开始就调动了学生的积极性。

2. 活动一:穿越千年历史,感受文化魅力

教师播放关于故宫博物院文创产品的视频。

据故宫博物院原院长单霁翔介绍,故宫博物院的文创产品受到了很多人的喜爱,2017年故宫博物院文创产品的收入就超过了15亿元。但是,随着故宫博物院的文创产品的热销,也有人认为故宫博物院文创产品的这种低姿态的呈现方式与我国的传统文化格格不入,无法带来传统文化的长久繁荣。

教师提问:

(1)你认同上述观点吗?你心中有没有关于文创产品的标准?

(2)对于故宫博物院文创产品的研发和推广,你还有哪些建议?

学生讨论后回答问题:

学生1:我们组不认同上述观点。故宫博物院这样的做法并不是低姿态,相反我们认为这样做能够紧随时代发展潮流,满足消费者的需求,它的许多文创产品,如视频中出现的丝巾、口红等都是在继承传统文化元素的基础上融入了现代文化元素,我们非常喜欢,我们认为它是传统文化在今天的创新发展。

学生2:我们组也不认同低姿态的这种说法。什么是低姿态?高高在上拒人千里之外的文化能得到继承和发展吗?只有扎根于人民生活的文创产品才能得到大家的认可,所以我认为低姿态并不是低俗化,故宫博物院的做法是非常值得肯定的。

学生3:我心中关于文创产品的标准是既实用又漂亮,既有传统文化的特点,又不失新时代的时尚元素。

根据学生的回答,教师进行总结:

(1)文化创新的根本途径——立足于社会实践。

(2)文化创新的基本途径——继承传统,推陈出新;面向世界,博采众长。

教师在总结"继承传统、推陈出新"这一知识点时,一方面结合了学生的回答,另一方面

补充了故宫博物院文化创新的失败案例——故宫手机和数字化背景下推出的故宫APP。教师在总结“面向世界、博采众长”这一知识点时，一方面结合了学生的回答，另一方面介绍了大英博物馆的做法，并展示了故宫博物院开发的以《千里江山图》为设计灵感的文创产品。

【听课教师评价】

此次的活动一重新创设了问题背景，把原来的活动一和活动二进行了合并，舍弃了引发学生激烈争论的中国文创产品海外市场占比图，解决了教学环节分散的问题，同时教师的提问也更加具有思辨性和争辩性。

对于活动一，L老师认为这次的设问能够促进学生思维的碰撞，学生能从正反两个方面阐述自己的观点。然而，学生在对这个问题进行讨论和回答时还存在三个问题：

① 大多数学生都不认同材料中的观点，仅有少部分学生认同，但最终也被自己否定了。因此，教师给出的问题没能真正形成思维的碰撞。

② 教师让学生归纳文创产品的标准，这个问题的设计具有一定的难度，也是一个比较封闭的设问，学生的思维非常容易受到限制。

③ 教师让学生提出文创产品研发和推广的建议，学生可以回答上来，但大部分回答都是干巴巴的空谈，从课堂效果来看并不理想。

3. 活动二：涵育一中精神，设计创意活动

学校的新校区已经建成，如何在新校区传承学校百年的办学理念，彰显厚重的文化底蕴，促进学校繁荣发展呢？

请从文化生活的角度设计一个校园创意活动，并说明设计依据。

教师在学案上给出活动的任务，并列出以下几项：

① 活动名称；

② 活动形式；

③ 活动目的；

④ 活动内容或者活动流程；

⑤ 活动依据。

学生讨论后和同学们分享自己的活动设计方案。

学生1：我们组设计的活动名称是“当饭卡遇上一中”。

我们觉得可以在我们买饭的饭卡的正面和反面分别印上我们学校的文化元素，可以是图片加文字的形式，比如可以印上学校的“三风一训”，可以印上校史馆、图书馆、大家喜欢的景点，甚至可以印上我们最喜欢的某位老师等。现在，我们所有同学的饭卡都是一个样子，校园文化元素很单一，因此，我们可以通过这种形式进行校园文化的创新。这样的设计立足于校园生活实

际，全体师生在吃饭时就会想起它，对于校园文化的继承和发展都会起到非常重要的作用。

学生2：我们组设计的活动名称是“一站到底”。

我们对江苏卫视的《一站到底》栏目进行了模仿，我们觉得学生会可以在高一新生中举行一次知识竞赛，把所有问题设置成与我们学校有关的内容，如校风和校训等。这样做有利于高一新生更加全面地了解我们学校，传承校园文化，让他们在整个高中生活中更好地传承和弘扬校园文化。

教师对学生的创意活动进行了总结：

大家的创意活动太精彩了，我要把大家的创意进行汇总并报告给学校相关部门，希望到了新校区之后，我们的创意活动能落地开花。大家的创意活动能立足我们学校的实际情况，其中包含了很多校园文化元素，体现了继承传统、推陈出新。同时在“一站到底”的活动设计中，大家能够借鉴、吸收其他活动中的积极因素，做到了博采众长。

教师在对学生的创意进行充分肯定的同时进行了知识梳理。

【听课教师评价】

原来的教学活动设计仅仅局限在文创产品这一个方面，经过修改，教师将第二个教学活动设计成文化创意活动，与之前的活动相比更能打开学生的思维，也更能充分挖掘学生的潜力，活动的形式更加多姿多彩，充分调动了学生的积极性和主动性。同时，教师让学生说明设计依据，根据学生的回答较好地处理了知识和活动的关系。学生在课堂上讨论热烈、发言积极，活动形式和内容设计都比原来要丰富且有内涵，带给了学生一场思维盛宴。

4. 课堂总结

习近平总书记说，我们要推动中华优秀传统文化创造性转化、创新性发展。作为当代中学生，我们要立足实践，坚定文化自信，做校园文化、中华文化的传承者和创新者，让我们一起创造我们学校的新辉煌。

5. 课后延伸

教师让学生在课后观看《上新了·故宫》，并思考我们应当如何对传统文化进行创新性发展。

三、反思设计：众人研讨寻找突破

经过两次修改，课堂环节变得更加流畅，学生的思维更加开阔，尤其是第二个活动的设计极大地调动了学生的积极性和学习潜能。课后，听课教师进行了研讨。

政治教研员G老师：思政课的活动设计关系着课堂教学成功与否。这节课以故宫博物院的文创产品作为导入，通过活动的开展让学生理解了文化创新的根本途径和基本途径，培养了学生对校园文化创新的参与意识，同时通过故宫博物院相关文创产品图片的赏析，让学生们在现实中坚定了文化自信。但是，整节课上下来仍有一些值得讨论的地方。

第一，整节课的教学内容比较单一，故宫博物院的文创产品不仅涉及文化创新的途径，还涉及了文化生活的其他知识，如中华传统文化等，但是这些均未在课堂中提及。

第二，第一个活动的设问缺乏思辨性，思维张力不够。我们面对的是本市最好的一批学生，这些问题设计得较为简单，说明教师没有充分了解学情。

听课教师C老师：这节课体现了L老师的精心设计，L老师恰当地处理了理论与实践的关系、素养与知识的关系、教师与学生的关系，较好地培养了学生的公共参与意识和文化认同理念。但是，在第一个活动中，教师在一些细节方面还需进一步放手让学生充分讨论，比如可以让学生自己分析故宫手机引起争议的地方。

听了教师们的发言，L老师对这节课有了更清晰的认知，教学过程中的第一个活动确实是难度较低、思维张力不足，L老师在上课时也有同样的感受，这距离理想中的能给学生带来“冲击力”的课堂仍有一定的差距。如何把第一个活动设计得更符合学情？L老师又尝试着对这个教学活动进行了再次修改，以下是修改后的活动一的教学设计。

活动一：穿越千年历史，感受文化魅力。

学生观看视频，从文化生活的角度思考：

（1）故宫博物院的文创产品为什么能够受到那么多人的喜爱？

（2）有人认为故宫博物院的文创产品以低姿态的迎合方式来换取人气，与我国悠久的传统文化格格不入，无法带来传统文化的长久繁荣。你认同该观点吗？为什么？

（3）根据故宫的游客分布图，大家认为下一步我们应如何打开海外市场？

L老师的这次修改主要从学情和难度两个方面考虑，对问题重新进行了调整，活动的背景未发生改变。L老师根据此次教学活动设计，再次进行了教学实践，与之前相比，这次的教学活动能够解决难度低、思维张力不足的问题，并且形成了课堂的一个小高潮。

在社会思潮多样化的今天，高中生正处于世界观、人生观、价值观的形成时期，很多矛盾的观点同时并存，如何让学生的思想更加深刻，如何充分实现思政课对学生学科核心素养的培育，这与教师的教学设计和专业素养密不可分。

四、结语

上好思政课并不容易，当下不少思政课的教学效果还不是很理想，学生不是特别喜欢，这是现实。思政课教师只有直面现实，积极开展教学研究，才能有所突破，才能更好地发挥关键课程的关键功能。L老师不断地反思“文化创新的途径”一课教学设计的经历给我们带来了一些启示。有“冲击力”的思政课应该是什么样的？教师们也是仁者见仁，智者见智，但这并不会影响L老师的积极探索和努力前行。L老师说，给学生带来具有“冲击力”的思政课是自己永远不变的教学理想。

思考题

1. 在新课改的背景下，你对思政课的课堂教学有何期待？
2. 你认为怎样才能上出一节既形式活泼又有深度的思政课？
3. L老师的教学实践给你带来了哪些教学启示？
4. 请你选取教材某一框题的内容进行教学设计，力图让课堂教学具有“冲击力”。

案例14　高中思想政治复习课之“议”管用吗？

（沈雪春，江苏省苏州市吴江中学党委书记，江苏省正高级教师，江苏省特级教师）

当下高三思想政治复习课存在着效率低下的现象，其主要表现为：讲解到位、训练到量和盯背到底。这些“非全讲不安、非多做不行、非细背不牢”的做法造成了“教师讲了多少遍学生还是不知道，教师教了多少遍学生还是不理解，学生背了多少遍自己还是记不牢”的结果。

高中思想政治学科的主要课型包括新授课、复习课、专题课和习题课等。其中，复习课是学生系统地掌握学科知识，弥补新授课的缺欠，发展综合性思维能力的重要课型。与新授课相比，高三年级的复习课更多地指向学业水平等级性考试的学业质量水平三，包括学生的深度认知能力、价值判断和选择能力、提出初步实践方案的能力等。

《普通高中思想政治课程标准（2017年版2020年修订）》落地后，围绕议题进行教学很快成为中学思政课教师热议的话题，作为一种提倡学生通过讨论活动进行主动学习的议题式教学应运而生。按照学习金字塔理论，作为一种提倡主动学习的教学模式，以讨论活动为解决问题主要方式的议题式教学更有利于提高学生的学习效率。

尽管议题式教学成为思政课教师的热议话题，但是议题式教学能否提高课堂教学效率，特别是复习课的效率？什么样的议题式教学能够提高复习课的效率？这些问题是高考改革后出现的新问题，也是广大一线思政课教师迫切需要解决的实际问题。

为此，江苏省苏州市S名师工作室以“如何开展议题式复习课教学”为议题，通过课堂观察、案例分析等形式，开展了系列教学研讨活动。

一、困惑：这样的复习之“议”管用吗？

确定了研究课题后，S名师工作室根据高三年级的复习进度，决定围绕“我国公民的政治参与”这一主题开展议题式复习课教学的课例研究。

（一）Z老师的课：有议题无议味

在对议题式教学有了初步了解的基础上，S名师工作室的成员Z老师自告奋勇地组织了一节“我国公民的政治参与”议题式教学复习研讨课。课前，Z老师带领学生进行了默写。默写后，Z老师以“我国公民如何参与政治生活”为议题带领学生进行复习，其教学设计和教学流程如下：

1. 环节一：复习考点“选举方式的特点、珍惜自己的选举权利”

[填一填]

教师分发学案，学生在梳理教材内容的基础上以填空的方式完成对以下内容的复习。

① 我国的选举方式及其特点。

② 影响选举方式的因素。

③ 为什么要珍惜自己的选举权利？

④ 怎样珍惜自己的选举权利？

[议一议]

（1）教师提问，学生回答。

① 哪种选举方式可以比较充分地考虑当选者结构的合理性？

② 选择选举方式的决定因素是什么？

③ 公民行使民主选举权利应坚持的原则是什么？

（2）教师归纳、解析。

① 我国的选举制度在相当长的时期内采用直接选举（县级及以下）和间接选举相结合的方式，并普遍实行差额选举。

②“海选”是中国农民在村民自治中创造的一种直接选举方式，目前这种选举方式的应用领域在不断扩大。

③ 参与民主选举与公民行使选举权的关系。

[练一练]

教师布置学生完成学案上相应的选择题。

2. 环节二：复习考点“公民参与民主决策的方式和意义”

[填一填]

学生在梳理教材知识的基础上以填空的方式完成对以下内容的复习。

① 公民参与民主决策的方式。

② 公民参与民主决策的意义。

[议一议]

（1）教师提问，同桌之间进行交流。

① 如何区分公民参与民主决策的四种方式？

② 公民参与民主决策的意义是什么？如何从具体方式中将这些意义归纳出来？

③ 公民参与民主决策的前提和基础是什么？决策机关进行科学决策的重要前提是什么？

（2）教师归纳、解析。

① 民主决策与科学决策的关系：民主决策是科学决策的前提和基础，科学决策是民主决策的目标，民主决策不一定是科学决策。

② 公民直接或间接参与民主决策，但不行使决策权。

[练一练]

教师布置学生完成学案上相应的选择题。

3. 环节三：复习考点“我国的农村村民自治和城市居民自治”

[填一填]

学生在梳理教材内容的基础上以填空的方式完成对以下内容的复习。

① 农村村民自治和城市居民自治的内容。

② 农村村民自治和城市居民自治的意义。

[议一议]

（1）教师提问，同桌之间进行交流。

① 村委会和居委会是我国的基层政权机关吗？

② 农村村民自治、城市居民自治的内容有哪些？

③ 扩大基层民主自治就是扩大公民的政治权利吗？

（2）教师归纳、解析。

① 村委会和居委会不是我国的基层政权机关。

② 农村村民自治、城市居民自治的内容包括：选举委员会成员、决定重大事务、管理日常事务、定期汇报工作等。

③ 介绍大学生村官。

[练一练]

教师布置学生完成学案上相应的选择题。

4. 环节四：复习考点“我国公民依法行使民主监督权的渠道和方式，公民应负责地行使监督权利”

[填一填]

学生在梳理教材内容的基础上以填空的方式完成对以下内容的复习。

① 民主监督的方式。

② 民主监督的合法渠道。

③ 公民应负责地行使监督权利。

[议一议]

（1）前后桌四位同学互相交流，教师提问。

① 为更好地推进民主监督，国家和公民应该怎样做？

② 人民当家作主最有效的途径是什么?

(2)教师归纳、解析。

① 比较公民的监督权和民主监督的区别(从内容上看、从关系上看、从对象上看)。

② 比较民主决策与民主监督的区别(途径不同、所处的阶段不同)。

③ 介绍微博反腐。

[练一练]

材料分析题:

结合材料,请你运用公民的政治生活的相关知识,谈谈在治理雾霾的过程中公民应该怎么做。

(二)工作室成员的“议”之论

课后,S名师工作室的领衔人S老师带领成员们进行了专题评课活动。

Z老师:这节课的知识点是高频考点,在近几年的高考中以选择题和探究题的形式多次出现,学生不仅要理解这些知识点,而且还要学会应用这些知识点。这节课上下来,我自己有三个方面的感受。

第一,这节课紧紧围绕考点展开,虽然把考点讲清楚了,但是讲授偏多。

第二,这节课虽然尝试了议题式教学,但感觉“议”得有点虚。

第三,这节课做到了讲练结合,课堂的训练量比较大。从学生完成训练的情况来看,复习目标基本达成。

A老师:从考点的落实情况来看,这节课很实在,训练量比较大,我们平常也是按照这样的方法进行复习的。从创新的角度来看,这节课以议题为引领,设计了很多“议”的环节,但我还是无法区分问题和议题之间的区别。我感觉这节课的议题就是一种稍微讨论一下然后由教师讲清答案的问题。

B老师:这节课运用了新的教学方法,让我感觉很新鲜,学生也挺开心的,这种教学方法值得尝试。学生有讨论,师生有互动,课堂气氛融洽。可是,我总感觉这种讨论未必就比讲授型的教学模式更有助于学生对知识的识记和理解。

C老师:议题式教学是活动型学科课程的一种教学方法,它对教学活动的开展肯定有较高的要求。在Z老师的这节课中,学生四次讨论的时间一共只有10分钟左右,我感觉这样的讨论很不充分,也没有什么效果。

大家在讨论中提出了两个问题:这节复习课是议题式教学吗?复习课采用议题式教学是否有效?这两个问题的实质是对议题式教学及其特征的认识问题。

S老师:Z老师敢为人先,有这份勇气本身就很难能可贵。议题式教学没有先例,需要我们摸着石头过河。当然,在实践的过程中,我们需要对议题和议题式教学的含义和特征有一个清晰的认识。“议题”在《现代汉语词典（第7版）》中被定义为“会议讨论的题目”，其中包含三个关键词：会议、讨论和题目。“会议”说明了“议”的场所，“讨论”说明了“议”的方式，“题目”说明了“议”的内容。议题必须有可以“议”的题目，具有可议性；同时，议题必须是用“议”来解决问题。当然，教学领域的议题不同于会议上的议题，它是和学科学习联系在一起的。

A老师：照这样来看，这节课中有些议题没有可议性，不必作为议题，比如“哪种选举方式可以比较充分地考虑当选者结构的合理性”“选择选举方式的决定因素是什么”“公民行使民主选举权利应坚持的原则是什么”，这些问题不需要用“议”来解决。

S老师：课程标准上只有“围绕议题进行教学”的说法，没有提到议题式教学的概念。根据研究，我认为议题式教学是指借助情境，围绕议题进行有思辨的认知活动和有选择的探究活动的过程，是用“议”解决问题的意义建构过程。议题式教学应具有四个基本特征——议题式、情境化、活动型和建构性。

B老师：照这样来看，这节课学生有主动建构的学习行为，但“议”的味道还不浓，情境化不典型，活动型不明显。

C老师：我觉得需要通过示范课来进一步探索议题式教学。

二、探讨：寻找高三思想政治复习课由“议”增效的新路径

议题式教学的研究不仅需要理论的指引，而且还需要案例的示范。S名师工作室的领衔人S老师在自己执教的高三班级进行了课例示范。

（一）领衔人的议题式复习示范课实录

S名师工作室的领衔人S老师根据自己所教班级的教学进度上了一节公开课，本节课以“我国公民的政治参与”为主要内容，以“我们怎样当家作主”为议题，其教学设计和教学流程如下：

1. 第一部分：议题描述

（1）环节一：要点扫描。

教师分发议学单，议学单包括学习目标、议题描述、议题论证、议题决策和议题追问五个部分。

S老师：同学们，今天我们以“我们怎样当家作主”为议题来复习“我国公民的政治参与”这节课。请大家先浏览议学单上“议题描述”部分的内容，2分钟后请以课桌前后四位同学为小组，商议第一个和第二个问题——上述情境反映了我国人民当家作主的哪些途径？这些知识点

之间存在怎样的逻辑关系?

学生进行讨论,教师前后走动,随时观察学生的讨论情况,嘱咐学生将小组商议的结果写在议学单上。

学生完成讨论后,教师请第一组的学生代表回答问题。

第一组学生代表:第一个情境描述的是天津市发改委召开天津天然气居民用气价格听证会,反映了公民通过民主决策参与政治生活。第二个情境描述的是人民检察院召开民事诉讼监督听证会,反映了公民通过民主监督参与政治生活。第三个情境反映的是公民参与民主管理。

教师请第二组的学生代表回答问题。

第二组学生代表:前两个情境我们的看法和第一组相同,第三个情境我们拿不准。

S老师:这两组同学对于前两个情境的回答相当正确。教材在阐述"民主管理"的相关内容时没有提及听证会这种形式。第三个情境是公民参与民主管理的新形式。那么,除此之外,我国公民还可以通过哪些途径参与政治生活呢?

学生:还有民主选举。

S老师:教材上列举了我国公民参与政治生活的四种途径,但是课程标准还提到了一种途径——民主协商。民主协商是协商民主的一种具体表现形式,它包括立法协商、行政协商、参政协商、社会协商等。进入新时代,党中央将协商的内容扩大为两个方面,一是继续就经济社会发展重大问题开展协商,二是把涉及群众切身利益的实际问题纳入协商民主的内容。

(2)环节二:逻辑建模。

S老师:这些知识点之间存在着怎样的逻辑关系呢?五种人民当家作主的途径之间又有着怎样的联系呢?请各小组用5分钟的时间试着以图示的方式画出来,并派代表在讲台上展示。

5分钟后,小组代表走上讲台展示所画的模型。教师对学生所画的模型进行点评和修改,最后归纳出了三个结构模型:反映表现、原则和途径三者之间关系的"一体两翼"模型,反映五种途径之间关系的三棱锥模型和风叶模型(如图14-1所示)。

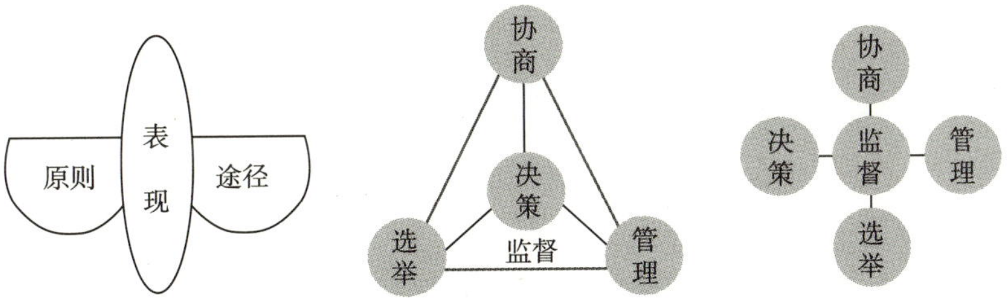

图14-1　反映"人民如何当家作主"的结构模型

2. 第二部分:议题论证

S老师:让我们再回到听证会的情境中来。举行听证会有许多规定,请大家看议学单中的

"议题论证"部分。请大家用1分钟的时间浏览一下议学单上的听证会规定，然后各小组商议"听证会为什么要制定上述规定"这个子议题，将商议的结果记录在议学单中的"鱼骨图"上。"鱼骨"有六根刺，希望大家能够列出六个原因。

学生根据教师的要求浏览听证会的规定并对子议题进行了论证，教师对学生的论证结果进行了点评和归纳（如图 14-2 所示）。

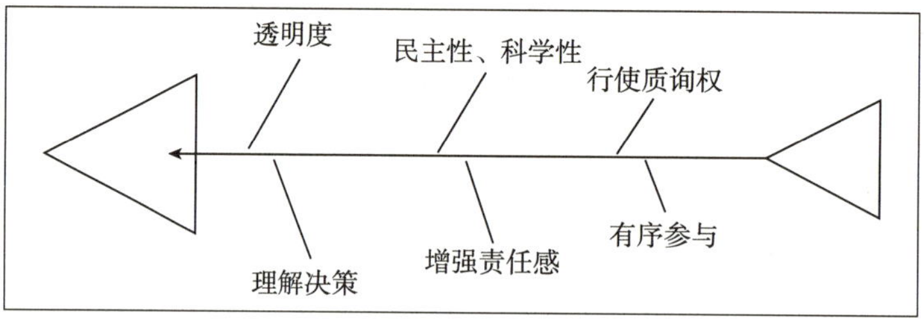

图14-2　听证会制定相关规定的原因

3. 第三部分：议题决策

情境：你所在的社区近期将召开民意听证会，请各小组商议议学单上的三个子议题。

（1）如果你是听证会的组织者，你会邀请哪些人员参加会议？

（2）如果你是听证会的主持人，你会在听证会的流程中特别注意哪些方面？

（3）如果你是听证会的参与者，你觉得应该坚持哪些原则？

5 分钟后，完成商议的小组可以先发言。

A小组的学生代表：应该邀请业主、物业服务公司的工作人员、社区的管理人员等。

B小组的学生代表：还应该邀请业主委员会的代表。

S老师：上述人员都可以邀请，邀请的人员覆盖面需要再广一些，比如社区议事委员会成员、党员代表、社区居委会或相关职能部门的领导等，这些可以充分体现民主的广泛性和真实性。如果你是听证会的主持人，你会在听证会的流程中特别注意哪些方面呢？我们请坐在后面的小组代表发言。

学生1：客观、公正。

S老师：客观、公正是最重要的。另外，听证会的参与者还需要有民主意识，善于倾听，具备一定的政治素养和专业知识。听证会的组织者和主持人要有政治参与能力，能把握好听证会的节奏和会场氛围。

S老师：下面我们来看第三个子议题，哪组同学想回答？

学生2：听证会的参与者应当遵守公民有序参与政治生活的要求。

S老师：回答得非常准确。

4. 第四部分：议题追问

S老师：在社区召开民意听证会前，若居委会向你征集意见或建议，你会提出怎样的建议？请各小组课后商议，并将商议的结果填写在议学单上并交给老师。

（二）关于议题式复习课教学策略的探讨

示范课后，S名师工作室的成员们马上进行了探讨，大家普遍感觉课堂上学生很活跃，讨论很积极。将这样的议题式教学引入复习课肯定能够提高复习的效率。S名师工作室的成员们围绕议题式复习课教学的议题、情境、活动和任务等要素展开了深入的探讨。

1. 议题情境要有良构性和典型性

A老师：本节课引入的"社区民意听证会"的情境改编自高考题，这一情境一方面与学生已经学习的"决策听证会"和"监督听证会"发生关联，另一方面又和学生的社区生活发生关联。S老师的这节课将教材中的"听证会"从"民主决策"和"民主监督"的领域延伸到"民主管理"的领域，从而让学生的认知走向"最近发展区"。

S老师：就当下的甄别性评价而言，议题情境应具有良构性和典型性。议题情境的良构性要求思政课教师在复习课的设计过程中对收集到的素材进行去粗取精式的加工和重构，使之具有明朗的初始状态、明确的目标状态，并保持初始状态和目标状态之间的良好关系。典型的议题情境需要体现时代性、普遍性和层次性。在议题式复习课的设计过程中，思政课教师要根据不同的复习阶段、不同的学生群体，选择不同复杂程度的议题情境，形成具有层次性的情境结构，使议题式复习课既能应对不同能级的评价要求，又能因材施教地发展学生的学科核心素养。

2. 学科任务要有多样性和开放性

B老师：在教学目标和教学任务的设计上，S老师将一般核心素养和学科核心素养加以整合，将主干知识、关键能力、必备品格等一般核心素养和政治认同、科学精神、法治意识、公共参与等学科核心素养相融合。这种教学目标和教学任务的设计方法能体现新课改的精神。

S老师：议题式复习课所承担的学科任务包括显性任务和隐性任务。显性任务主要是描述、论证、决策、辨析与评价，隐性任务主要是理解、应用和迁移。在议题式复习课中，学科任务的设置需要考虑多样性和开放性。

课程标准将思想政治学科基本任务的主要类别界定为描述与分类、解释与论证、预测与选择、辨析与评价等，这些课程任务不同程度地成为高考的命题要素。甄别性评价的问题类别与学科标准的任务类别相对应，都具有多样性，这种多样性对复习课的议题任务提出了多样性的要求。因此，在议题式复习课的教学中，思政课教师要善于从描述、论证、决策、辨析与评价等多个维度或层次设置任务。

学科内容的开放性是指对“议”的过程和内容进行拓展和延伸，包括思政课教师对学生“议”情的追问和学生对课堂“议”况的质疑。以“我国公民的政治参与”这节复习课为例，思政课教师在完成复习课的“规定动作”后可以进一步站在学科核心素养培育的角度打破预设框架，进行议题追问，如设置“在社区召开民意听证会前，若居委会向你征集意见或建议，你会提出怎样的建议”之类的开放性问题。这类开放性问题往往能够使学生将议题带出课堂，在深化和拓展中培育学生的学科核心素养。

3. 学科内容需要议题化和结构化

C老师：这节课的教学设计，从着眼于“是什么”的议题描述环节，到着眼于“为什么”的议题论证环节，再到着眼于“怎么样”的议题决策环节，形成了本节复习课的情境线、活动线和任务线。在构建合理的知识结构方面，本节课既包含了公民政治参与的相关内容，也涵盖了政治参与的原因和路径，同时将政治参与和社区的民意听证会相关联，实现了知识和经验的同化和顺化。整节课的议学味和结构化给人留下了深刻的印象。

S老师：对于议题式复习课来说，议题化是议题式教学的要求，结构化是复习课教学的要求，学科内容的议题化和结构化是学习金字塔理论的现实应用，也是课程标准对思政课提出的新要求。

在一般情况下，复习课在单位时间内的知识跨度大于新授课，常以课题、单元、模块的形式出现。在议题式复习课的教学中，复习内容要求以议题化的方式呈现教材中的章节、单元和模块。章节议题化就是将教材的章节变成一个能够包含几个问题（或称子议题）的议题，从而让学生通过“议”的方式在情知关联中梳理知识。本课以“我们怎样当家作主”为议题，将议题划分为3～4个子议题，并尽可能形成“描述—论证—决策”的议题结构。

学科内容的结构化需要思政课教师把握三种结构：认知结构、知识结构和教学结构。把握学生的认知结构，就是要把学生看作一个具有一定经验的个体，并把这些经验看作学生的认知起点。构建合理的知识结构，就是要关注知识内容本身的逻辑结构，使基础知识、学科知识和相关知识形成知识体系。优化课堂的教学结构，就是要优化课堂教学要素和教学环节的排列和组合。

三、反思：复习课“议”和“不议”有何区别？

1. 区别一：单一任务还是多重任务？

《普通高中思想政治课程标准（2017 年版 2020 年修订）》指出：“思想政治学业水平考

试命题框架，以学科任务导向为标志，由关键行为表现、学科任务、评价情境和学科内容等四个基本维度构成，目的在于有效测试思想政治学科核心素养的真实发展水平。”面对新的命题要求，复习课的任务设定应该是多重的，而非单一的。议题式复习课的议学任务主要包括三个层次：直接任务、基本任务和根本任务。直接任务是议学活动中需要完成的具体工作，包括商议、争议、评议、建议等。基本任务是由学业水平考试命题框架界定的学科任务，包括描述与分类、解释与论证、预测与选择、辨析与评价等。根本任务则是隐含在知识教育内的学科育人任务，即培育学生的学科核心素养，落实立德树人的根本任务。相对于传统的教学方式而言，议题式教学更加关注任务的多重性。

2. 区别二：全部内容还是主干知识？

尽管我们不断地提倡以学定教，但当下思政课教师的重教理念始终难以改变，“不讲心不安”的心态普遍存在。议题式复习课讲求抓主干，而非面面俱到。从“知识”到“主干知识”的转化，意味着对知识目标的“瘦身”。知识的主干化要求思政课教师重点关注体现学科本质特性的基本概念和原理，即学科的“核心”知识。因此，学生的学习应该以“主干知识”为核心，思政课教师在议题式教学中也要重视围绕学科概念的知识教学。

3. 区别三：“议中学”还是“听中学”？

讨论是一种集体活动，意味着思行合一和社会建构。思行合一要求以思引议、以行促议、以议达思；社会建构要求通过师生互动或生生互动，通过对议题的协商进行知识的意义建构，在师生或生生“议”的互动中实现情境、经验和知识的关联，在师生或生生“议”的互动中探究事物的原因，在师生或生生“议”的互动中推进方案假设的过程，包括反思再构和预测决定。教学视域中的议题，即教学中讨论的学科题目，可议性是它的基本特征，因此，议题式教学不反对“听中学”，但追求“议中学”。

4. 区别四：保持原状还是追求高效？

美国缅因州的国家训练实验室的实验表明，不同的学习方式会产生不同的学习效果，学生的学习效果呈现金字塔式分布，在学习两周后，不同的学习方式下学习内容的平均留存率分别为：听讲5%、阅读10%、讨论50%、实践75%、教授给他人90%。这一实验结果说明，主动学习的效率远高于被动学习。显然，通过讲授接受知识的教学模式效率低下，但思政课教师习惯采用这种教学模式；而通过讨论、实践等形式进行教学，学习效率会提高，但思政课教师不太习惯，这是一个值得我们反思的问题。S老师在2019届高三教学中充分运用了议题式教学，学生们的高考成绩给S老师带来了惊喜，获知高考成绩后学生们送给S老师一个称号——锦鲤本鲤。称号本身并不重要，但它向我们传递了一个令人欣慰的信息，那就是议题式教学能够提高思想政治复习课的学习效率。

四、深化：议题式复习课的优化策略

如何上好一节议题式复习课？这不仅是一个话题，而且还是一个议题，甚至是一个课题。思政课教师不仅需要认真解读课程标准，还需要深入理解复习内容的知识结构和任教班级的具体学情。S名师工作室的成员们在多次讨论后认为，上好一节高质量的复习课是一个系统工程。从结构化的层面来看，它至少需要结构化的议学内容、中心化的议题设置、主题化的议题情境和序列化的议学活动。

1. 议学内容结构化

着眼于学科大概念的议题式复习课的教学，就是要对学科核心知识进行结构化思考和梳理，引导学生掌握学科核心知识结构，进入学科知识的中心区绘制学科大概念图，走向议学活动的学科制高点。

（1）突破单课思维，厘清议学内容的来龙去脉。

议题式复习课的教学内容应该指向学科大概念。思政课教师在进行议题式复习课的教学设计时需要突破单课思维，在学科大概念的视域中厘清知识的逻辑结构，明确议题的定位。

（2）绘制学科大概念图，呈现议学内容的整体框架。

学科大概念图是组织和表征学科知识结构的一种工具，绘制学科大概念图可以将知识高度浓缩，形成类似于人脑对知识储存的层级结构，简明扼要地表达意义建构的实质。在议题式复习课的教学中，学科大概念图引领着议题设置的方向，绘制大概念图是思政课教师进行议题式复习课教学设计的前提。

2. 议题设置中心化

议题设置中心化是指以学科大概念为中心设置议题和子议题。它具有两层含义：其一，议题应该指向知识结构的中心——学科大概念；其二，子议题应该指向议题的中心——中心议题。

（1）聚焦学科大概念，确定中心议题。

在议题式复习课的教学中，议题往往被分解为若干子议题。从知识结构来看，中心议题应该聚焦学科大概念，成为建构学科大概念的一个学习纽带，从而帮助学生在整体上把握学科的知识脉络；从议题结构来看，中心议题应该引领子议题，形成树状分布，层层深入地展开。

（2）围绕中心议题，形成议题系列。

在课堂教学中，思政课教师可以将中心议题分解为议题系列，可以子议题的方式呈现，也可以议学任务的方式呈现。每个教学环节包含三个要素：拟解决的议题——分解概念、解决议题所需的辅助材料——议题情境、解决子议题的过程方法——议学活动。

3. 议题情境主题化

议题情境的主题化是一个将选取的情境进行系列化和结构化处理的过程，这体现了学科大概念的系统性，有利于避免因为随意选取情境而导致的碎片化缺陷。基于思想政治的学科特点和高中生的认知特征，本节课教学中的主题情境采用了典型情境的“一例到底”和逐层递进的方式。

（1）在主题聚焦中实现生活逻辑与学科逻辑的系统化融合。

学科大概念是一个具有抽象性的学科逻辑结构，情境是融合了生活逻辑与学科逻辑的议学载体，情境的主题化有助于融合的系统化。情境主题化能够给人以“一气呵成”之感。情境主题化并非只是以一个例子贯穿整个教学过程,而是以一个情境主题贯穿教学全过程。主题情境常常被分解成若干个情境片段，形成描述性情境、论证性情境和决策性情境等情境结构。

（2）在逐层递进中实现认知结构与教学结构的统一。

在学科核心素养的框架内，主题情境的功能不仅表现在现象层面，即引导学生进行议题描述、议题论证和议题决策，而且还隐含于素养层面，即为学生理解、应用和迁移知识提供丰富的事例。因此，主题情境线的展开不是平面铺陈的，而是逐层递进的。

4. 议学活动序列化

围绕学科大概念，每一课、每一框题都有特定的学科分解任务。对于活动型学科课程来说，活动是完成学科大概念分解任务的主要方式。议题式教学主张通过“议中学”的活动完成学科任务，但并不追求单纯的“议中学”。事实上，在议题式教学的课堂上，不仅存在着“议中学”的活动，而且还存在着“思中学”“做中学”等活动，这些活动能够相互作用并形成合力，推动学科任务的完成。

（1）开展议学活动，聚焦学科的分解任务。

议学活动是议题式教学的主要活动方式，其直接目标在于完成或分步完成学科任务或学科分解任务。由于“理解、应用、迁移”等学科任务寓于“描述与分类、解释与论证、预测与选择、辨析与评价”的具体任务之中，因而学科大概念范畴中的议学活动首先需要解决具体任务的指向问题，使具体任务为学科任务服务，使学科任务为学科大概念服务。

（2）开展议学活动，拓展学科的分解任务。

《普通高中思想政治课程标准（2017年版2020年修订）》指出，围绕议题展开的活动设计，包括提示学生思考问题的情境、运用资料的方法、共同探究的策略，并提供表达和解释的机会。议题式教学不应该只有议学活动，而应该将以议学为主的各种教学活动自然地融合在一起，从而营造“该议的议，不该议的不议”的良好课堂生态。

五、结语

议题式复习课是伴随思想政治课程改革出现的新课型。在S名师工作室举行的一系列教学研讨活动中，工作室成员经历了从学理到实践、从实践到反思、从反思到深化的研究过程，也得出了一些有价值的实践经验。如何打通议题式复习课中“完成学业”和“提升素养”的任督二脉？如何才能更有效地优化议题式复习课的各种要素，掌控课堂中的各种变量？对于以上这些问题，我们还在努力探索中。

思考题

1. 你认为议题和问题的区别是什么？为什么Z老师设计的议题“议”味不浓？
2. 请你选择一个框题，根据第二个课例中逻辑建模的方法建立知识结构。
3. 请你结合自己的教学案例，谈一谈什么是有效的议题式复习课。
4. 请你选取教材中的某一课进行议题式复习课的教学设计，并说明设计意图。

【本案例系江苏省教学研究立项课题“指向学科育人的议题式教学的实践研究”（课题编号：2019JK13-L163）的阶段性研究成果】

案例15　情境式哲学复习课的建构之路

（李伟，江苏省徐州市第三中学教师；
彭敏，江苏师范大学附属实验学校教师）

作为人类理论思维的最高形态，哲学用最普遍的概念、最一般的范畴来把握世界，指导人们处理与自我、他人、社会、自然的关系，是一种不可或缺和不可替代的思维方式。习近平总书记治国理政思想的鲜明特色就是重视哲学思维、善用哲学方法。习近平总书记指出："坚持以马克思主义为指导，最终要落实到怎么用上来。'凡贵通者，贵其能用之也。'马克思主义具有与时俱进的理论品质。……坚持马克思主义，最重要的是坚持马克思主义基本原理和贯穿其中的立场、观点、方法。……对待马克思主义，不能采取教条主义的态度，也不能采取实用主义的态度。……坚持以马克思主义为指导，必须落到研究我国发展和我们党执政面临的重大理论和实践问题上来。"[1]

《普通高中思想政治课程标准（2017年版2020年修订）》指出，高中思想政治课程是综合性、活动型学科课程，其综合性主要体现在内容上，其活动型学科课程的性质主要体现在教学环节的设计上。在课程标准的要求下，思政课不仅要使学生掌握学科知识，还要更好地满足学生社会化成长的需要。思政课教师要引导学生整合相关知识，以综合性的思想政治学习内容为载体，通过相关情境的创设，使学生通过自主、合作、探究等学习方式主动获取综合性的知识和观点，发展学生的综合能力，提高学生的综合素质。所以，在高中思想政治统编版教材必修4《哲学与文化》的教学中，思政课教师应当精心选取政治、经济、文化、社会等方面的材料，以素材为载体进行综合性教学，有效地服务于学科核心素养的培育，将典型素材作为组织教学内容、贯穿逻辑线索的必要环节，围绕议题指导并组织学生开展富有成效的活动，展现生活中的真实情境。L老师在教研组的指导下进行了情境式哲学复习课建构的探索。

那么，什么是情境式哲学复习课呢？学者陈理宣在《论知识的结构形式选择与知识的教育形式生成》中提出："所谓知识的情境化，就是指教师在教学过程中有意识地引入或创设一定的情境，把知识转化为与知识产生或具体运用的情境具有相似性结构的组织形式……从而直观地、富有意义地、快乐地理解知识或发现问题乃至创造知识。把知识还原到情境中，情境化会使学习者直观感受到知识的原始形式，增强感受力，也同时增强理解力，甚至

[1] 习近平．在哲学社会科学工作座谈会上的讲话［N］．人民日报，2016-05-19（2）．

还会增强创造力。知识教育的情境化不仅仅是为了提高知识接受的效率，还能够使知识的内涵丰富地呈现在学习者面前。抽象知识脱离了知识产生的具体情境，知识丰富的情境内涵被抽象掉了，直观、形象、生动的知识形式转化为单一、枯燥、抽象的形式，于是理解起来也可能产生错位，或者晦涩难懂。”[1]基于此，我们所建构的情境式哲学复习课是让学生在真实情境中，通过多样化的学习活动，落实思想政治学科核心素养，链接学生的当下需要与未来发展，用马克思主义立场、观点、方法认识世界、改造世界。

L老师所在的学校是江苏省首批四星级高中，学校文化底蕴深厚，全校师生锐意进取、开拓创新。政治教研组包括八名高级教师，三名一级教师；其中包括一名大市学科带头人，一名市“领军名师”，一名市“带头优师”；一人获省政治优质课一等奖，四人获得大市基本功大赛一等奖或政治优质课一等奖，教研组有四名教师先后主持多项省市级课题。教研组教研氛围浓厚，注重以教育教学问题为导向，以研促教。教研组在徐州市“十三五”规划课题“学科核心素养背景下高中思政《哲学与文化》素材库建设研究”中，通过哲学与文化素材的开发与运用，打造高效的情境式哲学复习课。

一、问题：情境式哲学复习课何以提出？

L老师在A班采用传统的“背+练+讲”式的复习方法，充分利用背记手册、练习册，针对考点，带领学生有针对性地进行复习。

具体操作如下：

环节一：目标展示（预备铃响后展示PPT，用时约1分钟）。

环节二：学生诵读（用时约20分钟）。

环节三：教师点拨（用时约10分钟）。

环节四：练习强化（用时约15分钟）。

L老师发挥学生的主体作用，把时间留给学生识记、练习，取得了一定的效果。可是，在复习唯物辩证法矛盾观时，由于该知识模块的难度太大，这种“短平快”的复习方法遭遇了瓶颈，学生反馈如下：

（1）简单的知识容易识记，比如哲学的基本问题、划分唯物主义与唯心主义的唯一标准、唯物主义的基本观点等。

（2）抽象的知识听不懂、不理解，比如矛盾的含义、矛盾的基本属性的关系、主要矛盾与矛盾的主要方面的区分、矛盾的普遍性与特殊性的关系等。学生通常很难理解这些知识，不能联系实际解决问题，不会运用相关知识解答试题。

（3）试题得分率较低，主观题答题不规范。比如在运用主要矛盾与矛盾的主要方面、矛

[1] 陈理宣．论知识的结构形式选择与知识的教育形式生成[J]．课程·教材·教法，2014（11）：51.

盾基本属性等知识点解决问题时，学生往往束手无策。

同备课组的教师也给出了听课意见，他们认为在L老师的这节课中，背书成了最重要的学习方式，背诵与练习成为学习的主要手段和目的，哲学知识成了“意识仓库”里不动的货物，信息的输入与信息的输出不对称，不利于学生对知识的理解和运用。所以，“背+练+讲”式的复习方法虽然有效，但是也有其局限性，尤其是哲学原理的思辨性较强，简单识记往往劳而无功，学科核心素养目标也就更难以达成了。针对学生的反馈和同组教师的指导，L老师思考：怎样才能够让学生有效思考？怎样才能让学生运用哲学原理准确解答主观题并提升答题正确率？

二、探索：情境式哲学复习课如何建构？

L老师认为，想让学生掌握答题方法，就要让学生从整体上把握本课的重点内容，并掌握一定的答题技巧。L老师在B班尝试通过“授之以渔”的教学方法，帮助学生构建马克思主义哲学的知识体系，让学生对知识了然于胸；通过归纳、汇总标志性词语，帮助学生区分易混、易错的知识点；通过总结答题模版，强化学生的审题、答题能力。具体操作如下：

（一）知识整合

1. 唯物辩证法的矛盾观

（1）对立统一原理；
（2）矛盾的普遍性原理；
（3）矛盾的特殊性原理；
（4）矛盾的普遍性与特殊性的辩证关系原理；
（5）主要矛盾与次要矛盾的辩证关系原理；
（6）矛盾的主要方面与次要方面的辩证关系原理。

2. 矛盾分析法

（1）用一分为二的观点看问题；
（2）坚持具体问题具体分析；
（3）坚持两点论与重点论相统一。

以上知识的输入使学生对矛盾观与矛盾分析法有了整体的认知，从而为知识的输出打下基础。

（二）方法点拨

区分主要矛盾与矛盾的主要方面的方法如下：

第一，通过数量区分。多个矛盾中存在一个主要矛盾，一个矛盾中包含主次两个方面。

第二，通过标志性词语进行区分。

第三，主要矛盾一般适用于“办事情”，用于解决问题、改造世界；矛盾的主要方面一般用于“看问题”，用于评析事物、认识世界。

L老师进一步扩充相关的标志性词语，并进行强化训练，学生认为这种方法提供了学习的线索和提示，易学好用，做题时按图索骥，复杂的问题就能够迎刃而解。例如：

（1）“利弊、优劣、机遇与挑战并存”等词语体现了矛盾的对立统一。

（2）“相互依存、相互转化”等词语体现了矛盾具有同一性。

（3）“因地制宜、特色、特点”等词语体现了矛盾具有特殊性，要具体问题具体分析。

（4）“先试点后推广”等词语体现了矛盾的普遍性与特殊性的辩证关系。

（5）“关键、重点、核心、中心”等词语是主要矛盾的标志，而“主流与支流、利大于弊、评价得失”等词语则是矛盾主要方面与次要方面的标志。

（三）规则总结

L老师通过“一看、二析、三写、四联”的方法来帮助学生掌握回答主观题的方法。

“一看”，即看清答题范围。马克思主义哲学划分为两大板块——辩证唯物主义和历史唯物主义。辩证唯物主义包括辩证唯物论、辩证唯物主义认识论、唯物辩证法；历史唯物主义包括社会历史观和人生价值观。学生在审题时一定要看清范围，必须在范围内作答。

“二析”，即析出有效信息。学生需要把材料的有效信息链接到相关哲学术语上，实现知识迁移。

“三写”，即有序作答。答题时要分条作答，一般情况下答案不超过三条，学生可以根据赋分情况来确定答案的条数，比如题目的赋分是9分，一般要回答三条。

“四联”，即有效结合材料。如果试题要求结合材料，学生在答题时就要有联系材料的意识，按照“材料+世界观+方法论”的顺序作答，或者按照“世界观+方法论+材料”的顺序作答。

学生对L老师的指导方法比较满意，大家感觉这节课很有收获，部分学生反馈如下：

学生1：我觉得老师扩充的标志性词语很实用，比如在材料中看到了“中心、关键”等词语，我就知道它考查的是主要矛盾；像“试点、推广”可以对应矛盾的普遍性与特殊性，“特点、特色”可以对应矛盾的特殊性。

学生2：我现在能理解这些知识了，做题的时候也有感觉了。谈认识、谈评价的试题就要运用矛盾的主要方面，事物的性质主要由主要矛盾的主要方面决定，就像老师上课举的例子，

“你怎么评价你的同桌”，就可以用矛盾的主要方面与次要方面的辩证关系来分析。

学生3：以图示的方式呈现马克思主义哲学的相关知识点使我的学习思路更加清晰，方便我们背诵，答题的时候我就知道该选用哪些原理了。

同组教师认为这种方法比较实用，能够在一定程度上提升学生的应试能力，但是对于学科核心素养的培育还需要作进一步探讨。L老师对高二理科学生进行的调查也验证了该观点。问卷中“唯物辩证法原理对你有帮助吗”这一问题的调查结果如下：66%的学生认为有帮助，其中觉得帮助大的学生占9%，认为帮助一般的学生占57%。但是对于“你认为学习哲学能起到什么作用”这个问题，学生的回答五花八门，其中有19%的学生认为学习哲学是为了应试，还有46%的学生没有回答，这说明学生还不能有意识地运用马克思主义科学的世界观与方法论进行正确的价值判断和行为选择。

学者陈锡喜提出，马克思主义的当代价值有利于帮助青年学生确立理想信念，树立世界眼光，培育创新意识，提升战略思维，学生们应该学习马克思主义经典著作，掌握马克思主义的立场、观点和方法，不能把马克思主义作为教条，不能把马克思主义变成一种片面的、畸形的、僵死的东西，否则就会抽掉马克思主义活的灵魂。[1]所以，我们学习马克思主义，是为了“运用”而不是“引用”。基于以上调查和思考，L老师认为理想的哲学复习课应当让学生既能学得好、考得好，又有利于培育学生的学科核心素养。

学科核心素养是三维目标的升级版，具备学科核心素养的学生能够在面对复杂的、不确定的现实生活情境时，综合运用特定学习方式所孕育出来的（跨）学科观念、思维模式、探究技能、结构化的（跨）学科知识与技能，以及世界观、人生观和价值观在内的动力系统，进行情境分析、提出问题、解决问题、交流结果。福建师范大学余文森教授曾指出，教师可以运用情境化策略开展教学，他认为有价值的教学情境既要基于生活，注重形象性，体现学科特点，又要内含问题，融入情感。[2]

在理论学习的基础上，L老师尝试了情境式哲学复习课的教学实践。L老师立足学生实际，引用西楚霸王项羽的故事来设置问题情境，让学生通过探究问题情境加深对矛盾观和矛盾分析法的认知，引导学生运用历史的、发展的、实践的、思辨的观点看问题。本节复习课的设计线索为：（1）提供素材，设置问题情境；（2）思考问题，探究理论知识；（3）运用原理，指导现实生活。

具体教学过程如下：

1. 自主复习

复习回顾：

---

[1] 陈锡喜．马克思告诉了我们什么 [M]. 南京：江苏人民出版社，2015：239—249.

[2] 余文森．核心素养导向的课堂教学 [M]. 上海：上海教育出版社，2017：193—195.

（1）唯物辩证法矛盾观；

（2）矛盾分析法。

2. 合作探究

《史记·项羽本纪》载："夫秦失其政，陈涉首难，豪杰蜂起，相与并争，不可胜数。然羽非有尺寸，乘势起陇亩之中，三年，遂将五诸侯灭秦，分裂天下，而封王侯，政由羽出，号为'霸王'，位虽不终，近古以来未尝有也。及羽背关怀楚，放逐义帝而自立，怨王侯叛己，难矣。自矜功伐，奋其私智而不师古，谓霸王之业，欲以力征经营天下，五年卒亡其国，身死东城，尚不觉寤而不自责，过矣。乃引'天亡我，非用兵之罪也'，岂不谬哉！"[1]

L老师以这段文字为背景材料，设计了"胜负评说""观点辨析""古人今说"这三个活动。

（1）活动一：胜负评说

问题探究：楚汉之战，所向披靡的西楚霸王项羽为什么最终败给了刘邦？

学生回答（略）。

教师点拨：

① 刘邦自述："夫运筹策帷帐之中，决胜于千里之外，吾不如子房。镇国家，抚百姓，给馈饷，不绝粮道，吾不如萧何。连百万之军，战必胜，攻必取，吾不如韩信。此三者，皆人杰也，吾能用之，此吾所以取天下也。项羽有一范增而不能用，此其所以为我擒也。"[2] 刘邦抓住了决定战争胜利的关键因素——人才，抓住了主要矛盾，在复杂事物的发展过程中，主要矛盾处于支配地位，对事物发展起决定作用，所以刘邦胜、项羽败。

② 鸿门宴中，项羽不听范增的建议，放走了刘邦，为之后的败亡埋下了伏笔。主要矛盾与次要矛盾相互依赖、相互影响，并在一定条件下相互转化。随着秦朝的覆亡，昔日的盟友变成了今日的敌人，范增清醒地认识到，与项羽争天下的就是刘邦，而项羽没有认识到主要矛盾已经发生了变化，仅仅满足于做西楚霸王。

（2）活动二：观点辨析

问题探究：有人认为成王败寇，有人认为项羽仍然是英雄。你怎么评价项羽？

学生结合破釜沉舟、坑杀降兵、火烧阿房宫、定都彭城、鸿门宴、垓下之围、乌江自刎等故事对项羽进行评价，归纳出项羽性格的复杂性。

教师点拨：

① 项羽的性格很复杂，他一方面有勇敢、善良、多情等优点，另一方面也有优柔寡断、

---

[1] 司马迁撰，裴骃集解，司马贞索引，张守节正义，中华书局编辑部点校．史记：全十册 [M]. 北京：中华书局，2005：338—339.

[2] 同 [1]：381.

残暴不仁等缺点，我们要一分为二地看待，但其主要方面是好的，事物的性质主要由主要矛盾的主要方面决定，所以司马迁著《史记》时将项羽列入本纪。

② 《史记》中的悲剧英雄，如项羽、李广、伍子胥等人决不向任何现实妥协，他们不惜以毁灭自己来表明人的价值与尊严。他们显示出无所畏惧的勇毅，体现了英雄主义的气概和激情，这种气概和激情在毁灭和失败中弥足珍贵。

（3）活动三：古人今说

问题探究：盖棺论定说项羽，运用矛盾分析法评说项羽。

学生回答（略）。

教师点拨：

① 坚持一分为二。矛盾就是对立统一，要用一分为二的观点看问题。项羽是一个矛盾统一体，我们要坚持用全面的观点分析和评价项羽。

② 坚持具体问题具体分析。矛盾具有特殊性，要坚持具体问题具体分析。项羽是一个具体的历史人物，我们要具体分析其功过是非，不能简单地肯定或否定。

③ 坚持两点论与重点论相统一。矛盾的主要方面和次要方面是辩证统一的，要坚持两点论与重点论相统一。在评说项羽时，我们认为他的功劳是主要方面，同时也要正视其弱点和错误，即既要看到其主要方面，也要看到其次要方面，但是要着重把握主要方面，因为事物的性质是由主要矛盾的主要方面决定的。

3. 学以致用

（1）运用矛盾分析法分析自己的优缺点，你认为如何才能使自己的缺点变成优点？

（2）思考自己当前成长中面临的问题与困惑，并分析其中哪些是主要的，哪些是次要的。面对主要问题，你准备采取哪些措施？

【学生反馈】

学生1：这种复习方式比原来的更活泼，这样的复习方式能够使我们更好地理解矛盾的含义、主次矛盾与矛盾的主次方面的区别，没想到这些哲学原理可以和我们的生活联系起来，实现了学以致用。我在学习中一直特别注意数学的学习，但是对于其他学科的关注度不够，从而出现了“瘸腿”的现象，看起来自己抓住了主要矛盾，但是没有坚持两点论与重点论相统一，结果数学成绩是上来了，其他次要矛盾又变成主要矛盾了。

学生2：我不太会处理与同学之间的关系，对别人的要求太高，这节课的学习让我明白，看人应该看主要的方面，把握矛盾的主要方面，兼顾矛盾的次要方面，毕竟事物的性质是由主要矛盾的主要方面决定的。

学生3：具体问题具体分析这个哲学原理对我很有启发。以前我总是借鉴别人的学习方法，可是有时候效果并不理想。现在我明白了，适合自己的方法就是好方法，一切要从实际出发，具体问题具体分析。

【教学反思】

一段时间以后，学生可能把哲学知识都忘记了，但这节情境式哲学复习课带给学生的哲学的思维方式已深入了学生的骨髓，指引着学生的生活。所以，情境式哲学复习有效、有用、有益。当然，影响情境式哲学复习的因素有很多，教研组成员一致认为素材的选择至关重要。那么应当选用什么样的素材创设情境式哲学复习课呢？

三、讨论：情境式哲学复习课该选用怎样的素材？

围绕情境式哲学复习课该选用什么样的素材，教研组的成员对L老师的一些教学片段进行了探讨。

1. 素材是否应简约而有温度？

教学片段一：

活动设计：观察图片《你能看到几张脸》。

理论链接：从不同的角度可以得到不同的答案，体现了认识的反复性；延伸到社会历史领域，我们要尊重社会发展的规律，坚守人民立场。

教学片段二：

活动设计：以屠呦呦团队不同时期的科学实验为背景设计简笔画，结合三个观点进行评议。

理论链接：

观点一：屠呦呦团队始终坚持从现有条件出发，刻苦钻研。

观点二：屠呦呦团队反复实验终于提炼出了青蒿素。

观点三：青蒿素的发现挽救了数百万人的生命。

素材是否应简约而有温度？大家经过讨论认为：素材和情境的选用要与课堂教学的容量和节奏相适应，应选用形式简单而内涵丰富的素材，比如成语、谚语、歇后语、名言警句、图片、简笔画等，通过对素材的加工和设计，让学生感受到知识的温度。

2. 素材是否应透彻而有力度？

教学片段一：

活动设计：观察一根筷子斜着插入水中。

理论链接：由于光的折射，我们看到筷子在水中弯曲了，由此可见，所见未必是真相，认识世界要做到去伪存真，透过现象把握本质，由感性认识上升到理性认识。

教学片段二：

活动设计：在一个风雨交加的晚上，你开着一辆车经过一个车站。有三个人正在焦急地等待公交车。一个是病重的老人，他需要马上去医院；一个是医生，他曾救过你的命，你做梦都想报答他；还有一个姑娘，她是你做梦都想娶的人，一旦错过，你就再也遇不到了。但你的车只能再坐下一个人，你会如何选择？请你设计一份最佳方案。

理论链接：整体与部分的辩证关系、系统优化的方法。

素材是否应透彻而有力度？经过讨论，大家认为：哲学的思维方式解释了对本质、共性、规律、必然的认识，教师应引导学生运用哲学智慧指导现实生活。正如马克思所言："哲学家们只是用不同的方式解释世界，问题在于改变世界。"

3．素材是否应留白而有深度？

教学片段一：

"祸兮福之所倚，福兮祸之所伏"，矛盾双方在一定条件下相互转化，教师在这一哲学原理的基础上引导学生反思自己学习生活中"祸"与"福"的转化及其所需要的条件。

教学片段二：

带领学生欣赏电视剧《亮剑》片段、电影《我和我的祖国》片段，感悟意识的能动性、价值观的导向作用、价值创造和价值实现等。

推荐影视：《长津湖》《功勋》

推荐阅读：《苏菲的世界》《哲学家们都干了些什么？》《通俗哲学》

素材是否应留白而有深度？经过讨论，大家认为：教师应慷慨地提供事实，而吝啬地进行概括，故意保留某些东西不讲，留出空白让学生去深入思考。教师应当为学生推荐优质的"第二套教学大纲"（苏联教育家苏霍姆林斯基的观点，即学生自主学习的材料），让学生进行课外拓展阅读，这往往能起到意想不到的作用。

4．素材是否应有趣而有态度？

教学片段一：

活动设计：学生模拟"比萨斜塔实验"，观看"真空实验室中棒球和羽毛同时落地"的视频。

理论链接：真理的客观性，真理是具体的、有条件的。

教学片段二：

活动设计：针对旧衣回收难题，展开头脑风暴，提出解决方案。

理论链接：意识的能动性、实践是认识的基础、价值观的导向作用等。

素材是否应有趣而有态度？经过讨论，大家认为：学生有比较强的好奇心，有趣的素材和情境，比如从哲学的角度解构唐诗、做一些简单的小实验、关注现实问题等，可以激发学生的兴趣，帮助学生完成从形象思维向理性思维的转变，将课堂小社会与社会大课堂联系起来，努力用发展着的理论指导发展着的实践。

通过探讨，大家形成了以下共识：

（1）素材应简约而有温度，适应课堂教学要求，坚持价值性和知识性相统一。

（2）素材应透彻而有力度，提升学生高阶思维，坚持政治性和学理性相统一。

（3）素材应留白而有深度，促使学生自我发展，坚持主导性和主体性相统一。

（4）素材应有趣而有态度，引导学生知行合一，坚持理论性和实践性相统一。

四、结语

苏霍姆林斯基说："民间教育学断言，复习是学习之母。然而，实际情况往往是，这位慈善的母亲变成了狠毒的后娘。"[1]情境式复习一定程度上可以防止这种情况的发生，因为它不是机械地"炒冷饭"，不是为了使学生学科知识更完备，而是为了满足学生社会化成长的需要，将知识还原到真实生活情境中，使学生从真实世界出发，经过学科学习的滋养，再回到真实世界中，从而实现重要概念、能力、品质与学习心态的迁移。

L老师的情境式哲学复习课的建构之路历经三个探索阶段。第一阶段采用的是"背+练+讲"式的复习方法，机械地"背+练+讲"虽然有一定的效果，但也有其局限性，思政课教师需要加强对学生的学法指导。第二阶段采用的是"授之以渔"式的复习方法，这种复习方法中的学法指导对应试有一定的帮助，但是不能很好地体现对学生学科核心素养的培育。第三阶段采用的是情境式的复习方法，L老师在教学中引入或创设情境，让学生在情境中感悟哲理。通过教研组成员的深入探讨，大家一致认为，情境式哲学复习课应当以学科核心素养为导向，选取简约而有温度、透彻而有力度、留白而有深度、有趣而有态度的素材，引领学生的"学、思、悟、行"，使学生达到学业质量水平的要求。总的来说，针对情境式哲学复习课的教学实践是对实际教学的反思、总结与提升。情境式哲学复习课的素材选择是否还有其他要求？引入或创设的情境怎样才能符合教学需要？如何在情境中有效了解学生的思维发展水平？思政课教师应如何树立素材意识，以学科的眼光观察生活？这些问题还需要进一步思考和探索。

---

[1] 苏霍姆林斯基．给教师的建议［M］．北京：教育科学出版社，2009：40.

思考题

1. 请简述你对“背+练+讲”式复习方法与“授之以渔”式复习方法的认识。

2. 请简述你对情境式哲学复习课的认识。

3. 请比较本案例中的三种教学方式各有哪些利和弊。

4. 你是否赞同选用“简约而有温度”“透彻而有力度”“留白而有深度”“有趣而有态度”的素材创设情境？简要说明理由。

5. 如果由你来执教，你会怎么设计哲学复习课？

【本案例系江苏省徐州市教育科学“十三五”规划课题“学科核心素养背景下高中思政《哲学与文化》素材库建设研究”（课题编号：GH13-20-L069）的阶段性研究成果】

参考文献

[1] 习近平．决胜全面建成小康社会 夺取新时代中国特色社会主义伟大胜利：在中国共产党第十九次全国代表大会上的报告[M]. 北京：人民出版社，2017.

[2] 梁侠，李晓东．新版课程标准解析与教学指导：高中思想政治[M]. 北京：北京师范大学出版社，2019.

[3] 陈美兰．中学政治学科教学论新编[M]. 北京：北京大学出版社，2019.

[4] 陈美兰．基于学科核心素养的思想政治教学课例研究[M]. 上海：华东师范大学出版社，2019.

[5] 胡田庚，陈敬中，刘开伦．中学思想政治教学设计与案例研究[M]. 北京：科学出版社，2012.

[6] 沈雪春．议题式教学简论[M]. 西安：陕西师范大学出版总社，2018.

[7] 沈雪春，顾爱勤．议题式课堂教学设计：中国特色社会主义、经济与社会[M]. 西安：陕西师范大学出版总社，2020.

[8] 郭永峰．论教师的课堂观察技能及其培养[J]. 教学与管理，2011.

[9] 林崇德．21世纪学生发展核心素养研究[M]. 北京：北京师范大学出版社，2016.

[10] 周志建．故事的疗愈力量[M]. 北京：华夏出版社，2012.

[11] 夏雪梅．项目化学习设计：学习素养视角下的国际与本土实践[M]. 北京：教育科学出版社，2018.

[12] 刘月霞，郭华．深度学习：走向核心素养（理论普及读本）[M]. 北京：教育科学出版社，2018.

[13] 钟启泉，崔允漷．核心素养与教学改革[M]. 上海：华东师范大学出版社，2018.

[14] 钟启泉．课堂研究[M]. 上海：华东师范大学出版社，2016.

[15] 余文森．核心素养导向的课堂教学[M]. 上海：上海教育出版社，2017.

[16] 余文森，黄国才，陈敬文，等．有效备课·上课·听课·评课[M]. 福州：福建教育出版社，2010.

[17] 谭吉华．新课改 新教法[M]. 北京：光明日报出版社，2012.

[18] 胡惠闵，王建军．教师专业发展[M]. 上海：华东师范大学出版社，2014.

[19] [美] Bruce Joyce, Marsha Well, Emily Calhoun. 教学模式[M]. 荆建华, 宋富钢, 花清亮, 译. 7版.北京: 中国轻工业出版社, 2009.

[20] [美] E. 詹森. 基于脑的学习: 教学与训练的新科学[M]. 梁平, 译. 上海: 华东师范大学出版社, 2008.